U0369705

天津市重点出版扶持项目

津沽名家文库(第一辑)

经济杠杆论

王亘坚 著

南开大学 出版社

天 津

图书在版编目(CIP)数据

经济杠杆论 / 王亘坚著. —天津：南开大学出版
社，2019.8
（津沽名家文库. 第一辑）
ISBN 978-7-310-05827-3

Ⅰ. ①经… Ⅱ. ①王… Ⅲ. ①经济杠杆－研究 Ⅳ.
①F2

中国版本图书馆 CIP 数据核字(2019)第 161532 号

南开大学出版社出版发行
出版人：刘运峰

地址：天津市南开区卫津路 94 号　　邮政编码：300071
营销部电话：(022)23508339　23500755
营销部传真：(022)23508542　　邮购部电话：(022)23502200

*

天津丰富彩艺印刷有限公司印刷
全国各地新华书店经销

*

2019 年 8 月第 1 版　　2019 年 8 月第 1 次印刷
210×148 毫米　32 开本　9.75 印张　6 插页　233 千字
定价：68.00 元

如遇图书印装质量问题，请与本社营销部联系调换，电话：(022)23507125

王亘坚先生(1923—2018)

第二章　社会主义税收在社会再生产中的地位

第一节　马克思主义关于社会再生产诸环节相互关系的原理

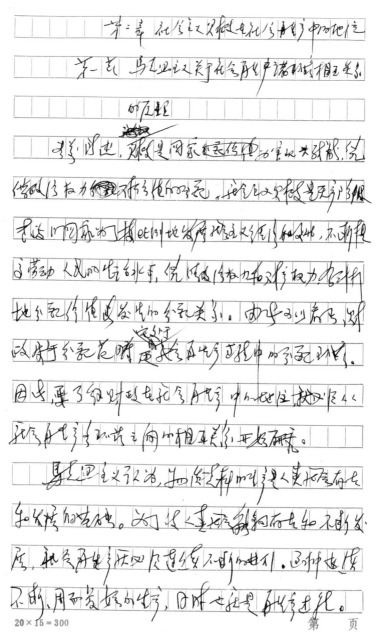

王亘坚先生手迹

出版说明

津沽大地，物华天宝，人才辈出，人文称盛。

津沽有独特之历史，优良之学风。自近代以来，中西交流，古今融合，天津开风气之先，学术亦渐成规模。中华人民共和国成立后，高校院系调整，学科重组，南北学人汇聚天津，成一时之盛。诸多学人以学术为生命，孜孜矻矻，埋首著述，成果丰硕，蔚为大观。

为全面反映中华人民共和国成立以来天津学术发展的面貌及成果，我们决定编辑出版"津沽名家文库"。文库的作者均为某个领域具有代表性的人物，在学术界具有广泛的影响，所收录的著作或集大成，或开先河，或启新篇，至今仍葆有强大的生命力。尤其是随着时间的推移，这些论著的价值已经从单纯的学术层面生发出新的内涵，其中蕴含的创新思想、治学精神，比学术本身意义更为丰富，也更具普遍性，因而更值得研究与纪念。就学术本身而论，这些人文社科领域常研常新的题目，这些可以回答当今社会大众所关注话题的观点，又何尝不具有永恒的价值，为人类认识世界的道路点亮了一盏盏明灯。

这些著作首版主要集中在 20 世纪 50 年代至 90 年代，出版后在学界引起了强烈反响，然而由于多种原因，近几十年来多未曾再版，既为学林憾事，亦有薪火难传之虞。在当前坚定文化自信、倡导学术创新、建设学习强国的背景下，对经典学术著作的回顾与整理就显得尤为迫切。

　　本次出版的"津沽名家文库（第一辑）"包含哲学、语言学、文学、历史学、经济学五个学科的名家著作，既有鲜明的学科特征，又体现出学科之间的交叉互通，同时具有向社会大众传播的可读性。具体书目包括温公颐《中国古代逻辑史》、马汉麟《古代汉语读本》、刘叔新《词汇学和词典学问题研究》、顾随《顾随文集》、朱维之《中国文艺思潮史稿》、雷石榆《日本文学简史》、朱一玄《红楼梦人物谱》、王达津《唐诗丛考》、刘叶秋《古典小说笔记论丛》、雷海宗《西洋文化史纲要》、王玉哲《中国上古史纲》、杨志玖《马可·波罗在中国》、杨翼骧《秦汉史纲要》、漆侠《宋代经济史》、来新夏《古籍整理讲义》、刘泽华《先秦政治思想史》、季陶达《英国古典政治经济学》、石毓符《中国货币金融史略》、杨敬年《西方发展经济学概论》、王亘坚《经济杠杆论》等共二十种。

　　需要说明的是，随着时代的发展、知识的更新和学科的进步，某些领域已经有了新的发现和认识，对于著作中的部分观点还需在阅读中辩证看待。同时，由于出版年代的局限，原书在用词用语、标点使用、行文体例等方面有不符合当前规范要求的地方。本次影印出版本着尊重原著原貌、保存原版本完整性的原则，除对个别问题做了技术性处理外，一律遵从原文，未予更动；为优化版本价值，订正和弥补了原书中因排版印刷问题造成的错漏。

　　本次出版，我们特别约请了各相关领域的知名学者为每部著作撰写导读文章，介绍作者的生平、学术建树及著作的内容、特点和价值，以使读者了解背景、源流、思路、结构，从而更好地理解原作、获得启发。在此，我们对拨冗惠赐导读文章的各位学者致以最诚挚的感谢。

　　同时，我们铭感于作者家属对本丛书的大力支持，他们积极创造条件，帮助我们搜集资料、推荐导读作者，使本丛书得以顺利问世。

最后，感谢天津市重点出版扶持项目领导小组的关心支持。希望本丛书能不负所望，为彰显天津的学术文化地位、推动天津学术研究的深入发展做出贡献，为繁荣中国特色哲学社会科学做出贡献。

南开大学出版社

2019 年 4 月

《经济杠杆论》导读

武彦民

　　王亘坚（1923—2018），我国著名的财政经济学家，天津财经大学教授，中国共产党党员，曾兼任中国财政学会常务理事、中国经济杠杆研究会副总干事、天津市经济杠杆学会会长及名誉会长，天津市政府咨询委员会委员等，2017 年获"中国财政理论研究终身成就奖"。《经济杠杆论》是王亘坚教授最重要的著作之一。作为王教授指导的第一位硕士研究生，我十分荣幸为该著作撰写导读。

一、王亘坚先生生平

　　王亘坚生于 1923 年 10 月 2 日，河北丰润人。他的青年时代正处在抗日战争时期，整日目睹日寇汉奸横行，大众民不聊生，国家积贫积弱，个人早早就体味了生活的艰辛苦涩，也萌生了外出求学、寻求真理、改变命运、强国富民的念头。

　　1945 年抗日战争刚刚结束，王亘坚即考入当时北平的一所私立大学——中国大学的经济系，开始接受正规的经济学理论训练。尽管时局动荡，但这一阶段的学习为他日后从事财政理论教学和研究打下了坚实的经济学基础，同时也使他对经济与政治的密切关系有了最初的认识。入学不久，王亘坚就投入了火热的学生运动，冒着生命危险加入了中国共产党的外围组织——民主青年联盟，并开始接触一些来自解放区的马列著作和党的文件，接受了马克思主义的熏陶。

1947年6月2日，国民党军警突袭了进步学生组织，逮捕大批学生，查封进步书刊，当时的北平陷入一片白色恐怖之中。事先得到风声的王亘坚被迫到北平崇文门外的一个同学家中暂避，并于第二天秘密离开北平，在天津隐蔽两周后，待局势稍有缓和，他才重返学校，继续学业。次年秋天，在组织的帮助下，他与部分同志一道突破国民党的封锁线，进入了解放区，后进入党中央在河北省正定县创办的一所大学——华北大学学习。华北大学是中国人民大学的前身，当时的校长为著名的革命家、教育家吴玉章先生。

1949年后，华北大学迁入北京，并在中华人民共和国成立一周年之际——1950年10月1日，正式定名为中国人民大学。王亘坚于1950—1952年间入中国人民大学研究生班学习（当时未实行学位制），同时给该校第一期本科生授课，边学边教，在教学相长中迅速提高了自己的业务水平。1954年，刚过而立之年的王亘坚担任中国人民大学财政教研室副主任。风华正茂的他似乎进入了自己学术生涯中可以大展身手的黄金时期，他一方面勤勤恳恳地教书育人，另一方面积极地从事学术研究。他勇于坚持真理，崇尚科学，不畏权威，敢于向当时的苏联专家提出自己不同的学术见解。但在当时政治运动的背景下，王亘坚未能发挥自己的学术专长，1957年，被错划为"右派"，被迫离开讲坛。

1962年，正当王亘坚抑郁不得志时，当时的河北财经学院（天津财经大学的前身）向他发出了邀请。出于对新生活的向往，以及对重归教学岗位的渴望，王亘坚告别了中国人民大学，调入河北财经学院，这使他获得了一段相对平静的日子。他蜗居在天津市和平区河北路一间终年不见阳光的小屋，在教学科研岗位上辛勤耕耘，编教材，写论文，著书立说，著名的《论财政学的对象》一文就是在这一段时间完成的。

1978年，中国共产党第十一届三中全会召开，实施多个方面的拨乱反正，中国步入改革开放的新时期，王亘坚也迎来了学术生涯的第二个春天，他决心把全部的才华和精力贡献给他挚爱的教育事业和财税研究工作。王教授发起并主持编写了我国"文革"后第一部全国高等财经院校统编教材《社会主义财政学》，参与编写了《经济大辞典·财政卷》，主编了财政和财务会计方面的大型工具书《财会知识手册》，开创了经济杠杆理论研究新领域，发起成立了中国经济杠杆研究会和天津市经济杠杆学会，筹建天津财经学院（今天津财经大学）税收学专业和国际税收专业，担任天津财经学院财会系系主任和财政系首任系主任，在天津财经学院设立了我国第一批财政学硕士点，培养了数十位财政学专业研究生……中国传统知识分子的使命感和责任感使他不停地思考着、探索着、奔走着，一批极富真知灼见的研究成果不断问世，他也不停地在各种场合为改革发展和反腐倡廉鼓与呼。

1994年，已过古稀之年的王亘坚教授从他奋斗了四十余年的教学岗位上离休了。但他离而不休，依然关注着我国经济、社会、政治的改革与发展，关注着财政学科的建设和创新，关注着国计民生特别是普通民众的处境和出路，不遗余力地为各项改革进言献策。离休后的十多年间，他策划并参与主持了第三、第四次全国经济杠杆理论讨论会，体制改革与经济杠杆专题研讨会、中国个人收入分配的现状与对策高级研讨会、全国财政学科博士点后续建设座谈会等一系列大型学术活动，甚至在九十高龄之际，还在听取本校承办的全国高校财政教学研讨会的准备情况汇报，为该会议的成功举办提供指导。

2017 年 4 月，在获悉自己获得国家财政部、中国财政学会颁发的"中国财政理论研究终身成就奖"时，激动感慨之余，王教授在病榻上书写获奖感言，同年 12 月在病房接受中国财政学会领导亲自颁发的获奖证书和奖牌时，依然思维清晰地梳理自己的学术经历，抱病录制致谢视频。

凡是与王亘坚教授接触比较多的人都有这样的体会：王先生为人光明磊落，处事态度十分认真，分析问题深刻透彻，语言表达直截了当，逻辑严谨，堪称纯粹而透明的学者，如果他认为你的说法不对，或你做错了什么事情，他会当面批评你，有时候会让你觉得无地自容，下不来台。但接受批评的人也知道，他的性格就是这样，率真、耿直、坦荡、无私。

王亘坚教授的品性在他对社会生活的观察和研究中也表露无遗。对现实生活中的丑恶现象，他往往怒不可遏，拍案而起；对寻常百姓的不公正遭遇，他会长吁短叹，牵肠挂肚；对有些不负责任、轻描淡写、态度暧昧的表态，他会争得面红耳赤；而对于朋友、同事、学生的求助，他会义无反顾，热情相帮。在他的周围，很少有人没有接受过他的帮助，有些帮助对求助者的一生都是决定性的。对一些不正之风或错误的做法，很多人往往会敷衍一句："不太合适。"但王亘坚教授会严肃地更正为："不是'不太合适'，而是'太不合适'！"因为他爱憎分明的个性，许多老前辈成了他的挚友，许多年轻同志成了他的忘年交。

2018 年 8 月 7 日，王亘坚教授在同病魔做了长期抗争后，带着对教学研究事业和对家人、挚友、学生的万般不舍，与世长辞，享年九十五岁。

二、王亘坚先生的主要学术贡献

众所周知，王亘坚教授始终坚持的学术品格是真理至上，独立思考，求真务实；他平生最厌恶的学术作风是道貌岸然，华而不实，人云亦云，随声附和。在数十年的学术生涯中，他不唯书，不唯上，凡事以实际为根据，以真理为准绳。正因如此，他才能够发表一大批旗帜鲜明、经得起推敲的学术成果，也才能够获得财税学界广泛和长久的尊重。

王亘坚教授的学术研究主要是围绕三条主线展开的。

（一）财税基础理论研究

财税基础理论是王亘坚教授最早触及的研究领域，自 20 世纪 50 年代进入中国人民大学时起，他就在财政基础理论的诸多研究方向上笔耕不辍，取得丰硕且极富见地的研究成果。

1.提出税收"三性"的形式特征理论

税收的三个形式特征——强制性、无偿性、固定性是我国所有从事与财税相关工作的人熟知的常识。该理论的最初贡献者正是王亘坚教授。提出背景是 20 世纪 50 年代在我国财税学界展开的关于苏联周转税"非税论"的大讨论。

20 世纪 50 年代初，苏联财税学界根据斯大林的社会主义生产资料不是商品的理论，兴起了一股苏联的周转税不是税的风潮。《苏联大百科全书》（第 29 卷）"税收"条目中写到："在苏联，形式上存在着国营企业上交预算的税收。而实际上，这些收入就其本质来讲，并不是税收，因为它们的所有制形式并没有变化。国家不会自己向自己征税。"[1] 苏联的政治经济学教科书中也有一段看似"不容争辩的真理"："虽然国家集中的纯收入的一部分叫

---

① 觉·承：《苏联周转税怎样确定纳税环节和纳税人》，《人民税务》，1956 年第 2 期。

做'周转税'，但是按其本性来说，它不是税，也不是对劳动者的收入的某种扣除。（例如工资的高低是由社会主义国家根据不断提高工资水平的必要性，同时估计到包括周转税在内的消费品价格来决定的。）"我国有些学者以此为根据，也站在"非税论"一边，撰文指出："实际上周转税不是税，因为它不是从劳动人民收入中征收来的，而是社会主义经济所创造的积累的一部分。"[①] "在社会主义条件下，就完全消除了税收的这种内容，而产生了新的内容。税收乃是社会主义国家有计划地分配国民收入的方法，乃是国家发展生产和保证最大限度地满足劳动人民日益增长地物质和文化生活需求的工具；它仅仅在形式上最无偿的缴纳，而实际上通过国家预算直接或间接地用于人民，它是具有返还性的。至于社会主义国有企业交纳的税，按其本质来讲，并不是税。"[②]

针对这种苏联周转税"非税论"的观点，王亘坚教授在《有关实行周转税的若干原则问题——为参加"人民税务"的研究与讨论而作》中指出，他不同意苏联经济学界和政治经济学教科书中的这个意见，自然，也就不能不反对某些人的国营企业纳税不是税的观点。他写到，"税收乃是一种历史性的财政范畴。因此，它的性质和作用不能不随着国家的性质以及生产关系的性质的变化而变化；但是，作为一种财政范畴的税收，它总还有其一般的特点，也正由于它具有税收的这些一般特点，才使各种不同类型的国家都来利用税收这一财政范畴为自己服务。""周转税带有税收的这些一般特点——交纳的强制性，交纳的无偿性，数额的固定性等等"，因此，"'非税论派'，是毫无根据的"，"税收这一财政范畴在社会主义条件下的存在，是一种客观的必然，尽管有些

---

① 力立：《学习苏联实行周转税的先进经验改革我国的税收制度》，《人民税务》，1956年第9期。

② 南冰，索真：《学习苏联周转税的体会》，《人民税务》，1955年第1期。

人不承认它的存在"。[1]后来的实践证明，这种"非税论"在我国财税界引起很大的混乱，直接导致了1959年的"税利合一"（实质上是取消税收）试点，给我国财税事业造成了损失。需要注意的是，王亘坚教授在本文中的看法不仅驳斥了"非税论"的观点，更是首次归纳了税收的三个形式特征——强制性、无偿性、固定性，该观点不仅在随后《人民税务》的相关讨论中被不断引用[2]，同时也被我国财税界广泛接受，在几乎所有的财政、税收教科书和工具书中被广泛引用。

  2.发现并坚持"价值分配论"的财政本质观

  在改革开放前和改革开放初期的二十多年时间里，我国财税学界对所谓财政本质观的讨论曾经盛极一时。"国家分配论""价值分配论""货币资财论""货币关系论""分配关系论""剩余产品价值运动论""共同需要论""国有资产资金运动论"等各种观点纷纷问世，流派纷呈。"价值分配论"是王亘坚教授首次提出并毕生坚持的财政本质观。

  1964年在大连召开的第一次全国财政基础理论讨论会是我国财政理论发展史上一次十分重要的会议。王亘坚教授在会上提交的《论财政学的对象》的论文中，提出了"价值分配论"的财政本质观，他的这一观点冲破了当时由苏联专家提出的居主流地位的"货币资财论"，也对国内财政学界多数人主张的"国家分配论"发起了挑战，在财政学界引起了强烈反响。他认为，关于财政本质的一些观点，诸如"货币资财论""货币关系论""分配关系论"等，"都未能确切地概括出财政这种特殊社会现象的特殊本质"，财政现象是国家对价值的分配，财政现象的本质是国家分配价值

  ① 王亘坚：《有关实行周转税的若干原则问题——为参加"人民税务"的研究与讨论而作》，《人民税务》，1956年第13期。

  ② 钟瑞庭：《我对周转税本质问题的一些看法》，《人民税务》，1956年第17期。

所发生的分配关系。"古今中外，所有各个社会形态下的财政现象，都属于社会再生产过程中的特定的部分，就其一般性质说来，乃是国家对价值的分配。""国家参与价值的分配，必然在社会的各个方面，首先是在各个阶级之间形成一系列的分配关系，而这些分配关系——国家分配价值所发生的分配关系，就是财政现象的本质。"王亘坚教授针对"国家分配论"者特别强调国家财政分配实物的历史，并据此反对"价值分配论"的观点，系统地阐释了如何看待历史上乃至当代依然存在的财政分配实物的现象。他从价值形态的发展过程——由简单的价值形态、扩大的价值形态、一般价值形态、最后到货币形态，具体分析了财政现象如何逐步从一般经济现象中独立出来。王亘坚教授还特别强调了人力、物力和财力的界线，他在论文中写道："谁也不能否认，在中外历史上，曾有国家分配实物的大量史实，就是在今天，国家也还在分配实物。但是，能不能把所有国家直接分配实物的现象都划入财政范围呢？我看不能。因为这样一来，就势必不能划清国家的财政活动同国家的一般经济活动或物资分配活动的界线，势必不能划清物力和财力的界线。而实际上，财力、物力和人力之间，并不是没有界线的。人力是活的劳动力，物力是物化劳动，财力是物化劳动的价值方面。所以，一般的说，国家直接对实物的分配，是对物力的分配，国家对价值的分配，才是对财力的分配。谈到这里，我忽然想起了旧的财政学。某些资产阶级财政学不仅把财力同物力混淆起来，而且把这两者同人力混淆起来，如所谓财政收入中包括力役收入、实物收入、货币收入等等。我们可以设想，如果把力役征用也算作财政收入，那么，国家或君主掠夺来的奴隶、战争中的俘虏等也成了财政收入了；甚至于，开个玩笑的话，妃子选进宫去也成了封建国家的财政收入了，不是封建国家财政的特点之一是国家财政与国王个人财政含混不分吗?这些当然是离奇之谈。"几十年过去了，尽管新观点、新学说层出不穷，"价值分配论"也一直没有在财政学界占据主流地位，但王亘坚教授并未改变自己的财政本质观。这并不是因为他固执己见，而是因为他的学术观点是自己独立思考、潜心研究的结果，在"主流学派"尚不能提供足够的证据驳倒他的观点之前，他决不会跟风附和。时至今日，王亘坚教授的"价值分配论"依然在我国财政理论界占有一席之地。[①]

毋庸讳言，我国财政学界大多认同的财政本质观是"国家分配论"，即财政本质是国家参与社会产品分配形成的分配活动和分配关系。对此，王教授在1992年第2期《财政研究》上发表的一篇文章中，专门谈到"价值分配论"与"国家分配论"的区别："价值分配论完整地说，实际是'国家分配价值论'。它与'国家分配论'的分歧，并不在于分配的主体，而是在于分配的客体。""'价值分配论'主张财政是分配社会产品价值的，而'国家分配论'强调的是国家分配社会产品或国民收入；'价值分配论'强调财政不仅与国家有本质联系，而且与商品货币经济有本质联系，并且认为财政现象的产生是随商品内部使用价值和价值之间的矛盾的发展，从而价值形态的发展、价值分配现象的产生，以及国家职能的发展而逐渐产生的；'国家分配论'强调财政是随着国家的产生而产生的，财政只与国家有本质联系，与商品货币经济并无本质联系。这种认识上的分歧始自50年代后期，明朗化则在60年代中期。"[②]

3.揭示财政运动五大规律

我国财政学界不时会展开关于财政运动规律问题的讨论。有

---

① 本段所有引文均出自王亘坚《论财政学的对象》一文，载《财政学问题讨论集》，中国财政经济出版社，1965年。

② 王亘坚：《深入探索财政规律 发展财政基础理论》，《财政研究》，1992年第2期。

人曾提出"千规律，万规律，财政收支平衡是第一规律"，也有人主张积累和消费的矛盾规律是主要规律等。王亘坚教授本着从具体到抽象、从个别到一般的认识规律，经过对浩繁的财政现象进行抽丝剥茧，总结出支配我国财政运行全过程的五大财政运动规律，受到学界的广泛关注。

（1）财政分配物质利益规律。这是财政领域最主要的规律。财政分配价值过程中肯定会发生国家与集体（企业）、国家与个人、中央与地方、地方与地方、民族与民族之间，以及不同所有制之间、不同企业之间、不同阶层的个人之间的利益关系。社会主义财政如能处理好这些利益关系，就能调动各方面积极性，促进经济社会发展。

（2）财政分配按比例规律。这是财政分配中仅次于财政分配物质利益规律的一条基本规律。财政分配过程必须处理好财政收入与支出之间，补偿基金、积累基金、消费基金之间，价值分配与使用价值分配之间，财政、信贷、外汇、物资之间，经济建设与文化建设、国防建设之间等的比例关系。财政分配必然离不开量的比例关系问题。

（3）财政形式一定要适合财政内容要求的规律。财政的内容是由财政分配的主动体、被动体、依据、对象、目的等要素构成的；财政的形式是由收入形式、支出形式和管理形式构成的。财政形式往往跟不上财政内容的变化要求。财政改革无非是改革财政的形式，使之为变化了的财政内容服务。

（4）财政与经济相互作用的规律。这又是财政现象与其他事物之间最重要的必然联系。经济是财政的基础，经济发展是源，财政分配是流；经济发展是根，财政分配是叶。源远才能流长，根深才能叶茂。当然，财政反过来又能有力地促进经济的发展。

（5）财政与上层建筑相互作用的规律。财政是以国家作为主体的，其根本性质不能不决定于国家的性质。国家的政治体制不但影响财政的决策和管理，而且影响财政源泉的盛衰和财政效率的高低。财政也是实现国家职能的重要手段，它不但要保证国防、行政等方面的需要，而且要促进科教卫文事业的发展。[①]

4.提出税收总政策及其应对的六大税收基本矛盾

在20世纪80年代末期，王亘坚教授提出税收总政策的概念。其提出背景是当时愈益深入的税收体制改革，人们不能满足于局部性的、临时性的、表象性的探索特定的税收改革问题，必须将所有税制改革纳入一个总体框架，分析其应当遵守的总体原则或基本原则，以此统领全部税制改革的内容和进程。所谓税收总政策就是建立科学税制体系的指导思想，或者说是税制建立的基本原则。他认为，所谓税收总政策不是凭空臆造的，它应当是在税收理论指导下，根据税收实践中所发生的基本矛盾提出来的，它实际上也就是用以解决这些基本矛盾的方法。税收总政策是相对稳定的，而税收具体政策则应随经济形势和政治形势的变化而变化；税收总政策是指导各项税收制度建立的指针，而税收的具体政策在每项税收制度中的体现就不尽相同了。

王亘坚教授认为，在我国社会主义初级阶段，税收工作的基本矛盾有六个方面，相应有六项基本原则与之对应。

（1）针对国家财政需要与纳税人负担能力的矛盾，应当确定取之有度的原则。所谓取之有度，就是要同时考虑财政需要和企业、居民负税的可能，既不能"竭泽而渔"，也不能单纯讲低税负或低税率，要有与之相适应的量度指标。

（2）针对各不同性质的纳税人之间的矛盾，应提出区别对待

---

① 王亘坚教授对财政运动规律的上述认识，主要见于论文《深入探索财政规律 发展财政基础理论》，载《财政研究》，1992年第2期。

的原则。所谓不同性质的纳税人包括不同所有制、不同产业、不同部门和生产经营不同产品的企业以及取得不同性质的收入的个人。区别对待就是给这些不同性质的纳税人规定不同的税收负担，但是这样的区别对待政策又要随着变化了的社会经济形势或环境进行不断调整，不能实行一贯制。

（3）针对生产同类产品或属于同一行业的不同企业因客观条件不同所带来的矛盾，应当提出公平税负的原则。该原则具体包含三方面的内容，即，用税收调节级差收入，用税收调节因价格原因所造成的不合理的利润水平，用税收调节企业的留利水平。

（4）针对负担能力不同的企业之间和居民之间的矛盾，应贯彻量力负担的原则。所谓量力负担就是根据负担能力来确定税负，这和抗日战争时期革命根据地实行的"有钱出钱、钱多多出"的原则是一致的。量力负担比"合理负担"的说法更明确，更易于贯彻执行。

（5）针对中央税收需要和地方税收需求的矛盾，应提出上下兼顾的原则。即加强地方税制建设，以创造条件逐步实行分税制，使中央和地方以及地方上下级之间，都能根据自己的职责取得相应的财权和财力，从而调动它们发展经济和文化并努力增产节约、增收节支的积极性。

（6）针对征税方式和征税效果之间的矛盾，应提出简化税制和科学管理的原则。简化税制就是在保证课税效果的前提下，使税收的种类和征管制度尽量简化，也就是使税制在既能保证财政收入，又能发挥调节社会经济生活的前提下尽量简化。所谓科学管理就是在税务管理方面，不但应当尽量使征管制度简明易懂和简便易行，而且应随着科学技术的发展，使征管手段现代化。①

（二）物质利益规律和经济杠杆理论研究

1.物质利益规律

物质利益规律和经济杠杆理论是王亘坚教授自改革开放伊始就重点关注的研究领域，他在该领域取得的研究成果为他赢得了极高的学术声誉。对物质利益规律的研究给接下来的经济杠杆理论研究提供了坚实的理论前提，经济杠杆理论研究又是物质利益规律研究的合乎逻辑的结果。不管是在经济理论的前后衔接上，还是在人们行为动机和国家调控工具的选择上，抑或是在人类社会更迭的哲学思考上，物质利益规律与经济杠杆理论研究的紧密的逻辑关系都是令人叹服的。

1978 年，我国经济体制改革尚处在酝酿阶段，此时正在北戴河养病的王亘坚教授以一位经济学家特有的敏锐感觉到了时代变革的脉搏，开始探究物质利益规律问题。凡是经历过那个阶段的人都知道，1980 年前后的中国，"左"的余毒依然占据相当市场，理论研究"禁区"随处可见，长期的思想禁锢使人们还处在"谈利色变"阶段，正当的个人利益和企业利益不敢争取，一项项"物质刺激""个人主义"的大帽子随时会扣在人们头上。在这样的氛围里，对物质利益的研究，需要的不仅是学术勇气，更主要的是政治勇气。凭借深厚的哲学功底和对现实生活的理性思考，经过长时间的搜集资料，深刻思索，王亘坚教授在 1981 年第 1 期《财政研究》上发表了《初论物质利益规律》，紧接着 1982 年 2 月又在《天津财经学院学报》上发表了《再论物质利益规律》。他指出："物质利益规律就是人们为生存、为延续发展和为不断提高生活

---

① 王亘坚教授关于税收总政策及其税收基本矛盾的看法，主要见于论文《试论税收总政策》，载《税务研究》，1988 年第 12 期。

水平而关心和争取物质利益的客观必然性。"① "一切物质利益，都是以个人物质利益为其最终归宿的。""既然一切物质利益都是以个人物质利益为基础的，那么，一切脱离个人物质利益的经济政策都是行不通的，一切抹杀个人物质利益的空洞口号都是没有号召力的。""只有把个人物质利益与集体物质利益、国家物质利益挂起钩来，使人们从个人利益上关心生产的发展，才是生产力发展的根本动力。"②

关于物质利益规律同其他经济规律的关系，王亘坚教授给出了非常明确的回答。"物质利益规律是一条支配整个经济生活甚至是社会生活的根本规律，它不只存在于某一个社会，而是贯串于整个人类社会的历史。""物质利益规律不但在人类社会始终存在，而且是一条比任何其他经济规律都更为根本的经济规律。一切其他经济规律，都是物质利益规律在各该特殊的经济关系范围内的具体化。"③包括生产关系一定要适合生产力发展水平的规律、国民经济有计划按比例发展的规律、价值规律、按劳分配规律等，就其本质来说，都以物质利益规律作为存在的根本原因。

王亘坚教授在物质利益规律上取得的研究成果，现在看来，是再简单不过的普通常理，体现了所有社会主体的基本行为方式，但放在四十年前的特殊历史时期，其意义绝不是一个理论创新所能概括的。我们佩服他严谨求实、勤于探索的学术精神，更佩服他追求真理、不计个人风险的铮铮铁骨。

2.经济杠杆理论

在物质利益规律的基础上，王亘坚教授结合市场经济、国家经济发展的经历和我国经济体制改革的实际，对经济杠杆理论进

① 王亘坚：《初论物质利益规律》，《财政研究》，1981 年第 1 期。
② 王亘坚：《再论物质利益规律》，《天津财经学院学报》，1982 年第 2 期。
③ 王亘坚：《初论物质利益规律》，《财政研究》，1981 年第 1 期。

行了开创性研究。1983 年第 3 期的《财政研究》刊登了他的《论经济杠杆》一文，文中对经济杠杆的内涵和外延、经济杠杆的实质、经济杠杆在国家调控体系中的地位、经济杠杆的具体形式、经济杠杆的现实应用等理论进行深刻分析，初步搭建了经济杠杆的理论体系。随后在《有关经济杠杆的若干理论问题》①中进行了补充阐述。在进行了大量阶段性研究后，王亘坚教授于 1987 年带领他的研究生撰写并出版了我国第一部系统论述经济杠杆理论问题的专著——《经济杠杆论》（新华出版社，1987 年）。本书 1989 年获"全国财政理论研究成果优秀奖"。至此，带有鲜明的王亘坚印记的我国经济杠杆理论体系基本构筑完成了。

所谓经济杠杆，就是人们运用物质利益规律的作用，以物质利益去引导或调节经济生活和社会生活的一系列手段，就是通过给予有利或不利的条件来鼓励或限制生产、分配、流通、消费及其他社会生活的一系列经济方法。所以，简言之，经济杠杆就是物质利益引导杠杆。经济杠杆不是社会主义社会特有的经济现象，也不是只有社会主义国家才能自觉运用经济杠杆调控经济社会生活。为了实现国民经济有计划按比例地发展，国家不仅需要指令性计划的"威逼"和指导性计划的"劝说"，也需要经济杠杆的"利诱"。同行政手段、法律手段、教育手段相比，经济杠杆具有柔性调节、间接调节、分配调节、利益调节的特点。经济杠杆具体形式很多，包括价格、信贷、利息、汇率、折旧、工资、奖金、收费、租金、罚款、税收、公债、补贴、分成、规费等等，这些经济杠杆形式都联系着特定方面的物质利益，能够实现特定的经济调节目标，其中不仅有价值分配杠杆，也包括部分实物手段。物质利益诱导是经济杠杆的核心和灵魂。经济杠杆作用的充分发挥，

①本文发表于《天津社会科学》，1985 年第 1 期；《新华文摘》1985 年第 4 期全文转载。

需要一系列条件，诸如人们对经济杠杆作用机制的正确认识，建立一套科学的经济管理体制，建立一套完善的信息反馈系统，了解其他国家对经济杠杆的运用情况等。

1986 年初，王亘坚教授率先提出建立一门"经济杠杆学"的主张，并对"经济杠杆学"应包含的内容做了大致勾勒：经济杠杆的内容、实质和作用，经济杠杆与经济制度、经济规律的关系，经济杠杆与经济体制、经济政策、经济计划的关系，经济杠杆与经济信息的关系，经济杠杆发挥作用的主客观条件，经济杠杆的不同形式，如税收杠杆、收费杠杆、价格杠杆、工资杠杆、奖金杠杆、信贷杠杆、利息杠杆、汇率杠杆、财政补贴杠杆等的具体使用，各种经济杠杆的相关关系及其配套运用，经济杠杆与行政手段、法律手段、教育手段的关系，外国运用经济杠杆的经验等。[①]这些内容构成了《经济杠杆论》的主要架构。

在王亘坚教授的大力推动下，我国成立了中国经济杠杆理论研究会，王教授担任副总干事，并于 1985 年在四川乐山召开了第一次全国经济杠杆理论讨论会，后又在天津蓟县（今天津市蓟州区）、天津财经学院连续召开两次全国性学术研讨会，以及数次关于特定经济杠杆的专题研讨会。1988 年，王教授又力推成立了我国第一个省级经济杠杆理论研究机构——天津市经济杠杆学会，并先后任副会长、会长和名誉会长。在学术界，王亘坚教授是公认的经济杠杆理论奠基人，并成为我国经济杠杆理论研究的人格化代表，财税学界都戏称他为"王杠杆"或"杠杆王"。

（三）宏观调控理论研究

凭借在经济杠杆理论、物质利益规律，以及财税基础理论方面的深厚的成果积淀，王亘坚教授在 20 世纪 80 年代末到 90 年代

---

① 王亘坚：《应当建立一门"经济杠杆学"》，《天津社联学刊》，1986 年第 2 期。

初期间，系统提出了自己对我国经济体制改革初期宏观经济调控体系的构成要件的看法，简称"八大要素"。

1.目标。从我国经济体制改革的总目标出发，我们应该将国家宏观调节的目标确定为"总量平衡、结构平衡、良性循环、提高效益"，这是社会主义市场经济发展的客观要求，也是当前推进经济体制改革所需要的良好条件。

2.政策。要依据不断变化的经济运行态势，适当调整政策类型和政策力度。这种宏观调节政策主要通过财政政策和货币政策体现。要建立一套政策体系，其中包括产业结构调节政策、地区结构政策、企业结构政策、科技政策、社会保证政策等。

3.依据。宏观调节的政策依据主要有三：第一是经济规律，包括社会主义基本规律、价值规律，有计划按比例发展规律、按劳分配规律以及三者利益相结合的规律等；第二是产业政策和国民经济和社会发展计划，根据当前的社会经济状况及其它们与产业政策和发展计划的关系，有保有压，有奖有限，区别对待；第三是经济信息，要依据变化的经济信息进行相应的宏观调节政策调整。

4.对象。宏观调节对象是生产、分配、流通、消费等全部社会再生产过程，再具体地说还包括级差收入、总收入、纯收入、投资、贷款规模、货币发行量等，也可以包括企业、个人、部门、地方等经济行为几个方面。

5.手段。全面地说，宏观调节手段包括行政、法律、经济乃至教育手段。在经济体制改革后，我国宏观调节手段应以经济手段为主，特别是经济杠杆的间接调节手段为主，适当使用法律手段、教育手段、行政手段等直接调节手段。

6.杠杆。经济体制改革要求从直接调节为主向间接调节手段为主转变，那就是说，在新的经济体制下，宏观调节手段应以经济杠杆为主。为此，必须深入了解经济杠杆的内容、形式和本质，以及各个具体经济杠杆形式的作用和特点。

7.条件。各种经济杠杆都是在一定条件下发挥作用的，这些条件包括：一是人们对经济杠杆的正确认识；二是要有一套科学的经济管理体制，尤其重要的是要使国家、集体、个人三者的利益紧密结合起来，使三者的责任、权力和利益紧密结合起来；三是要有一个大体完善的市场体系；四是必须建立一套较为完善的信息反馈系统；五是做好各种经济杠杆的配套运用，使之相辅相成，形成合力。

8.配合。包括各种经济杠杆的综合运用和各类调节手段的综合运用等层面。具体包括各种经济杠杆本身不同功能的综合运用，各种经济杠杆之间的综合运用；间接经济调节手段与直接经济调节手段的综合运用；经济手段与行政手段、法律手段、教育手段的综合运用等。[①]

如今，尽管我国的经济运行环境和改革背景有了深刻变化，但他的这些看法即使放在三十年后的今天，依然闪耀着真理的光辉。

王亘坚教授在其他领域也取得了杰出的研究成果，诸如社会主义初级阶段财政学理论体系、革命根据地财政研究、税制改革的理论依据、财政科学和税收科学体系的构成等，兹不一一赘述。

同许多著作等身的学者不同，王亘坚教授的研究成果并不是太多，但是，他的成果全部是他深入思考、小心求证的结晶。他认为，科学研究贵在创新，著书立说是极为严肃的事。没有独立见解的文章，没有创新价值的文章，没有考虑成熟的文章，写不如不写，发表不如不发表，这样的所谓"成果"，对自己是滥竽充

---

① 王亘坚教授关于宏观调节体系构成要素的看法，主要见于论文《宏观调节理论体系构想》，《浙江财经学院学报》，1988 年第 C1 期；论文《改善和加强宏观调控中的几个问题》，《天津日报》1989 年 3 月 1 日。

数，对别人是误人子弟。正因为王亘坚教授将"真理至上，独立思考，求真务实"作为终生追求的学术准则，他的许多成果才经受住了历史的检验。

三、《经济杠杆论》的体系结构和理解要点

《经济杠杆论》是王亘坚教授一生中最为重要的著作之一。为撰写该著作，王教授进行了近十年的学术准备和实践准备，他的关于物质利益规律的研究成果其实是为经济杠杆理论研究奉献的奠基礼。围绕经济杠杆的基本理论和具体杠杆形式的作用方式，他撰写了十多篇学术论文，发表了大量的学术演讲，在有关部门和单位举办的专门讲习班上系统讲授经济杠杆理论体系，并且作为主要发起人，发起成立了中国经济杠杆理论研究会和天津市经济杠杆学会。该书作为全国第一部系统探索经济杠杆理论体系的著作，许多观点都是开创性的，为当时如火如荼的经济体制改革提供了重要的理论依据。

（一）《经济杠杆论》的体系结构

本书总体框架是由前后三个板块组成的。第一板块是有关经济杠杆基本理论的阐述，由绪言和一至四章构成，在这一板块中作者详细阐述了经济杠杆的定义和特征，经济杠杆的本质和调节特性，经济杠杆与物质利益规律及有计划按比例发展规律、价值分配规律、按劳分配规律等之间的关系，经济杠杆与经济体制的关系等。本板块奠定了整个经济杠杆理论体系的基础，为人们理解经济杠杆的作用机制提供了基础性的理论支持，也揭示了经济杠杆能在我国开启经济体制改革大幕，并在市场机制逐渐在我国经济生活中占据一席之地、经济运行动力结构逐渐多元化的大背景中，登上我国宏观经济调节的舞台的本质原因。读者理解了第

一板块阐释的基本理论，对本书后续内容的理解就驾轻就熟了。

第二板块是关于各个具体经济杠杆形式的阐述，由五至九章构成。这一板块探讨了税收杠杆、价格杠杆、信贷杠杆、工资杠杆、财政补贴杠杆等主要经济杠杆形式的作用原理、作用领域、作用特点、作用条件等。在我国经济体制改革的初期，这些杠杆形式就是我国运用经济手段调节经济运行的主导手段，它们放大了国家的调节力量，整合了多种动力源泉，将国家调控触角深入各个经济领域甚至是社会生活领域，实现了多元化的调节目标。

第三板块是关于经济杠杆的综合运用问题，体现在第十章中。本章探讨了各种经济杠杆形式配套运用的基础和方式问题，以及经济杠杆与行政手段、法律手段、教育手段等诸多调节方式，如何围绕不同的调节对象、不同的调节目标，组成既彼此独立，又互相密切配合的调节网络，从而服务于国家总体调节目标。

（二）《经济杠杆论》写作的历史背景

我们要真正领会《经济杠杆论》的学术价值和实践价值，不能离开我国改革开放初期经济社会的真实状态。1978 年，我国开启了改变世界格局的经济体制改革和对外开放，但改革开放初期的中国社会，依然有浓重的传统体制色彩。经济体制的集中管理程度依然很高，指令性计划依然是国家管控经济生活的主要方式，固定价格依然是价格体系的主要内容，企业依然是基本没有经营自主权的社会组织，个人依然是基本没有择业自主权的被动主体，对所在单位依然有极高的人身依附程度，各种社会主体的主要行为动机依然是完成上级规定的任务指标，获得上级领导更高的评价和精神鼓励，物质利益在社会动力体系中依然只有较小的存在余地。人们对利润、工资、奖金、分成、议价等物质利益实现形式的评价基本是负面的，利润挂帅、工资挂帅、奖金挂帅等趋利行为都还是社会批判的对象，"谈利色变"是普通社会成员的寻常心态。总之，当时的中国社会，改革的帷幕刚开始拉动，多年被禁锢的思想刚开始解放，高度集中的体制刚开始松动，传统的价值观念依然有强大的市场。在这种环境下研究物质利益规律，探求经济杠杆理论，是需要很大的学术勇气，需要对改革前景有很清晰、很执着的认知，对真理有坚定的追求。

（三）牢牢把握经济杠杆的本质特征

同其他调节手段相比，经济杠杆的本质特征是物质利益诱导，简称"利诱"。本书第一章第二节指出，经济杠杆同其他事物一样，有其特殊的内容，即由主体、客体、手段和目的四个要素构成的统一体，但最能说明经济杠杆根本特征的要素是手段，即通过给予有利或不利、利大或利小的条件，把客体的活动引导到主体所预期的目标上，"利诱"是经济杠杆的核心和灵魂。众所周知，国家通常会使用四种手段对经济生活进行调节，即法律手段、行政手段、经济手段和教育手段，如果说法律和行政手段是"威逼"，教育手段是"劝说"的话，经济杠杆就是"利诱"。[①]只要我们抓住物质利益诱导这一本质，对全书其他内容的理解，诸如经济杠杆的一般特点、经济杠杆与经济规律和经济体制的关系、经济杠杆在国家宏观调控体系中的地位、具体经济杠杆形式的作用机制等就很容易了。

（四）税收是最重要的经济杠杆

在由各种经济杠杆形式构成的调节体系中，税收是最重要的经济杠杆。不难理解，在由税收、价格、工资、奖金、补贴、信贷、利息、汇率、折旧率等各种分配工具组成的经济杠杆体系中，各种经济杠杆均有自己的独特作用，在国家调控体系中扮演不同的角色，服务于不同的调节目标。但是，王教授在对调节依据、

---

① 王亘坚：《王亘坚文集（上）》，中国财政经济出版社，2003年，第48—49页。

调节范围、调节方式、调节效率等进行了详细分析后，得出了税收是最主要经济杠杆的结论。实事求是地说，王教授这一观点在当时是颇受质疑的。因为在当时的经济改革背景下，商品经济、市场经济、价值规律被置于越来越重要的位置，价格作为价值规律的主要实现方式，理所当然地被人们置于经济调节的中心位置，价格杠杆也被很多人认为是最重要的经济杠杆形式。但是，本书界定的价格杠杆是国家利用价格机制对社会经济生活进行自觉调节的手段，换言之，必须是国家主动操控形成的价格才取得价格杠杆的身份，自发形成的价格并不在价格杠杆之列。因此，尽管价格在资源配置领域发挥越来越重要的作用，但价格杠杆却不能不位居次席。而税收杠杆由于其在调节依据上的国家强制性和依法性，调节范围的广泛性，调节手段的多样性和灵活性，使用和调整的简易性，调节目标的多级性等，能够服务于多种调控目的的需要，而且调节精度也比较高，因此，理所当然地承担主要经济杠杆的角色。

（五）经济杠杆是在统一的调节体系中发挥作用的

鉴于各种经济杠杆各有自己的调节领域和调节特点，服务于具体的调节目标，但又服从、服务于社会经济调节总目标，因此它们之间具有了相互配合的必要性；基于各杠杆最终调节对象的一致性，本身都具有可控性，最终调节主体的一致性，以及最终调节主体对经济规律驾驭能力的不断提升，它们之间的相互配合具有了可能性。本书从最终调节对象、宏观调节目标和微观调节目标三个维度构建了经济杠杆调节子系统。

四、当前重温王亘坚《经济杠杆论》的现实意义

王亘坚教授《经济杠杆论》的思想基础萌芽于 1980 年前后，

成书于 1987 年。这段时间正是我国改革开放的大幕徐徐拉开，市场经济的根基逐步扎牢之际。市场经济实质上就是利益经济，市场机制本质上就是通过各方利益关系的变动对人们的行为进行调节的过程。经济杠杆的本质是物质利益诱导，这就在经济杠杆与市场经济之间建立了根本性联系。

改革开放四十年后的今天，依然有对王亘坚经济杠杆思想进行重温甚至是加深理解的必要性，其根本原因就是我们一直在围绕市场经济的完善和资源配置效率的提升，不间断地推进改革开放进程。党的十八届三中全会通过的《中共中央关于全面深化改革若干重大问题的决定》明确指出："紧紧围绕使市场在资源配置中起决定性作用深化经济体制改革，坚持和完善基本经济制度，加快完善现代市场体系、宏观调控体系、开放型经济体系，加快转变经济发展方式，加快建设创新型国家，推动经济更有效率、更加公平、更可持续发展。"党的十九大报告中也提出，要加快完善社会主义市场经济体制，以完善产权制度和要素市场化配置为重点，实现产权有效激励、要素自由流动、价格反应灵活、竞争公平有序、企业优胜劣汰。这就说明，完善市场经济，优化经济调控，一直是我国经济体制改革的核心意涵，同样，也就要求国家必须高度重视、准确使用经济杠杆等利益调节手段。在这样的背景下，我们重温王亘坚教授三十二年前问世的《经济杠杆论》，更加准确地把握王亘坚先生的经济杠杆思想，有着重要的现实意义。

本书是由王亘坚教授带领自己的几个学生共同撰写完成的，但毫无疑问，本书的基本框架、基本观点和思想基础完全是由王亘坚教授提出的。令人遗憾的是，他已经见不到本书的再次出版了。谨以此导读作为我对王先生深深的怀念。

2018 年 4 月 6 日于天财园

目　录

经济杠杆论

王亘坚 主编

新 华 出 版 社

经 济 杠 杆 论

王亘坚　主编

●

新 华 出 版 社 出 版
新华书店北京发行所发行
北 京 彩 虹 印 刷 厂 印 刷

●

787×1092毫米　32开本　7.875印张　152,000字
1987年5月第一版　　1987年5月北京第一次印刷
印数：1——10,400册
统一书号：4203·040　定价：1.40元

前　言

　　中国共产党第十一届三中全会，是我国政治和思想领域
的一次重大历史转折。从那时起，我国学术界的沉闷空气为
之一扫，诸多理论禁区被相继打破，经济学界也空前活跃。
在这种条件下，我们研究了经济规律问题，并提出了物质利
益规律是一种最根本的经济规律的论点。随着我国经济体制
改革的展开，我们又比较系统地研究了经济杠杆问题，现在
呈现在读者面前的这本书，就是它的初步成果。

　　可以说，这本书的特点之一是它的探索性或尝试性。
如所周知，由于我国传统的经济体制是高度集权的体制，当
时经济杠杆还没有多少用武之地，因而人们也很少从事经济
杠杆的研究。十一届三中全会之后不同了，这几年来，研究
这个问题的人逐步增多。但是，这个研究领域毕竟还处在开
发的初期阶段。我们自知，书中的一些论点还很不成熟，有
待进一步探究。

　　这本书的特点之二是经济杠杆理论的系统性。直到现在
为止，大家研究经济杠杆问题多半是就其一般性质和作用或

1

是就某一特殊杠杆形式来阐述的。无论国内或国外，还未见把经济杠杆理论作为一个独立的有机体系来加以研究的。当然，我们也知道，经济杠杆问题涉及面比较广，要真正完整地阐述也是困难的。这本书的内容显然还需要进一步充实，体系还应当进一步完善。

这本书的特点之三是它的观点的一贯性。从头到尾，我们始终是把物质利益诱导作为经济杠杆的核心和灵魂的，始终是围绕这一核心来展开论述的；并且，始终是把物质利益规律作为它的理论基础的。

本书的初稿完成之后，应天津市哲学社会科学联合会和天津市计划委员会的要求，曾在经济杠杆理论讲习班作教材使用。之后，又在天津财经学院举办的讲习班上使用。

本书绪言和第一、二、四、五章及附录文章是王亘坚撰写的；第三、七章是王维舟撰写的；第六、八、九、十章是武彦民撰写的；王晶参与了第十章的部分写作。全书由王亘坚总纂和主编。

既然是尝试性和探索性的东西，它就难免有许多缺点和弱点，加上我们的理论水平所限，实际知识贫乏，就使它更难达到令人满意的程度。因此，诚恳地希望得到广大读者和专家的指教，以利于我们进一步加工和完善。

作　者

一九八六年七月于天津

2

目　录

1

2

3

绪　言

　　经济杠杆问题，在我国从来没有象现在这样被重视，从来没有象现在这样为人们广泛地、认真地研究和讨论。这是为什么呢？

　　党的十一届三中全会以前，我国的经济管理体制是高度集权的体制。这种体制形成了一种与社会生产力发展很不适应的僵化的模式。这种模式的弊端很多，如政企职责不分，条块分割，国家对企业统得过死，使企业没有独立的责权利，忽视商品生产、价值规律和市场的作用，分配中的平均主义严重等。在这种体制下，自然是习惯于用行政办法推动经济运行，经济杠杆也自然没有发挥作用的多少余地。

　　党的十一届三中全会确定了国民经济调整、改革、整顿、提高的方针。从此，我国开始进行经济体制改革的试点，并取得了一定的经验。特别是农村改革所取得的伟大成就，为城市经济体制改革打开了通路。党的十二届三中全会作出的《中共中央关于经济体制改革的决定》，第一次明确地肯定了社会主义经济是在公有制基础上有计划的商品经

1

济，并依据这一理论制定了我国以城市为重点的经济体制改革的宏伟蓝图。

　　我国的经济体制改革是在马克思主义一般原理指导下，从我国现阶段的实际出发的。这个实际主要是公有制占绝对优势，全民所有制占主导地位的，多种所有制并存的经济。此外，还有我国幅员广大，人口众多，交通不便，信息不灵，各地区经济文化发展不平衡等。这就决定了我国的计划体制不应是事无巨细、无所不包的统一计划，而必须是统一性与灵活性相结合的体制，即指令性计划、指导性计划与市场调节相结合。正如《决定》所说，对关系国计民生的重要产品中需要由国家调拨分配的部分，对关系全局的重大经济活动，实行指令性计划；对其它大量产品和经济活动，则根据不同情况分别实行指导性计划或完全由市场调节。从发展趋势看，为了把经济搞活，增强企业的生机和活力，将逐步缩小指令性计划的范围，逐步扩大指导性计划和市场调节的范围。指令性计划虽然是必须执行的直接计划，但是为了提高企业完成计划的积极性，也必须考虑价值规律的要求，也必须适当地利用经济杠杆来辅助，至于指导性计划和市场调节的部分，就更加有赖于经济杠杆的诱导了。为了实现国民经济有计划、按比例发展的要求，为了使指导性计划和市场调节的部分符合宏观经济的发展战略，只有充分而有效地利用经济杠杆，才能把微观经济的积极性引导到宏观经济计划性的轨道上来。所以《决定》指出："越是搞活经济，越要重视宏观调节，越要善于在及时掌握经济动态的基础上综合

2

运用价格、税收、信贷等**经济杠杆**……。学会掌握经济杠杆，并且把领导**经济工作的重点**放到这一方面来，应该成为各级经济部门，特别是综合经济部门的重要任务。"

这就是为什么，经济杠杆问题现在被人们如此重视，如此广泛研究和热烈讨论的原因。这是我国经济体制改革不断深入所必然提出的客观要求。

为了把经济杠杆研究推向更广的范围和更深的程度，经济学界一部分人士发起，于1985年10月在四川乐山举行了第一次经济杠杆理论讨论会，并成立了中国经济杠杆研究会。此后，各省市经济学界也相继组织了有关经济杠杆问题的研究，有的还成立了学术研究团体。可以预期，随着我国经济体制改革的不断进展，经济杠杆研究也必将日益蓬勃地开展起来，它也将推动我国经济体制改革的胜利完成。

经济杠杆问题是一个复杂的理论问题和实际问题，它涉及到多方面的知识，它是一门专门的学问。

当前，虽然有许多学科都从各自不同的角度讨论经济杠杆问题，但是哪一门学科都没有也不可能对它作系统而全面的研究，因而也就不能完整而深透地提供有关经济杠杆的理论、知识和方法。

要全面而深刻地认识经济杠杆，除了必须弄清楚经济杠杆的内容和形式、本质和作用之外，还必须研究许多有关的经济理论问题。例如：由于经济杠杆的运用是以经济规律为客观依据的，所以必须研究经济杠杆与经济规律的关系；由于经济杠杆的产生和发挥作用是以经济制度为基础的，在不同

3

的经济制度下,经济杠杆发挥作用的范围和方向又是不同的,所以必须研究经济杠杆与经济制度的关系;由于经济杠杆的重要性和用武之地是随经济体制的变化而变化的,所以又必须研究经济杠杆与经济体制的关系;由于经济杠杆是为实现经济政策和经济计划服务的,所以必须研究经济杠杆与经济政策和经济计划的关系;由于经济杠杆对指令性计划和指导性计划服务的方式和程度是不同的,所以又必须分别研究经济杠杆与不同经济计划的关系;由于经济杠杆的具体运用必须以经济动态或经济信息为具体依据,所以必须研究经济杠杆与经济信息的关系;由于经济杠杆之发挥作用必须具备一定的条件,没有一定的条件,经济杠杆发挥作用的可能性就不能变成现实,所以又必须研究经济杠杆发挥作用的主客观条件;由于经济杠杆具有诸种不同的形式,不同形式的经济杠杆又各自具有不同的作用范围和程度,所以又必须分别研究各种不同形式的经济杠杆,如:税收杠杆、收费杠杆、价格杠杆、工资杠杆、奖金杠杆、信贷杠杆、利息杠杆、汇率杠杆、折旧率杠杆、财政补贴杠杆、财政收支划分杠杆、租金杠杆、罚款杠杆等等。还有,由于往往是几种经济杠杆共同起作用的,它们之间是互相联系、互相影响的,所以,又必须研究诸经济杠杆之间的相互依存和制约关系;由于诸经济杠杆是以诸经济规律、即经济规律体系为依据的,所以,不但要研究各种不同经济规律如何制约经济杠杆,而且还必须研究经济杠杆体系及其与经济规律体系之间的关系;由于运用经济杠杆的主体有各经济主管部门又有各个企业,有中央

4

机关又有地方机关，为了保证各方面运用经济杠杆的正确性，使其符合宏观经济计划性和宏观效益的要求，又必须研究经济杠杆管理体制问题。

为了上述同一个目的，还必须建立有权威的经济杠杆综合管理机构，以便统筹和协调各种经济杠杆的运用，为此又必须研究经济杠杆的综合运用及其管理和协调，研究这种综合管理机构的职能、工作内容和方法。

当前，分别研究各种经济杠杆及其运用的论著逐渐增多，但研究诸经济杠杆如何综合或配套运用的著述则为数极少，且极不深入。所以，这是一个极待研究的重大问题。此外，由于管理国民经济的方法除经济手段外，还少不了行政手段、法律手段乃至教育手段，所以还要研究经济杠杆与其它手段之间的分工和配合问题。

研究经济杠杆，不但要研究我国当前条件下如何运用经济杠杆，而且要研究经济杠杆产生和发展的历史，特别要研究外国运用经济杠杆的经验。应当承认，在运用经济杠杆方面，苏联和东欧一些社会主义国家都有可供我们借鉴的经验；就是一些资本主义国家，也不是没有值得我们注意和参考的地方。因此，还应当研究外国是如何运用经济杠杆的。

由此可见，经济杠杆是一门复杂的学问，是应该全面而系统地加以研究的。虽然有许多学科从各自不同的角度论述经济杠杆问题，但是，它们都没有、也不可能全面地、系统地、完整地研究有关经济杠杆的理论、知识和方法。所以，客观经济生活已经给我们提出了这样的要求：应当建立一门

5

经济杠杆学。当然，建立一门独立的学科并非易事，但是，我们应当为此而积极努力。我们现在写出的这本《经济杠杆论》，可以说是未来的经济杠杆学的雏形。

可以认为，经济杠杆学是经济科学中一个新兴的边缘学科。它的研究对象是国家和企事业单位用物质利益诱导的方法调节社会经济生活中所发生的分配关系。

诸种形式的经济杠杆可以说都属于分配范畴，在商品经济条件下，其中绝大部分属于价值形式，即对价值的分配范畴。但是，绝不能把经济杠杆与价值形式划上等号。因为：第一，在自然经济条件下，一些实物形式的分配范畴也带有经济杠杆的性质，如实物税捐、实物借贷和利息等；第二，就是在商品经济条件下，也有一些不属于价值范畴的经济杠杆，如实物形式的农业税、国家对农民的奖售物资制等。当然，这些经济杠杆虽不属于价值的分配，却也属于使用价值的分配。

经济杠杆学所要研究的特殊社会关系，就是国家或企事业单位用物质利益诱导的方法调节社会经济生活中所必然发生的分配关系。这些分配关系是复杂的，有国家与企事业之间的分配关系，有企事业与职工和农民之间的分配关系，有中央与地方之间的分配关系，有企事业与企事业的分配关系，有生产者与消费者之间的分配关系，有中国与外国的分配关系……等。经济杠杆学的基本任务，就是要以诸经济规律为依据，按照国家经济政策及国民经济和社会发展计划的要求，提出正确处理这些分配关系的原则和方法。

6

经济杠杆学既然是经济科学中一门新兴的边缘学科，它就必然与许多其它经济学科有着密切的联系。首先，它是以政治经济学为理论基础的。政治经济学研究人们之间的生产关系，即生产资料所有制及在此基础上形成的人们在生产中的地位和分配关系，经济杠杆学则研究分配关系的特定部分，即作为调节社会经济生活的物质利益诱导方法在运用过程中所发生的分配关系。经济杠杆学中的所有理论都是在马克思主义政治经济学的一般原理指导下进行研究的。此外，各部门经济学，如工业经济学、农业经济学、商业经济学、运输经济学、物资经济学、教育经济学、卫生经济学等，也都涉及到分配关系，也都应从各自的角度阐明各该部门如何运用经济杠杆，以调节社会经济生活；而各个综合性经济学科，如国民经济计划学、财政学、金融学、价格学、劳动经济学等，它们也都在一定范围内研究各该学科领域的经济杠杆问题。但是，它们既不能从整体上研究经济杠杆的理论系统，又不能全面研究各种形式的经济杠杆，以及它们之间的综合运用，而只有系统地研究这些问题，才能对经济杠杆有深刻而全面的认识，才能为有效地运用经济杠杆提供科学的依据。

在各种经济杠杆中，有不少是属于财政范畴的，如税收、利润分成、收费、财政补贴、财政收支划分、罚款等，这些当然构成经济杠杆学的研究内容，但是，经济杠杆学不是要研究上述财政范畴的全部内容（如税收中的税种、税目、税率、课征对象、纳税人、税收的计算和征收等），而只是把它们作为一种经济杠杆来加以研究（如税收这种经济杠杆在整个经济杠杆体系中的地位，各类税收的不同经济杠杆作用，国家如何利用税收杠杆排除企业盈亏的客观因素，以利于企业之间在大体平等的条件下开展竞争，如何利用税收杠杆促使企业降低成本和加速资金周转以增加盈利，如何利用税收杠杆调节商品的生产、流通和消费，如何利用税收杠杆制约国民收入分配中积累和消费基金的规模与比例等等）。可见，经济杠杆学与其它一些经济学科在内容上有交叉，但所研究的对象和角度又并不一样。

当然，现在值得强调的一点是，随着我国经济体制改革的进展，要求各部门经济学科和综合性经济学科高度重视经济杠杆的原理，使属于本学科范围的一些分配范畴，尽量发挥经济杠杆的作用。例如，财政学中关于"利改税"问题和固定资产投资"拨改贷"问题，就是属于这样的问题。

热切地期待着不远的将来有一部《经济杠杆学》问世。这本《经济杠杆论》也可以说是它的初探。

第一章　什么是经济杠杆

第一节　经济杠杆是管理国民经济的
　　　　　重要手段

在社会化大生产条件下，社会经济活动极其复杂，这种复杂性决定了管理手段的多样性。在社会主义的有计划商品经济条件下，管理国民经济的手段包括行政的、法律的、计划的、经济的和教育的等等。例如，国家规定成本开支范围，对限额上基本建设投资的审批，对商标和市场的管理等，是行政手段；国家制定和执行各项经济法规，对贪污、盗窃、走私等行为的惩治，对因严重失职而给国家财产造成严重损失者绳之以法等，是法律手段；国家制定和执行中长期和年度计划，是计划手段；国家对经济政策、方针、制度、计划的宣传和解释，是教育手段；国家利用价格、税收、信贷、利率、工资、奖金等来鼓励或限制某种经济活动，是经济手段。

经济杠杆属于管理国民经济的经济手段。但是，并不是一切经济手段都是经济杠杆。例如，经济核算制是管理社会

9

主义经济的经济手段，经济责任制也是我国行之有效的管理经济的经济手段，但都不是经济杠杆；此外，利用经济组织管理经济，缔结经济合同，国家掌握重要物资、资金和外汇，以控制市场供求和物价，制约国民收入的分配规模和比例等，也都是经济手段但不是经济杠杆。经济杠杆有其特定的内容和形式。

第二节　经济杠杆的内容和形式

一、经济杠杆的内容

经济杠杆和其它事物一样，有其特殊的内容和形式。经济杠杆的内容，是由主体、客体、手段和目的四个要素构成的。

经济杠杆的主体即运用者，无论在任何社会形态下，都主要是国家。一般说来，象税收、公用事业收费、财政补贴、汇率、折旧率、罚款等经济杠杆，只有国家才能成为它的运用者。在社会主义条件下，由于生产资料的全民所有制和国家具有领导经济的职能，不但上述经济杠杆是由国家掌握的；而且象价格、信贷、利率、工资、奖金、租金等经济杠杆，也主要是由国家掌握的。当然，在经济管理体制较为分权的情况下，这些经济杠杆中的一些种类，在一定程度上，则由作为经济实体的企业所掌握。至于在资本主义条件下，由于生产资料私有制，由企业掌握和运用的经济杠杆更多，象价格、信贷、利率、工资、奖金等都是如此。由于经

10

济杠杆的主体不同，它的作用范围、作用程度，尤其是作用方向都是不同的。在社会主义条件下，由国家掌握的经济杠杆，如果运用得好，可以把微观经济的积极性引导到宏观经济计划性和宏观效益的轨道上来；由企业所掌握的经济杠杆，则主要是调动企业内部车间、班组和职工的积极性，以提高微观经济的增长率和经济效益。

经济杠杆的客体即调节对象，主要是社会再生产过程。由经济杠杆主体运用经济杠杆，把生产、流通、分配、消费等活动，引导到主体所预期的方向上去。完全地说，经济杠杆的客体还不只是社会再生产过程，而且包括社会生活的其它一些领域，如运用经济杠杆调节人口生育、调节社会秩序和社会风气等，也是不乏其例的。

经济杠杆赖以发挥作用的手段或叫动力，是物质利益诱导。即通过给予有利或不利、利大或利小的条件，把经济杠杆客体的活动引导到主体所预期的目标。物质利益诱导是经济杠杆区别于行政手段、法律手段和教育手段的根本特征，也是经济杠杆区别于其它经济手段的根本特征。所以，它是经济杠杆的核心和灵魂，不抓住这个核心和灵魂，就说不清经济杠杆的特殊性质，也说不清经济杠杆这一概念的内涵和外延，也说不清它的特殊作用。这里还应当进一步强调，作为经济杠杆动力和核心的物质利益诱导，是直接对微观（企业或个人——当然也可延伸到部门或地区）物质利益的触动，使其从切身利益出发，自愿地、但不是完全自觉地服从宏观经济计划性和宏观效益的要求。这就是说，经济杠杆触及微观物质利益是

11

直接的，是手段；实现宏观目标是间接的，是目的。

经济杠杆的目的主要是实现国民经济和社会发展的宏观目标。但是，以企业为主体的经济杠杆的运用，则主要是为了实现该经济实体增产节约、提高经济效益的微观目标。

上述构成经济杠杆内容的四个要素，是缺一不可的，也是不能互相颠倒或混淆的。有人认为，把经济杠杆的特殊手段或核心归结为物质利益诱导，很可能导致只顾眼前利益，不顾长远利益，只顾局部利益，不顾整体利益的行为，可能使企业发生大利大干，小利小干、无利不干，甚至引导企业违反财经纪律和经济法规，通过种种不正当手段去损害国家和全民的利益。有人还说，强调经济杠杆的核心是物质利益诱导，就会引起人们之间的"勾心斗角"！显然，这都是误解。他们实际上是把经济杠杆的手段和目的混淆了。为此，我们想再一次强调，经济杠杆触及微观的物质利益是直接的，是手段；实现宏观目标是间接的，是目的。如果不是运用物质利益诱导这样的手段，就不能实现宏观经济计划性和宏观经济效益的目的，如果不用这样的手段，也就不成其为经济杠杆了。在有计划的商品经济条件下，由于价值规律的作用，企业的生产经营活动不能不考虑自身的利益。特别是在实行指导性计划的情况下，它的活动之所以符合宏观目标的要求，也是以关心其切身利益为出发点的。经济杠杆正是这两方面的结合点。在社会主义按劳分配原则下，职工的劳动数量与质量之符合企业预期的目标，也是从职工个人的切身利益出发的，而经济杠杆正是使职工利益与企业利益挂起钩来的有效

12

手段。

二、经济杠杆的形式

经济杠杆的内容决定经济杠杆的形式，换言之，经济杠杆这一概念的内涵决定它的外延。这就是说，凡是国家或经济实体用物质利益诱导的方法调节社会经济生活，使之朝向预期的目标的各种经济手段，都是经济杠杆。在现实生活中，可被利用的经济杠杆形式很多，如税收、价格、信贷、利率、汇率、折旧率、工资、奖金、公用事业收费、资源和资金占用收费、财政补贴、财政收支包干、利润包干、投资包干、财政贴息、罚款、滞纳金，等等。应当指出，对于经济杠杆的形式，也应当作具体分析，因为有些经济手段，在某种形式下属于经济杠杆，在另一种形式下就不成其为经济杠杆，关键还在于它是否具有经济杠杆的内容，尤其是看它是否具有物质利益诱导的性质。例如价格，一般说来是经济杠杆，但不同的价格形式又具有不同的性质。国家规定的固定价格是经济杠杆；有一定幅度的浮动价格，因为它有上限和下限，也属于经济杠杆；企业掌握的自由价格也在一定程度上带有经济杠杆的性质；但城市自由市场上的价格和农村集市贸易的价格，就不属于经济杠杆。又例如财政补贴，一般说来也是经济杠杆，但不同的补贴形式又具有不同的性质。到目前为止，我国农副产品的价格补贴，是一种有效的经济杠杆，因为它在提高农副产品收购价格又不提高销售价格的条件下，给予经营单位一定的利益，以保持它们的经营的积极性。随着经济体制改革的进展，为了更好地体现按劳

13

分配规律和价值规律的要求，这种价格补贴将逐步减少；但是，国家发给职工个人的副食品补贴，就不属于经济杠杆的性质。因为它只是使职工在副食品涨价的情况下，生活水平不受或少受影响的权宜之计，它既不带有调动积极性的作用，又不具有调节消费的作用。还有国家对职工的房租补贴，更不属于经济杠杆的性质，其作用恰恰是与经济杠杆背道而驰的，它带有供给制的残迹，只能鼓励人们多占住房，而不利于住宅的合理分配。国家对企业亏损的补贴也要具体分析。确切地说，政策性亏损补贴是经济杠杆；而经营性亏损补贴就决不是经济杠杆。

这里还要提到，人们往往谈论所谓财政杠杆，并认为整个财政都是经济杠杆，或者似乎所有财政范畴都是经济杠杆，这是缺乏具体分析的，因而是不确切的。从财政收入说，税收是十分重要的经济杠杆，而利润上缴（尤其是全额上缴）就不是经济杠杆，这正是我国实行"利改税"的根本原因；资金占用费是经济杠杆，而公债或国库券（除利息外）就不是经济杠杆。从财政支出说，某些财政补贴是经济杠杆。另一些财政补贴，如前所述，就不是经济杠杆；基建贷款和利息是经济杠杆，而无偿的基建拨款和流动资金拨款就不是经济杠杆，这也正是我国实行"拨改贷"的根本原因。此外，财政支出中的国防和行政事业费支出，科教文卫事业费支出，抚恤和救济等社会事业费支出，援外支出等，显然也不是经济杠杆。从财政管理说，统收统支不是经济杠杆，收支包干或分成是经济杠杆，作为国家基本财政计划的国家

14

预算也不是经济杠杆，预算调节属于计划的直接调节，它与经济杠杆的间接调节是不同的。当然，不是经济杠杆不等于都是不合理或不重要的。但是，为了使各个财政范畴或所有的财政活动都能发挥更积极的作用，为了促进增收节支和提高支出效果，对那些不属于经济杠杆的财政收支，也可以在管理方法上作作文章，如实行多种形式的包干制，就可以起到一定的积极作用。当前我国财政改革的主要目标也应是改革收支形式和管理形式，尽量使之发挥经济杠杆作用。人们所说的使财政从管理型向经营型转变，也包含着这个意思。

三、经济杠杆的分类

为了有效地运用众多的经济杠杆形式，可以从不同的角度对它们进行分类。首先，可以按其主体分类。这样可以分为以国家为主体的一类和以企业为主体的一类。上面列举的各种形式的经济杠杆，在社会主义条件下，绝大部分是以国家为主体的。但是，在经济管理体制趋向分权化的情况下，有些经济杠杆形式将会逐步地转为以企业为主体 。例如价格，随着价格管理体制的改革，除固定价格仍由国家为主体外，浮动价格则在一定程度上以企业为主体，自由价格则更是以企业为主体。工资和奖金也有类似情况，随着工资体制的改革，将会逐步建立与企业经济效益挂钩的制度，这样也将使企业握有运用工资杠杆的权利。当然，由企业掌握运用的经济杠杆，仍然在一定程度上受国家的控制，如浮动价格有国家规定的浮动幅度，自由价格又受着固定价格和浮动价格

15

的牵制；工资和奖金则一方面受着工资总额的制约，另一方面又受着国家规定的工资调节税和奖金税的调节，等等。按主体分类，还可以把经济杠杆分为中央有关部门掌握的一类和地方有关部门掌握的一类。随着经济体制改革的深入，必将赋予地方更多的运用经济杠杆的权利。以中国之大和情况之复杂，以及瞬息万变的经济动态，把经济杠杆运用的权力过分集中于中央，显然是不能适应的。当然，给予地方一定的运用权力要防止各自为政和滥用经济杠杆，以致妨碍或破坏中央统筹的宏规经济计划性和宏观效益。因此，必须深入研究经济杠杆管理体制问题，科学地处理中央与地方、国家和企业之间运用经济杠杆中的权力和责任。

除了按主体分类外，经济杠杆还可以按客体即调节对象分类。这样首先可以从大的方面分为调节社会再生产的一类和调节其它社会生活的一类。在调节社会再生产的一类中，又可细分为调节生产类、调节分配类、调节流通类，调节消费类。在调节其它社会生活的大类中，又可细分为调节人口生育、调节社会秩序和调节社会风气等类。按经济杠杆的客体分类，有助于人们更有计划、有目的、有针对性地选用经济杠杆，以达到具体的预期目的。

经济杠杆还可以按其目的加以分类，这样就可以分为宏观目的与微观目的两大类。一般地说，凡是由国家掌握的经济杠杆，其目的主要是把微观的社会经济活动引向宏观的目标；而由企业掌握的经济杠杆，其目的则主要是提高微观的经济增长率和经济效益。

16

第三节　经济杠杆的本质和特点

一、经济杠杆的本质

经济杠杆的内容是经济杠杆这一事物的基础，它不但决定着经济杠杆的形式，而且决定着经济杠杆的本质。从对经济杠杆的内容的分析中可以看出，经济杠杆的本质就是国家或经济实体用物质利益诱导的方法调节社会经济生活以实现预期的目标的一系列经济手段。

有人认为，经济杠杆的实质是"影响、调节和推动社会再生产过程的工具或手段"。然而，究竟用什么去影响、调节和推动，是什么原因使它能够影响、调节和推动社会再生产过程呢？这个至关重要的关键问题并未得到回答。同时，这种概括既丢掉了构成经济杠杆的内容的手段，又丢掉了它的目的。这显然是不确切的。有更多的人认为，"经济杠杆是与价值形式有关的因素，是一系列价值范畴"；有人说，"凡是有商品生产的地方和时代，就有经济杠杆的存在。"有人说"经济杠杆的'魔力'来自国家对价值规律的自觉运用。"总而言之，他们都认为，商品生产和价值规律与经济杠杆的联系，是一种本质的、必然的联系。

诚然，在现今历史条件下，经济杠杆大多是以价值形式出现的，大多属于价值范畴。但是，经济杠杆与价值形式、

17

价值范畴、价值规律的联系，并非本质的、必然的联系。在自然经济条件下，许多史实证明，国家曾利用实物形式而非价值形式作为利益诱导，去鼓励或限制生产、流通和消费，也起着经济杠杆的作用。如奴隶社会或封建社会的实物税捐，就曾经起过这种作用。就是在商品经济条件下，也还有不利用价值形式，而通过使用价值的分配，起着经济杠杆的作用。如解放前国统区的田赋征实，解放区乃至全国解放后实物形式的农业税，对农民的奖售物资制，近年来新出现的以名牌短线产品分配作为诱导的债券等，也都带有经济杠杆的性质，但这都不是价值形式的分配。既然经济杠杆不限于价值形式，就不应把它简单地归结为价值范畴。

有人说，经济杠杆是社会主义社会所特有的现象，这也是不符合实际的。实际上，不但社会主义有经济杠杆，资本主义社会，甚至早在封建社会和奴隶社会就有了经济杠杆，这也是可以找到许多史实加以证明的。早在奴隶社会末期和封建社会早期，就有国家利用税捐实行鼓励农业生产的政策，如我国秦朝实行的"强本抑末"的政策，规定"市利之征必重"；汉武帝时期又制定了一系列重商主义的税收政策等。到了资本主义社会，国家更广泛地利用经济杠杆促进封建经济残余的瓦解、小生产者的破产和资本主义的发展。恩格斯指出："国家就是通过保护关税、贸易自由、好的或坏的财政

18

制度发生作用的。"① 恩格斯这里所说的"发生作用"，主要就是指经济杠杆的作用。战后几十年来，一些发达的资本主义国家，更广泛地使用财政补贴、出口退税、进口附加税、信贷、利息、快速折旧等经济杠杆，来促进经济的恢复和发展，开展国际间的商业竞争和维护本国垄断资产阶级的利益。这一切都证明，经济杠杆并非社会主义社会所特有的。

有人说，只有社会主义可以自觉地利用经济杠杆，这也是不对的。实际上，社会主义以前的社会，尤其是资本主义社会，也能够自觉地、而且是相当成功地利用了经济杠杆。如我国汉朝初期，为了恢复和发展农业生产，减轻田赋为"什五而税一"，以后又减为"三十而税一"，甚至停征十年。这些措施，对于鼓励农民休养生息，发展农业生产，扶助小地主经济，都起了积极作用。至于资本主义国家，在初期利用税收制度，特别是保护关税制度等杠杆，为资本的原始积累和资本主义的发展，创造了重要的有利条件。在现代资本主义各国，则更为广泛地利用税收、信贷、利息、贴现率、财政补贴、罚款等多种形式的经济杠杆，来缓和资本主义社会的矛盾，延缓资本主义的经济危机。虽然它们不曾也不能解决生产的社会性和生产资料私有制这一根本矛盾，但是，大量的财政补贴和投资，优惠的贷款和税收，对于发展公共工程，发展科教文卫事业，推进技术进步和劳动生产

---

① 《马克思恩格斯〈资本论〉通信集》，人民出版社1976年版，第564页。

19

率的提高，确实起了很大的积极作用。例如，联邦德国战后通过税收、信贷、利率、财政补贴等经济杠杆，有效地调节了国民经济，迅速地促进了经济的恢复和发展，使之在一片废墟上建成了经济强国，实现了"第四帝国的崛起"。战后的日本在运用经济杠杆方面，也不乏成功的例子。还有新加坡这个小小的城市国家、它的物质文明和精神文明建设的成就令人赞叹，也和它广泛地利用经济杠杆有密切关系。所有这些，都说明除社会主义国家以外，别的国家也能自觉地利用经济杠杆。既然如此，社会主义国家在运用经济杠杆方面，积极而又慎重地借鉴别国的经验，包括资本主义国家的经验，就不是没有必要的。当然，社会主义国家的经济杠杆，其作用范围和作用方向是与资本主义国家不同的。如前所述，社会主义国家运用经济杠杆的目的，主要是把微观经济的积极性引向宏观经济计划性和宏观效益的目标，而资本主义国家的经济杠杆，虽然也是国家干预经济的手段之一，但由于生产资料私有制和生产无政府状态，由于国家政权的资产阶级性质，它不可能达到象社会主义这样的目的。

有人在研究经济杠杆的本质时，常常把它和物理杠杆相提并论，并把杠杆与动力分开。实际上，经济杠杆不同于物理杠杆，物理杠杆本身不是动力，它必须借助于外加的动力，才能发挥作用。机器上的传送装置和连接杆，如果没有来自机器之外的各种能源，是不能发挥作用的，而经济杠杆的动力不是外加的，它的动力构成了它本身内容的要素之一，它本身就是用物质利益诱导社会经济生活的动力。还有

20

人把经济杠杆与经济利益分开，说经济利益是动力，经济杠杆只是联结经济利益的纽带。显然，这实际上是抽掉了经济杠杆的核心和灵魂。

有人把经济杠杆的作用范围局限于调节社会再生产过程，这也不够全面。因为古今中外，有许多利用经济杠杆广泛地调节社会生活的事例。例如我国西汉时期的算赋——人头税，规定一般成年男女每人每年缴纳一算（钱120文），商人要缴纳两算，这反映了当时推行的抑商政策；汉惠帝时，又规定了女子年15至30岁不嫁者，缴纳五算，以促进人口的繁殖。①在现代，苏联的未婚、独身、少子女税，中国的独生子女补助等，都是调节人口生育的经济杠杆。日本对戒烟职工的物质奖励或戒后重吸者的物质制裁，新加坡对乱丢纸屑和随地吐痰的罚款，我国开始实行的对违反交通法规和攀摘公园花木的罚款等，就都是调节社会秩序和社会风气的经济杠杆。可见，不应当把经济杠杆的调节范围划得太窄，因为它不利于我们从古代和外国吸取利用经济杠杆的经验，也不利于我们广泛而充分地利用这一手段以促进社会主义物质文明和精神文明的建设。

二、经济杠杆的特点

从对经济杠杆的本质的分析中可以看出它的若干特点。

---

① 参看王者著《中国古代财政史》第53页，北京财贸学院1982年版。

如前所述，经济杠杆的核心和灵魂是物质利益诱导。这个核心和灵魂也可以说是它的根本特点，因为它是把经济杠杆和其它经济手段以及行政手段、法律手段、教育手段区分开来的根本标志。以这个根本特点为基础，经济杠杆还有几个具体的特点：

第一，经济杠杆的调节是柔性的调节。这与行政手段（包括指令性计划）、法律手段的刚性调节是不同的。经济杠杆是在被调节者（生产者、经营者、消费者等）自愿地而不是被迫地服从经济杠杆主体的预期目标的，这与行政手段和法律手段用强制方法使调节对象不得不按照主体的要求行事是不同的。在有计划的商品经济条件下，由于价值规律的作用范围更加扩大，由于企业成为相对独立的商品生产者和经营者，管理国民经济的方法必然是以经济手段为主，而经济杠杆的柔性调节特点也使它能够在国民经济管理中扮演重要的角色。

第二，经济杠杆调节是间接调节。这与行政手段（包括指令性计划）的直接调节是不同的。经济杠杆并不给被调节者规定生产、流通、分配和消费的计划指标，也不给后者规定生产经营活动和消费的范围，它是通过给予调节对象以有利或不利的条件，使它们从切身的利益出发，被诱导到国家预期的计划目标上去。经济杠杆对破坏社会秩序或违反国家法律的行为是作用有限的，至多也只能作为辅助手段起一些诱导作用。经济杠杆既然是间接调节手段，它与那些直接调节的经济手段也是不同的。例如，国家通过财政支出，信贷

22

投放和货币的投放与回笼，以调节社会供应总量和需求总量。国家通过国民收入的计划分配，以调节积累和消费的比例，调节国家、企业、个人的占有比例等，都是属于直接调节的经济手段，也都是有别于经济杠杆的间接调节的。在社会主义有计划商品经济条件下，直接的调节和间接的调节都是必需的。一般的说，一些重大比例关系问题主要靠直接的经济调节手段；此外，大量的社会再生产活动，如生产、流通、消费等活动，主要靠经济杠杆的间接调节。恰当地把这两者结合起来，使之相辅相成，是成功地管理国民经济的一种艺术。

第三，经济杠杆都属于特定的分配范畴。这就是说，一切经济杠杆都属于分配范畴，但是，并非一切分配范畴都属于经济杆杠。如前所述，利润上缴和税收上缴都是分配，但前者不是经济杠杆，后者就属于经济杠杆；无偿的拨款和有偿的贷款都是分配，但前者不是经济杠杆，后者就是经济杠杆。这就是说，只有带有物质利益诱导性质的分配才属于经济杠杆。经济杠杆一般都是明显地属于分配过程的，只有价格杠杆稍有不同。价格杆杠之发挥作用，是在商品交换过程中。但是，它之所以能够发挥经济杠杆作用，是由于价格也有分配的职能，即通过价格与价值的背离，使之高于或低于价值，起着国民收入再分配的作用。还应明确，经济杠杆属于特定的分配范畴，并不意味着它都是价值形式的分配，有些使用价值的分配，如前所述，也属于经济杠杆的性质，如对农民的奖售物资，实物形式的农业税，名牌短线产品的预

23

售债券等。

第四，作为经济管理手段之一的经济杠杆，是建立在被调节者对局部利益和个人利益的关心之上的。就是说，经济杠杆的运用，是以承认人们关心和争取切身利益的必然性为出发点的。当然，从经济杠杆的主体来说，其目的是宏观经济的计划性和宏观效益，但是，要达到这个目的，就必须使被调节者（企业或个人）看到切身利益并由此出发决定自己的经济行为，从而客观上服从经济杆杠主体（如国家）所预期的目的。所以，列宁曾说："必须把国民经济的一切大部门建立在个人利益的关心上面"，①经济杠杆也正是把个人和局部利益同国家和全局利益联结起来，使微观经济的积极性服从和服务于宏观经济计划性的最有效手段。

清楚地认识经济杠杆的本质和特点，将会有利于对经济杠杆的有效运用。

---

① 《列宁全集》第33卷第51页，人民出版社1957年8月第1版。

24

第二章 经济杠杆与经济规律

第一节 经济杠杆必须以经济规律为客观依据

前面谈到，经济杠杆的内容是由主体、客体、手段和目的四个要素构成的，它又具有众多的形式。那么，作为经济杠杆主体的国家或企业，是不是可以凭主观愿望随意地运用多种经济杠杆呢？尽管国家握有很大的权力，它有权制定税种和税率，有权制定价格和利率，但是它不能任意地运用经济杠杆。经济杠杆虽然可以调节社会经济生活，但社会经济生活的运行是有规律的，国家运用经济杠杆来调节社会经济生活，必须也只能按照客观经济规律的要求办事。否则，不但不会收到预期的效果，实现宏观经济平衡和宏观效益的目的，而且可能给社会经济生活带来不良的影响，甚至造成严重的损害。比如，我国在"大跃进"的年代和"文化大革命"时期，由于主观主义的唯意志论盛行，不尊重客观规律，长期使价格既不反映价值规律的要求，又不反映供求规律的要

25

求，只是依靠行政命令冻结价格或维持那些不合理的价格体系，以致使农业、工业和其它部门的积极性受到严重的挫伤，经济的发展受到严重影响。由于不尊重客观经济规律，每次的税制改革几乎都只是强调保证财政收入和简化税制，从而使税种越来越少，根本不能适应有计划商品经济的要求，违背了价值规律和有计划按比例发展规律的要求。由于不尊重客观经济规律，长期实行了"大锅饭"式的工资制度，以致严重挫伤了广大职工的劳动积极性，根本违背了按劳分配规律的要求。可见，国家虽然手中握有运用各种经济杠杆的权力，但是它必须严格地按照经济规律办事，否则，就会受到客观规律的惩罚。

但是，按照经济规律的要求运用经济杠杆，并不是容易的事，因为：第一，经济规律虽然是客观存在的，但却是看不见、摸不着的，因而人们认识和掌握经济规律是非常困难的。人们只有经过长期的社会经济生活的实践，并在实践中不断总结经验——成功的和失败的，正面的和反面的，经过反复的研究和探索，才能逐步认识到某种经济规律的存在及其可能发挥的作用。可以说，发现和认识一种经济规律，决不是依靠个别人的聪明才智，而必须是无数生产者、经营者和消费者经过反复的实践——顺利的和不顺利的、有利的和不利的，逐步地感觉到意识到某种经济规律的似乎存在，然后还要经过科学家的理论抽象，才能真正认识某一个经济规律。第二，社会经济生活是复杂的，因而客观经济规律也是复杂的。迄今为止，人们发现的经济规律已有许多，就其主

26

要者而言，有一切社会形态共有的经济规律，如生产关系一定要适合生产力性质的规律；有几个社会形态共有的经济规律，如商品经济的基本规律——价值规律；有某一个社会形态特有的经济规律，如资本主义的基本经济规律——剩余价值规律、竞争和生产无政府状态的规律、资本的积聚和集中的规律等，社会主义社会的基本经济规律、国民经济有计划按比例发展的规律、按劳分配规律等等。但是，经济规律决不止是这些，经济科学的发展告诉人们，除了上述那些经济规律外，还有许多其它大大小小的经济规律。经济规律就是经济现象之间的本质联系。或者说是经济过程中内在的、本质的、必然的联系。在社会再生产过程中，生产、分配、交换、消费之间有着本质联系，即客观规律；在生产内部还有两大部类之间和各部门之间的本质联系，即客观规律；在分配内部还有积累和消费之间以及积累内部和消费内部的本质联系，即客观规律等等。在分配内部，还有各种不同的分配形式——财政、价格、信贷、利息、工资……等等之间的必然联系，即客观规律。所以，经济规律是复杂的，也可以说是数不清的，它们是很难被全部认识清楚的。第三，经济杠杆所依据的经济规律，有每种经济杠杆主要或侧重依据的经济规律，但任何一种经济杠杆，都不仅仅是依据一种经济规律，它同时还要考虑其它有关经济规律的要求。这就是说，不但各种经济杠杆之间有着相互制约的关系，而且作为经济杠杆的客观依据的经济规律之间，也有着相互制约的关系。这样，经济杠杆以经济规律为客观依据，就更加复

27

杂和困难了。实事求是地说，在经济规律的广阔领域里，还有许多未被认识的必然王国；至于根据经济规律的要求运用经济杠杆问题，则更是还有许多未被开垦的处女地。

第二节　各类经济杠杆主要或
侧重依据的经济规律

每一种经济杠杆，都有其主要依据或侧重依据的经济规律。例如，价格杠杆主要依据的是价值规律。价值规律是商品经济的基本规律，它的主要内容是商品的价值量由生产商品的社会必要劳动时间决定，它要求商品按照价值量进行交换。价值规律还要求每一种商品生产所耗费的社会劳动总量符合社会对该种商品需求的总量。随着价值形态的发展，货币出现了。于是，商品的价值形式表现为价格，价格是价值的货币表现。因此，价格的升降，价格杠杆的运用，必须主要以价值规律的要求为依据。这就是说，价格的水平，应当反映生产该商品所耗费的社会必要劳动量。社会必要劳动耗费（物化劳动和活劳动）多的商品应当价高；反之，就应当价低。否则，就会使人们不愿生产那些劳动耗费多的商品。例如，党的十一届三中全会以前，我国的农副产品价格长期偏低，因而挫伤了农民的积极性，影响了农业的发展。十一届三中全会以后，国家提高了农副产品的收购价格，再加上其它有关的政策和措施配合，大大激发了农民的生产热情，使农业生产得到了迅速的恢复和发展。近年来，由于棉花的收

28

购价格提高的幅度较大，因而促进了棉花生产的加速发展，但又相对影响了粮田的种植，所有这些都说明，价格杠杆必须以价值规律为主要依据。

又例如，工资杠杆主要依据的是按劳分配规律。由于生产资料公有制和现阶段生产力的发展水平，消费资料只能实行按劳分配。党的十一届三中全会以前，我国工资杠杆的运用是很不成功的，那时的工资并不考虑劳动的数量与质量，更不考虑复杂劳动和简单劳动的差别，而是干多干少一样、干好干坏一样、干与不干一样，复杂劳动反而不如简单劳动的报酬高。这种工资制度严重违背了按劳分配规律的要求，因而也严重挫伤了广大职工的积极性。根据按劳分配规律的客观要求，工资杠杆应当体现多劳多得、少劳少得、不劳不得的原则，对超额劳动给予奖励，为国家作出特殊贡献的应予重奖。只有这样，才能发挥工资杠杆的积极作用。

税收杠杆所依据的经济规律，是因税种不同而有所不同的。以商品流转额为课征对象的税收（如现在我国的产品税、增值税、营业税等），也主要以价值规律为客观依据。因为这些税都是价格的组成部分，国家在确定按商品流转额课征的税率时，总是要考虑各种商品的价格和生产经营者可能获得的利润，对于那些价高利大的商品，应规定较高的税率，对那些价低利小的商品，应规定较低的税率或是实行减税、免税。只有如此，才能使税收杠杆与价格杠杆配合起来，调节商品的生产。

对资源和资金占用的课税（或收费），并不是直接以价

29

值规律为依据的。国家课征这类税收，是为了排除企业盈亏的客观因素，因为各个企业占用国家给予的自然资源和经济资源（固定资金和流动资金），可以从中获取级差收益或额外好处，这些级差收益和额外好处，并不是由于价值规律造成的，也不是企业主观努力造成的，而是由于国家赋予的客观有利条件造成的。为了使各个企业充分利用价值规律作用，又在大体相等的条件下开展竞争，应当通过征税或收费的办法将那些级差收益和额外好处收归国家。也只有这样，才能给价值规律充分发挥作用创造条件。因此可以说，这类税收杠杆，间接地也侧重依据价值规律。

有人提出，所有经济杠杆都是以价值规律作为依据的，认为运用经济杠杆就是自觉地利用价值规律，甚至说经济杠杆的"魔力"来自对价值规律的自觉运用。这是不符合实际的。事实上，不但工资奖金杠杆不是侧重依据价值规律的，就是税收杠杆中，也有许多不以价值规律为主要依据的。国家对企业所得（利润）的课税，是在企业按照价值规律的要求从事生产经营并取得成果之后，处理国家和企业之间物质利益关系的一种方式，是使企业从已获利润中拿出一部分贡献给国家以满足社会共同需要的一种方式。因此，这种税收侧重依据的经济规律，与其说是价值规律，不如说是国家、生产单位、生产劳动者三者利益相结合的规律。这种三者利益相结合的规律，确实是社会主义条件下在分配领域客观存在的经济规律。因为，三者利益的根本一致性是社会主义物质利益关系的特征之一。

30

对财产（车、船、房、地）的课税，对某种投资的课税（如现在的建筑税），对某种消费的课税（如现在的烧油特别税），对某种分配的课税（如现在的工资调节税和奖金税）等，也都不是侧重以价值规律为依据的。其中有的是侧重以按比例发展规律为依据的，有的则是以分配领域或消费领域的特殊规律为依据的。

还有一些经济杠杆，如利润包干、投资包干、罚款等杠杆，更不是以价值规律为依据，也不是以按劳分配规律或按比例发展规律为依据的。那么，它们究竟是以什么规律为依据呢？那就是物质利益规律。①

物质利益规律是人类社会始终存在的一种最根本的经济规律，它是人们为生存、延续和不断提高生活而关心和争取物质利益的必然性。这一规律之所以成为最根本的经济规律，是因为所有其它经济规律，都是植根于它的基础之上的，都是物质利益规律在各该特定的经济过程中的具体化。例如，资本主义的基本经济规律——剩余价值规律，实际上就是在资本主义生产关系的基础上争取资产阶级物质利益的规律；价值规律是在商品生产和交换过程中，不同生产者和经营者谋求各自的物质利益的规律；价值规律所要求的等价交换，体现着不同商品生产者或买卖双方的物质利益，不等价交换意味着有损于交换中某一方的物质利益，工农业产品

---

① 为了详尽地说明物质利益规律的原理，将在本书之后附录《论物质利益规律》一文。

31

的剪刀差意味着有损于农民的物质利益，缩小剪刀差意味着增加农民的物质利益。按劳分配规律体现着劳动者的物质利益；它是把劳动数量和质量与其所获得的物质利益联系起来从而促使劳动者付出更多更好的劳动，为社会多创造财富的规律。实际上，没有哪一种经济规律是不体现物质利益关系的。人们自觉地利用经济规律，归根结底就是正确地处理了人们之间的物质利益关系，因为人们对物质利益的关心和争取，是生产发展的根本动力。正如马克思所说："人们奋斗所争取的一切，都与他们的利益有关"。[①]

因此，不但许多不以价值规律、按劳分配规律等具体规律为依据的经济杠杆，是以物质利益规律为依据的，而且那些侧重依据价值规律、按劳分配规律等具体经济规律的经济杠杆，从根本上说，也是以物质利益规律为依据的。

第三节　经济杠杆体系与经济规律体系的关系

各种不同的经济杠杆是互相联系和互相制约的，在实际经济生活中，往往是几种经济杠杆同时起作用的。因此，各种经济杠杆应当互相配合，相互补充，形成有机的体系，共同发挥调节社会经济生活的作用。作为经济杠杆客观依据的各种不同经济规律，也是互相联系互相制约的。在同一经济

---

① 《马克思恩格斯全集》第1卷第82页，人民出版社1956年第1版。

过程中，也往往是几种经济规律同时发生作用，因此，经济规律也是一个有机的体系。其中有各个社会形态共有的经济规律，有某几个社会形态共有的经济规律，有某一社会形态特有的经济规律，有在生产领域起主要作用的规律，有在流通领域起主要作用的规律，有在分配领域起主要作用的规律，有在消费领域起主要作用的规律等。这些经济规律的有机结合，就是经济规律体系。

运用经济杠杆，一方面要求各种不同经济杠杆配套和综合运用，防止某一种经济杠杆孤立地各行其事；另一方面又要求以经济规律体系为依据，即同时考虑与之相关的各种经济规律的要求。这当然是十分困难的，但又是必须努力作到的。

前面谈到，有人片面强调价值规律的重要性，说任何经济杠杆都是以价值规律作为依据的，这是不符合实际的。

人们运用价格杠杆，虽然主要必须考虑价值规律的要求，但是还必须考虑其它规律的要求。比如说，对于那种求过于供的短线产品，为了鼓励生产，就应当适当提高价格；对于那些供过于求的长线产品，为了限制生产，就应当适当降低价格。这就是说，要在考虑价值规律的同时，考虑供求规律的要求。又比如，对于那些人民生活最必需的产品，应采取低价政策；对那些奢侈品或封建迷信的消费品，以及有碍人们身体健康的产品，就应当采取高价政策。这就是说，要在考虑价值规律的同时，考虑国民经济有计划按比例发展规律和社会主义基本经济规律的要求。又比如，国家在调整

33

消费品的价格时，还要同时考虑职工的工资收入水平；在调整生产资料的价格时，还要考虑国家财政的承受能力。这就是说，在考虑价值规律的同时，还要考虑按劳分配规律、按比例发展规律和三者利益相结合的规律的要求。

国家运用税收杠杆，就必须贯彻一系列区别对待的原则。对不同产品、不同行业和不同部门的区别对待都体现着有计划按比例发展规律的要求；对不同所有制形式的区别对待，体现着生产关系一定要适合生产力性质的规律的要求。国家利用税收鼓励或限制某种所有制形式的发展，都不能是盲目的，也不能是公有化程度越高就越支持，关键是要看那种所有制形式是否符合它为之服务的生产力内容的要求。党的十一届三中全会以后，国家之所以在税收方面贯彻支持集体和个体经济的政策，就是从我国现阶段生产力发展水平及其不同层次这一点出发的。由此可见，税收杠杆也是以多种经济规律为依据的，虽然流转额课税侧重考虑价值规律的要求。

在我国运用经济杠杆的实践中，如果能够综合地以经济规律体系为客观依据，将会给社会经济生活带来莫大的利益。比如，长期以来，我国在实行低工资制的同时，实行低租分配城市房屋并实行财政补贴的制度。这就既违反了按劳分配规律的要求，又违反了价值规律的要求，还大大加重了财政负担，助长了在住宅分配方面的不正之风。如果实行住宅商品化，按照价值规律的要求确定租金出租或确定价格出售，同时根据按劳分配规律改革工资制度，就既可以促进住

34

宅分配的合理化，又能调动职工的劳动积极性，并有助于减轻财政负担，使房建部门有能力实现住宅的再生产，具有自我发展，自我完善的能力。这样，也就是有效地综合运用了价格、租金、工资、财政补贴等经济杠杆，也就是以经济规律体系作为经济杠杆的总体依据的。

党的十一届三中全会以后，为了发展有计划的商品经济，我国允许并支持城乡集体和个体经济的发展，在一段时期里，一些个体经济和集体经济的发展很快，各种小厂、小店、小商贩如雨后春笋般地发展起来，这对活跃市场、满足人民生产生活需要起了积极作用。但与此同时，它们发展的盲目性也暴露出来。一些小厂技术落后，产品质量低劣，与大厂争原料、争市场的现象很多；一些小商贩片面追逐利润，不顾人民生活的需要，竞相经营小百货，不愿经营修理服务业，等等。所有这些，都不利于宏观经济的计划性，不符合宏观效益的要求。因此，应当按照价值规律和有计划按比例发展规律的要求，综合运用税收、信贷、利息、罚款等经济杠杆，把那些盲目发展的集体和个体经济引向正确的轨道。

总之，由于社会主义经济是有计划的商品经济，而商品经济的基本规律是价值规律，那么，经济杠杆依据经济规律，就不能不较多地依据价值规律。但是，经济生活是复杂的，在客观上起作用的规律也是复杂的。有商品经济就有市场机制，而与市场机制相联系的经济规律，除价值规律外，还有供求规律、货币流通规律等规律。同时，由于我国的商

35

品经济是在公有制的基础上有计划的商品经济，那么与公有制相联系的又有社会主义基本经济规律、有计划按比例发展规律、按劳分配规律等等。因此，作为经济杠杆体系客观依据的经济规律，就不能不是整个经济规律体系。

也可以这样说，从经济杠杆的手段方面来说，它主要依据的是价值规律和按劳分配规律。因为，经济杠杆的手段是物质利益诱导，而物质利益诱导的对象又是属于微观经济的企业和劳动者个人。企业作为商品经济的细胞，它的生产经营活动主要考虑价值规律的要求；劳动者个人付出的劳动数量与质量，又主要决定于按劳分配规律体现的程度。从经济杠杆的目的来说，它主要依据的是社会主义基本经济规律和国民经济有计划按比例发展的规律，因为国家运用经济杠杆，其预期目标就是宏观经济的计划性和宏观效益，最终是为了更好地满足劳动群众和整个社会经常增长的物质文化需求。

但是，如前所述，无论哪一种经济规律，都是植根于物质利益规律的，都是物质利益规律在各该经济过程中的具体化。所以，经济杠杆体系所依据的根本规律，还是物质利益规律。

36

第三章　经济杠杆与经济体制和经济计划

第一节　为什么要联系经济体制和经济计划来研究经济杠杆问题

举世瞩目的中国经济改革，是从人们认识到旧经济体制的不足和它的种种弊端开始的。在旧的经济体制下，"扩张冲动"、"投资饥渴"的痼疾难于消除，总需求长期大于总供给；长期存在着可以讨价还价的软的行政价格、软的税收和软的信贷，又导致了企业预算约束软化；对企业和职工的物质利益缺乏关心，也没有找到保证企业和职工的物质利益的具体方式；在国民经济中"瓶颈"产业和产品不断出现，又难于尽快改变。凡此种种，说明在旧的经济体制中，我们既没有一个控制宏观经济运行的好办法，又没有构造出微观放活的基础——企业是独立的或相对独立的经济实体。因此，对旧的经济体制进行改革是唯一的出路。改革的实践和对社会主义经济理论的研究，使人们认识到中国的社会主义经济是有计划的商品经济。基于这个基本的认识，建立充满活力和生机的经济管理体制成为经济体制改革的目标。这里所说的活力，就是指每一个社会主义的经济细胞——企业，都应该充满着活力；这里所说的生机，就是指在有效的宏观控制下，实现着国民经济的良性循环。问题的难度在于，一方面要实现对宏观经济的有效控制，一方面又要使企业充满活力。我们认为这就必须把宏观经济的运行与微观经济行为有机地联系起来，把国家对宏观经济的管理意图传导给企业，并通过企业的自主决策和它的经济活动来实现。为此，国家对微观经济的管理，需要从直接控制为主转向间接控制为主。而运用经济杠杆又是实现间接控制的主要手段。因此，解决问题的途径在于在新的经济体制及其形成过程中，如何处理好综合运用各种经济杠杆。在经济体制改革中，对计划体制进行改革尤为重要，因为一方面计划体现着国家管理经济的意图，为经济杠杆的运用指出了总的方向。一方面又指示着微观经济的运行，经济杠杆在这里诱导着企业是为实现经济计划服务的。此外在新的经济体制确立过程中，计划管理部门的职能，工作重点以及工作方式都要进行新的转轨，计划管理部门应当成为协调综合运用经济杠杆的部门，以适应新的经济体制的要求。基于上述原因，我们认为要正确认识和充分发挥经济杠杆在国民经济中的作用，合理运用经济杠杆调节社会生产经营活动，还必须结合经济体制改革，特别是计划体制改革来分析和进一步探讨。

　　本章主要讨论两个问题：第一个问题是，经济杠杆和经

38

济体制的关系；第二个问题是，经济杠杆与经济计划的关系。讨论第一个问题的目的是：如何在新的经济体制及其建立过程中，开拓经济杠杆活动的范围和创造运用经济杠杆的条件；讨论第二个问题的目的是：如何在国民经济计划的实施中，充分运用经济杠杆这个调节手段，这就是说，如果我们不能在未来的新的经济体制和经济计划的实现中为经济杠杆的运用描绘出其运行的蓝图，就很难规划对各种经济杠杆的综合运用，也很难实现间接控制为主的希望。

第二节 经济杠杆与经济体制

一、什么是经济体制

经济体制是"经济管理体制"的简称，一般是指社会主义制度下管理国民经济和组织社会生产的各种管理制度和管理方法。这就是说经济体制的模式是具体地体现在管理国民经济的各种方式、方法、制度、规定和手段之中，而经济体制的核心则是指管理国民经济中各方面的责权利关系。

如果把国民经济看作是一架持续不断运行的机器，那么，经济体制就是为这台机器的运行所确定的框架或轨道，是一个管理和协调国民经济运行的完整的管理系统，它的子系统包括：计划体制、财政体制、金融体制、价格体制、流通体制、劳动工资体制等等。为了实现管理和协调国民经济运行的任务，需要统筹规划，综合运用经济、法律、行政、教育等手段，其中经济手段，主要是指各种经济杠杆。

经济体制所要解决的主要问题是，中央与地方、国家与企业之间职责权限的划分问题，中央、地方、企业和劳动者个人四者之间的物质利益关系问题。前者要求对经济活动决策权作出科学的划分，后者要求选定合理的物质利益分配方式。根据社会主义国家的实践，依据对经济活动决策权的划分，经济体制主要分成两种类型：一种是集权类型，即国家既掌握整个国民经济活动的决策，又掌握企业经济活动的决策；另一种是分权类型，即国家主要掌握整个国民经济活动的决策，而企业经常性经济活动和决策则由企业自行掌握。我国解放以后实行的体制基本上是属于集权类型。它的基本特征是单独采用行政方法管理经济，实行高度集中的统一领导。它虽然可以较容易地把国家资金和物资集中使用于国家建设的重点项目，但是权利过于集中，政企不分，在分配上存在着严重的平均主义，不利于调动地方、企业和劳动者个人的积极性。因此，这是一个管得过多，统得过死的僵化体制。

二、对旧的经济体制与经济杠杆相互关系的基本认识

为了确定经济杠杆在新经济体制中的地位，我们着眼于未来的新的经济体制与经济杠杆之间的相互关系的处理问题。但是也有必要对旧经济体制与经济杠杆的关系作些分析，以便总结过去的教训，这对我们是十分有益的。

我们认为旧的经济体制严重排斥经济杠杆的运用。对于这个基本的认识，需要从两个方面进行分析，一方面是从构

40

成经济杠杆的基本要素进行分析，另一方面是从旧经济体制的特点进行分析，分析的内容虽然有些交叉，但这有助于我们透彻了解旧的经济体制与经济杠杆的相互关系。

经济杠杆的基本要素是：主体、客体、手段、目标。只有主体具有自觉性，客体具有灵敏反应性，手段具有有效性，目标具有明确性，经济杠杆才能充分发挥作用。所谓主体的自觉性，是指国家（经济杠杆的主要运用者）应该自觉地运用经济杠杆。但是在旧的经济体制下，国家并没有把经济杠杆作为重要的调节手段来使用，这说明人们对经济杠杆的重要性还没有充分认识，有关它的基本理论还缺乏系统的研究和科学的说明。对于还没有被人们所充分认识的事物，而要求自觉地掌握它，这是根本作不到的。所谓客体的灵敏反应性是指从事生产和流通的企业必须对经济杠杆的实施作出及时的灵敏的反应。但是在旧的经济体制下，企业对经济杠杆调节的反应是极其迟钝的甚至毫无反应。这是因为，由于对生产经营实行高度集中的管理，企业生产的品种、数量、规格都是国家利用指令性计划确定的，所需要的原料和设备实行计划调拨，产品实行统购包销，企业生产经营的外部条件完全由指令性计划事先确定了。利用经济杠杆如税收、价格、信贷等改变这些企业生产经营的外部条件，只是触及到计划的变更，企业无须对此作出实质性的反应。此外，企业在计划的捆绑下，没有行动的自由，又怎能作出灵敏的反应呢？所谓手段的有效性，是指运用经济杠杆必须以物质利益诱导为手段，这种手段可以有效地通过对微观物质利益的触动，实现

41

经济杠杆的调节作用。但是在旧的经济体制下，企业的利润绝大部分上缴国家，亏损由财政包补，这是一种大锅饭的利益分配体制。由于企业没有独立的经济利益，又不承担亏损的责任和经营风险，因此，用物质利益是"诱导"不动企业的。这就是说在旧的体制下，物质利益诱导的有效性是非常差的。所谓目标的明确性，是指经济杠杆的运用目的是以实现国民经济计划为目标，这个目标应该明确的表现在国家经济计划的实施措施中。成为经济杠杆运用的方向。但是在旧的经济体制下，国民经济计划的内容侧重于对各种生产发展指标的规定上，而很少涉及到为完成各项指标所应采取的各项政策措施，尤其是经济调节措施。在主体缺乏运用经济杠杆自觉性的状态下，计划目标就很难明确地被认定为是各种经济杠杆所要达到目标，这就是说目标是有的，但没有成为经济杠杆运行的指示器。由此可见，在旧体制下，由于主体缺乏运用经济杠杆的自觉性，客体缺乏灵敏反应性，手段缺乏有效性和目标的不明确性，经济杠杆根本不能发挥其应有的作用。

从旧的经济体制的特点来看，也决定了经济杠杆很少有用武之地。因为，（1）旧的经济体制特点之一是政企合一，即经济组织行政化。企业按行政等级划归各级政府直接管理，是政府的附属物，没有独立性。这样，就根本不能以经济主体的身份对经济杠杆的调节作出反应，经济杠杆在旧的体制下缺少"实在"的调节对象。（2）旧的经济体制特点之二是国家不但管理宏观经济的决策，而且企业日常生产经营决策也都集中于政府。由于企业不能自行决策，所以在旧体

42

制下，企图运用经济杠杆影响企业决策是很难办到的。(3)旧的经济体制特点之三是经济运行靠政府机构自上而下的行政命令来推动。产品的安排，以及资金、生产资料和劳动力的分配，都依靠行政命令来调节，经济杠杆活动的领域被行政指令吞并了，本来应由经济杠杆调节的内容，被行政命令的调节代替了。(4)旧的经济体制特点之四是经济"指令"实物化，即政府和计划部门主要是用层层分配实物指标和产值的办法，给企业下达生产任务，产品采取调拨和统一分配的办法。经济"指令"实物化，使各种价值范畴只能起计算和核算的作用，而不能起调节经济的作用。因此，众多的价值形式的经济杠杆就无从发挥作用。(5)旧的经济体制特点之五是分配上统负盈亏，即盈亏由国家负责,企业和职工的收益与其生产和经营成果脱钩。在旧体制下，企业没有自身的独立的物质利益，而经济杠杆之所以能有调节作用，是因为它是以物质利益诱导为手段或动力的，但是没有独立经济利益的企业，对这种诱导是不会产生任何反应的，这就是说在旧体制下，经济杠杆找不到它的作用点。(6)旧的经济体制特点之六是排斥市场，阻碍经济的横向联系。没有市场，没有经济的横向联系，就从外部阻制了经济杠杆作用的充分发挥，使之只能在某一地方、某一部门发挥有限的作用。

不难看出，在新的经济体制中，必须解决：(1)企业的独立性问题；(2)企业内部责任利益机制的形成问题(3)国家管理经济的手段及对经济活动决策权的划分问题；(4)各级政府的经济部门管理职能的转变问题；(5)建立统一的

43

社会主义市场问题。按照有计划的商品经济的要求，科学地解决上述问题，才有助于充分发挥经济杠杆的作用，这些问题也是在旧的经济体制中障碍经济杠杆运用的主要问题。

三、新的经济体制基础的构造与经济杠杆

新的经济体制的模式是人们正在热烈讨论的问题，构造这个模式的许多具体方面仍需进行理论的探讨和在改革实践中不断摸索。但是，初期改革的实践使人们对新的经济体制的目标逐渐明晰起来，这就是要建立一个具有中国特色的、充满活力和生机的经济体制。当前，对改革有现实意义的是如何构造这个新的经济体制的基础。因此，我们应当进一步讨论的问题也就归结为：如何在构造新的经济体制的基础中，处理经济杠杆的地位问题。我们认为，构造新的经济体制的基础和经济杠杆的运用有着密切的关系。一方面它将为运用经济杠杆开拓更为广阔的领域，逐渐完善经济杠杆运用的主客观条件；另一方面又是不断强化经济杠杆这个调节手段的过程，这本身就是新的经济体制基础的组成部分。对于这两点基本认识，我们需要从构造新的经济体制基础的主要内容谈起，构造新的经济体制的基础，包括以下三方面的内容：

第一，必须增强企业，尤其是大中型企业的活力，使它们真正成为相对独立的经济实体，成为自主经营，自负盈亏的社会主义商品生产者和经营者。这就需要从外部和内部两个方面采取切实有效的措施。在企业内部要抓紧完善各种形式的责任制，以调动广大职工的积极性，使经营者发扬开拓

44

创新精神。在外部必须进一步简政放权，实现政企分家，把经营管理权交给企业，赋于企业在管理人、财、物等方面更大的自主权，并使其承担经济责任。同时，要为企业创造较为平等的竞争环境。这第一方面的改革，目的是使企业拥有必要的自主权并正确地加以运用，这就可以强化经济杠杆调节的客体——企业逐步成为具有相对独立性的经济实体。政企分家，把经营管理权真正交给企业，企业才能对经济杠杆的诱导作出自主决策；企业自主经营，自负盈亏，才能从切身的经济利益出发，对经济杠杆的诱导作出及时的、灵敏的反应；企业在生产经营中有了自主权力，在追求最优经济效益的过程中，就可以自觉的完善各种形式的责任制，做到责任分明，有奖有惩，企业经营者也可以充分运用奖励、费用包干等经济杠杆，调动车间、班组和广大职工的积极性。由此可见，不断强化企业的相对独立性，既为国家创造了运用经济杠杆的重要条件，也为企业创造了运用经济杠杆的条件。

　　第二方面，进一步发展社会主义的商品市场，逐步完善市场体系。当前必须扩大生产资料的市场，这就需要减少国家分配和调拨生产资料的种类和数量，同时还要开辟资金市场、技术市场和促进劳动力的合理流动。这第二个方面的改革，目的是使企业有一个良好的外部经济环境，即建立统一的社会主义市场，而统一市场的建立无疑会扩大经济杠杆的活动范围。这是因为，商品市场不完整，就限制了价格杠杆的活动范围。没有资金市场，信贷、利率杠杆就很难发挥调节整个社会资金流向的作用；禁止劳动力的合理流动，工资

45

杠杆也很难起到合理分配全社会劳动力资源的作用。由此可见，建立社会主义的统一市场，将为运用经济杠杆开拓更为广阔的活动领域。

第三、建立新的社会主义宏观经济管理制度，逐步完成国家对企业管理由直接控制为主向间接控制为主的转变。这第三方面的改革，目的是学会运用间接控制为主的方法，把企业的微观经济活动引向符合宏观发展的要求上来。在国家对企业的管理由直接控制为主向间接控制为主转变的过程中，需要强化经济杠杆这个调节手段的作用，扩大它的运用范围，注意吸取应用经济杠杆的失误教训，推广运用经济杠杆的成功经验。同时，还需要建立经济信息系统，使经济杠杆的运用趋于精确；建立和健全经济法规，使经济杠杆的运用有法律依据；健全经济司法，使经济杠杆的运用减少干扰，畅通无阻。由此可见，这第三方面的改革，实质上就是要逐渐学会运用经济杠杆。

综上可知，"七五"期间构造新的经济体制基础的过程，就是开拓经济杠杆活动领域，创造经济杠杆运用条件，和逐渐学会运用经济杠杆的过程。

四、在新的经济体制中经济杠杆将会大有用武之地

从新的经济体制目标的确立和对其基础的构造中，我们可以看到新的经济体制的某些特点，这些特点决定了经济杠杆在将来会有充分的用武之地。一句话就是要以经济杠杆这个间接控制手段为主，实现对经济运行的调节。

46

首先，新的经济体制表现在经济决策上应由集中统一决策转变为多层多级决策。与此相适应，经济杠杆的管理与运用也应是多层多级的。第一个层次是国家决策和国家对经济杠杆的运用。国家决策的必要性在于，我们所要发展的商品经济从总体上来看是社会主义的商品经济。这种商品经济是以公有制为基础的，是实行按劳分配原则的，并需要进行有计划的控制，而进行计划控制的主体应该是国家。国家决策的实施，主要是通过运用经济杠杆这个间接控制手段。在这里国家是运用经济杠杆的主体，经济杠杆的客体，即作用对象是地方、企业和劳动者个人。从经济运行需要的条件看，它所调节的目标是实现总供给和总需求的大体平衡。影响总供给和总需求实现平衡的主要因素是：财政收支、信贷收支、外汇收支、物资供应总量及其构成等。因此，能对上述各因素发挥调节作用的主要经济杠杆就应掌握在国家手中。这主要有：中央财政补贴、主要税种、税率的设计、中央银行利率、存款准备率、汇率、重要商品的价格和劳务收费标准等。国家只有掌握和运用这些经济杠杆，才能影响生产部门和企业以及投资的利润水平，实现对投资规模与结构的调整；影响个人收益及居民的储蓄比重，实现对消费需求的规模和结构的调整。此外，国家在管理经济杠杆中还应注意作好地区之间有关在运用经济杠杆方面的调节与协调工作。第二个层次是地方（或中心城市）决策和地方（或中心城市）对经济杠杆的运用。地方（或中心城市）决策的必要性在于，各地区的资源状况不同，生产力发展水平不同，获得的各种经济信息也不完全一样，各个地区要发挥自己的优势，具有自己的经济特色，就必须自行决策。地方（或中心城市）决策的实施，也必须使用经济杠杆这个调节手段。在这里地方（或中心城市）是运用经济杠杆的主体，经济杠杆的客体是企业和个人，这里既包括本地区的企业，也包括其它地区的企业，因为横向经济联合的发展，多种经营方式的出现，将削弱企业对地方的从属关系。它的调节目标是实现地区经济发展计划。在符合第一层次调节的总方向上，协调本地区各部门对经济杠杆的运用；协调本地区和外地区对经济杠杆的运用，促进横向联合的发展。地方应掌握和运用的经济杠杆主要有：地方财政补贴、地方税种、税率的设计、开征与减免、地区间资金拆借的利率、地方主要产品的价格和劳务收费标准等。地方运用和管理经济杠杆应注意的主要问题是，地方调节权不能大到可以改变中央调节所形成的中央与地方的分配关系。第三个层次是企业（或主管部门）决策和企业（或主管部门）对经济杠杆的运用。这里主要研究企业决策和企业对经济杠杆的运用。对企业自主决策的必要性，基本上已经取得了统一认识，无须多谈。关键是企业决策的形成问题。在新体制下，企业行为的选择和决定主要是由中央和地方利用经济杠杆的诱导而自主决定的。国家不再伸出千万只手去抓企业的供、产、销，而是通过经济杠杆的引导，让企业根据价格、利率、税率等决定自己的经营行为，这就迫使企业充分挖掘内部潜力，使之成为充满活力的经济细胞。企业决策的实施，也需要使用经济杠杆。在这

48

里，企业是运用经济杠杆的主体，经济杠杆的客体是车间、班组和劳动者个人。它所调节的目标是增强企业活力和调动广大劳动者关心完成国家经济计划的积极性。因此，企业应更多地运用工资、奖金、费用包干等经济杠杆，把职工个人的劳动成果与其收益结合在一起，使他们为实现企业决策而发挥主动性与创新精神。

其次，新的经济体制表现在国家对经济的管理上由实物管理转向价值管理。实物管理为主的弊端前已述及。转向价值管理为主，国家将摆脱实物管理的繁琐和低效能局面，将更多地使用价值形式的经济杠杆去管理经济活动。这是因为在有计划的商品经济中，经济的运行表现为价值的运动，通过价值运动才能带动使用价值的运动。同时，众多的价值形式的经济杠杆几乎复盖着社会再生产的各个环节，通过它们各自作用和相互影响，把国家对经济发展的要求和对宏观管理的意图，渗透到经济生活的各个方面。

第三，新的经济体制表现在调节手段的选择上，要改变以行政手段为主的单一的调节方式，而主要运用经济手段和法律手段并采取必要的行政手段来控制和调节经济的运行。所谓经济手段主要指的是经济杠杆。这就是说要形成一个以经济杠杆为主，多种手段复合运用的局面。经济杠杆是主要的手段，在调节经济运行中起着主导的作用，其它手段也在各自的范围内发挥着应有的作用。经济杠杆也要和其它手段结合运用，如与法律手段结合运用，发挥法律手段对经济杠杆运用的保障作用；与行政手段、教育手段结合运用，利用行

49

政手段、教育手段强化人们对经济杠杆功能的认识。诸种手段的综合运用，必须突出经济杠杆的主导作用，这是能否实现间接控制为主的关键。

五、对经济体制与经济杠杆相互关系的几点认识

综合以上的分析，对经济体制与经济杠杆的相互关系，可以总结出以下几点粗浅的认识。

第一，经济杠杆从属于经济体制，是经济体制的有机组成部分。因为任何经济体制都必须解决经济调节手段的选用问题，并建立相应的调节体系，经济体制模式决定着经济杠杆作用的范围和程度。

第二，经济杠杆是为特定的经济体制服务的。比如在旧体制下多数是只使用实物奖励杠杆，而在新的体制下则众多的价值形式的杠杆将会得到充分运用，但这也不排斥对使用价值形式的经济杠杆的运用。否则，就不能使新的体制充满生机和活力。

第三，经济体制又是经济杠杆赖以发挥作用的基础。科学的合理的经济体制，为经济杠杆的运用创造了良好的外部环境，经济杠杆的作用可以得到充分发挥；不合理的经济体制则障碍着经济杠杆的运用。

第三节　经济杠杆与经济计划

在当代，任何国家经济的发展，都离不开制定和实施合

50

理的经济计划。我们认为经济计划的功能主要有两个：一是导向功能，即为国家经济的发展指出方向，确定经济运行的目标；二是调节功能，即根据已经确定的经济运行目标，对经济发展出现的某些"偏斜"作出"矫正"，指示经济组织改变或调整生产经营活动。基于对经济计划功能的基本认识，可以对诸种经济计划作出如下分类：第一类经济计划，即国民经济计划中的长期计划、中期计划、短期计划，主要体现了计划的导向功能；第二类计划，即我们通常讲的指令性计划和指导性计划，主要体现着计划的调节功能。经济计划是通过企业和广大劳动者的生产经营实践才能实现的，因此，就要调动企业和劳动者关心和实施计划的积极性。这样，在宏观决策和微观实践之间，在国家计划要求和企业行为选择之间，就需要架起一座桥梁，它传导着计划的要求，诱导着企业的决策，发挥着纽带作用。人们曾经用行政手段充当这座桥梁，实践证明，这不是一个成功的办法。改革的实践，使人们认识到经济手段，主要是经济杠杆可以充当这座桥梁。这是因为，经济杠杆主要掌握在国家手中，可以传导计划的要求；它有着物质利益的诱导作用，可以诱导企业的决策。由此可见，**经济计划功能的实施和经济杠杆的运用**有着不可分割的联系。对于这一点，绝大多数同志已经没有什么怀疑了。现在的问题是，如何在经济计划功能的实施中，准确说明经济杠杆的地位等问题，这就需要对诸种经济计划和经济杠杆的关系作出精确的分析。

51

一、经济杠杆与经济计划的导向功能

一般地说经济计划导向功能所指示的经济发展方向，就是经济杠杆调节所要达到的目标，但是经济计划的导向具有时限性，它是对一定时期内的经济发展指示方向。因此，国民经济计划才有长期计划，中期计划和短期计划之分。下面我们分别讨论经济杠杆与上述各种计划的导向功能的关系。

1、经济杠杆与长期计划。长期计划是战略性计划，要解决国民经济有计划发展的一些重大比例关系，确定经济发展的战略目标，服务于长期国民经济管理的需要。长期计划指出了经济杠杆调节的方向，但还不能为其确定具体的调节目标。

2、经济杠杆与中期计划。中期计划是计划管理的基本形式，由于期限较短，不确定因素较少，能见度较高，因此，可以把长期计划的各项任务具体化。从而为经济杠杆的调节指示了具体的目标。由于中期计划还可以对实现各项任务的各项措施作出具体安排，因此，中期计划是制定经济杠杆调节政策的依据。中期计划一般为五年，在目前科学技术发展状况下，一些大型建设项目从建设到投产，一些产品的更新换代，一些生产部门的建立，重大科学技术问题的解决，重大经济措施的实施等，大体都能在五年左右的时间内完成。因此，中期计划必须对产业结构、产品结构、地区经济结构的调整作出规划。中期计划指示经济杠杆应侧重于对总供给的调节，并按照这个目标配置各种经济杠杆。

52

3、 经济杠杆与短期计划。**短期计划包括年度计划和季度计划，以年度计划为主。短期计划是发展国民经济的行动计划，根据国民经济发展的实际情况，以及对年度经济发展的预测，具体规定本年度的具体任务，和实现任务的有关措施。由于短期计划内容具体、细致、准确，就为经济杠杆指示了更为具体的调节目标。同时根据短期计划所提供的情况，可以对具体的调节目标制定经济杠杆配合运用的具体实施方案，并事先进行定性和定量的分析，确定各种杠杆作用的范围和程度，以及在具体调节过程中的地位与作用等。由于短期或近期国民经济管理的中心问题是调节总需求，所以我们认为短期计划应该指示经济杠杆侧重于对总需求的调节，并按照这个目标配置各种经济杠杆。**

综上所述，可知经济计划的导向功能所指示的经济发展方向就是经济杠杆调节所要达到的目标。长期计划只是为经济杠杆的运行指示了方向，中短期计划才为经济杠杆的调节指示了具体的目标；中期计划是制定经济杠杆政策的依据，短期计划是制定经济杠杆具体调节措施的依据；运用经济杠杆对总供给进行调节，应以中期计划为根据，运用经济杠杆对总需求进行调节，应以短期计划为根据。

二、经济杠杆与经济计划的调节功能

在有计划的商品经济条件下，对经济的调节首推计划调节。从计划调节所引起的微观效应来看，运用指令性计划，企业自主决策的机会很少；运用指导性计划，企业自主决策

53

的机会较多。前者有助于经济计划的实施，而妨碍企业活力的发挥，后者企业的活力没有受到损失，但经济计划的实现又存在着一定难度，这就要求寻找新的调节手段，以解决上述问题，这个手段就是经济杠杆。为了搞清经济杠杆调节与两种形式的计划调节的关系，我们有必要分别讨论以下两个问题。

1、经济杠杆与指令性计划

什么是指令性计划？指令性计划从形式上看是由中央和各级计划主管部门按隶属关系逐级下达到基层计划单位，主要运用行政命令要求基层单位必须坚决执行，保证完成的计划。从调节手段看，它属于直接调节和直接控制手段，既规定宏观经济的目标，又规定微观经济的行为。从调节范围看，包括需要由国家统一安排的关系国计民生的重要生产资料和生活资料的生产和分配，关系经济全局的骨干企业以及应该在全国范围内进行综合平衡的生产、分配、流通及消费方面的重大指标。

当前研究经济杠杆与指令性计划的关系，从根本上说就是要研究指令性计划的实施，要不要使用经济杠杆。按照传统的观念必然作出否定的回答，就是目前也有人认为指令性计划的实施不必使用经济杠杆。对此我们是不能苟同的。我们认为指令性计划的实施，也需要经济杠杆的配合。原因是：（1）因为任何计划的实施都需要基层单位和广大劳动者去完成，而经济杠杆正是通过影响单位和劳动者的物质利益，来调动他们完成国家计划的积极性，所以在实施指令性

54

计划中辅助使用经济杠杆是十分必要的。例如国家预算是指令性计划，但是要完成国家规定的投资计划实现预期的投资效益，也要使用经济杠杆加以配合。一般可使用投资包干的办法，促进使用投资单位节约资金；也可使用拨改贷的方法，投资包干和贷款都可以影响单位切身的物质利益，促使他们关心国家利益，加快计划完成。又如信贷计划也是指令性计划，它规定着信贷规模、信贷投向、信贷结构。但信贷计划的实施更离不开利率杠杆的配合。一般地说对需要紧缩投资的部门要提高利率，抑制投资需求；对需要鼓励投资的部门要降低利率，引导投资需求，才能实现既定的信贷计划。此外，在指令性计划中还包括较多的生产计划，它规定着产品品种、数量与质量的要求，是生产单位必须完成的任务，也应该利用价格、税收等经济杠杆加以诱导，提高企业完成生产任务的积极性。（2）冲破传统观念的约束。我们可以看到在新的经济体制下所实施的指令性计划与在旧体制下所实行过的指令性计划是不同的，执行计划的企业已经不是政府机关的附属物，而是相对独立的经济实体，具有生产经营的自主权，指令性计划要调节的是商品生产而不是产品生产，因此，必须遵循价值规律的要求。上述情况表明，推行指令性计划单靠行政手段也不行，必须围绕计划目标，运用经济杠杆，协调国家决策和企业决策使之统一起来。

通过上面的分析，我们可以得出以下的结论：指令性计划是直接调节手段，经济杠杆是间接调节手段，二者的配合体现着直接调节和间接调节的关系；对企业决策来说，直接

55

调节是主要的，起着决定性的作用，而经济杠杆的间接调节只是起着辅助性的作用，直接调节的顺利实现，也应该利用经济杠杆加以配合。

2、 经济杠杆与指导性计划

什么是指导性计划？指导性计划从形式上看是由国务院和各计划主管部门颁发，并按隶属关系逐级下达到计划执行单位，用以指导经济发展的计划。从调节手段看，它属于间接调节手段，对企业生产经营方向作出意向性的指示，而不具备强制性。从调节范围看，它比指令性计划调节的范围要广得多。从计划角度看，它虽然是间接计划，对企业是一种参考性的计划，但对实现国民经济整体计划来说又是必须完成的计划。

指导性计划的实施，必须运用经济杠杆。或者说要把指导性计划的要求变成企业决策的目标，经济杠杆必须发挥主导的作用。这是因为：（1）指导性计划不直接面对企业，不具有强制性，所以不能象指令性计划那样，可以通过行政命令来要求企业贯彻执行。（2）指导性计划对企业来说是一个参考性计划，而企业决策即要考虑到指导性计划的要求，更要考虑到自身条件，因而企业决策的自由度比较大。（3）指导性计划只是给企业指出的方向，但其本身没有引诱企业实现决策的动力。上述情况决定了经济杠杆是实施指导性计划的重要经济手段，因为经济杠杆的核心与灵魂就是具有物质利益的诱导力。它不干扰企业决策的自由，但是它可以在指导性计划要求的方向下，利用物质利益进行诱导，

56

使企业在物质利益的诱导下，接受指导性计划的要求，使之纳入计划需要的轨道。

　　既然经济杠杆是实现指导性计划的重要经济手段，而我国将来又要形成一个以指导性计划为主体的计划体系，并通过这个体系来确定我国经济发展的目标。因此，国家在制定指导性计划时，必须考虑到：（1）指导性计划与相应的经济杠杆调节措施必须配套制定。每项具体的指导目标，都必须有相应的经济杠杆来引导实施；每个经济杠杆的调节幅度及各种杠杆的综合运用都必须进行科学的设计；企业对经济杠杆的反应也应事先作出科学预测，并根据预测的结果，作出修正经济杠杆配套的准备。（2）在新的经济体制下，由于决策权是多层多级的，指导性计划也应是分级管理的，所以经济杠杆的调节权也必须分级管理，与指导性计划权的划分要相适应。一般应由中央、地方和主管部门进行管理，使各级的指导性计划都有必要的经济杠杆调节措施来保证其实施。对于各级如何运用经济杠杆前已述及，不再重复。

　　由上可知，经济杠杆调节和计划调节的两种方式有着严格的区别，但在运用过程中又紧密相连，不可分割，尤其是指导性计划的实施，不运用经济杠杆是不能实现的。所以，我们认为经济杠杆是实现计划调节功能的重要经济手段。

　　在社会主义经济的调节中，由于经济杠杆调节理论的出现，极大地丰富了社会主义经济的调节理论。正确的理论必然对实践具有重大的指导意义，突出的是这一理论的出现促进了计划部门工作重点的转移。因此，有必要进一步研究下

57

面的问题：

3、 计划管理部门与经济杠杆

　　为了适应国家对企业的管理由直接控制为主转向间接控制为主的要求，计划管理部门的职能也要相应的转变。计划管理部门应该成为协调综合运用经济杠杆的部门，运用和管理经济杠杆应该是这个部门的重要工作。这是因为，经济杠杆从横向看，包括税收、信贷、价格、财政补贴、汇率、工资奖金等，这些杠杆的运用分别由财政部门、银行、物价部门、劳动工资管理部门进行管理。但是各种经济杠杆的作用方向并不完全一致，效应程度也不同，又分别掌握在不同部门，这就很难避免有时相互掣肘，相互抵消，产生内耗力，而削弱了对外界的影响。为了发挥诸种经济杠杆的合力作用，就需配套运用各种杠杆，客观上就应该有一个更为综合的经济部门来协调各部门对经济杠杆的运用，这个部门就应该是计划管理部门。

　　随着职能的转变，计划管理部门工作的范围和工作重点也要发生转变。从工作范围看，要从直接管理的一小块经济活动中走出来，去对全社会的经济活动进行管理。从工作重点看，不应把全部精力放在分钱、分物、订指标上，而是要转移到对经济杠杆运用的研究上来，要研究如何使用经济杠杆进行经济利益调节去促进计划的完成，并在实践中加快学习运用经济杠杆的本领。

58

第四章 经济杠杆的作用和
发挥作用的条件

第一节 经济杠杆的作用

经济杠杆的作用，指的是运用经济杠杆之后对社会经济生活产生的影响或效果。经济杠杆所能发挥的作用是多方面的，大致可以归纳为以下几个方面：

一、促进生产资料所有制形式的消长。国家利用经济杠杆，可以有效地促进某种所有制形式的发展，也可以有效地促进某种所有制形式的瓦解和消亡。如西欧封建社会末期，国家曾经利用税收等经济杠杆，促进了小生产者的破产，使生产者和生产手段相分离，从而为资本主义所有制的形成准备了前提条件；此后，国王屈服于新兴资产阶级的压力，又利用税收等经济杠杆，为资本主义的发展提供了许多有利条件。正如恩格斯所说："国家就是通过保护关税、贸易自由，好

59

的或坏的财政制度发生作用的。"①恩格斯这里所说的,主要是指国家利用经济杠杆促进资本主义经济发展的作用。在社会主义制度下,国家更是有效地利用经济杠杆,帮助社会主义公有制(包括全民所有制和集体所有制)的发展壮大。列宁在1923年写的《论合作制》一文中指出:"每个社会制度的产生,都必须要有相当阶级的财政帮助。不待说,'自由'资本主义的产生,是花费过许多万万卢布的。现时我们所应当特别帮助的社会制度,就是合作社制度"。②列宁所说的财政帮助,就是国家在税收等方面给当时新生的合作社经济以优待,使千百万农民看到参加合作社的好处,从而促进这一新的所有制形式的发展。我国1956年以前,为了促进社会主义所有制的发展壮大和对私人经济的社会主义改造,也曾经有效地利用税收、信贷、利息等经济杠杆。如当时的税收政策中就包括"公轻于私"的原则。党的十一届三中全会以后,中央从我国生产力的现有水平出发,为了发展有计划的商品经济,确定了扶持集体经济和个体经济发展的方针。十一届三中全会以前,由于"左"的思想影响,城市集体经济发展缓慢,个体经济更是濒于灭亡,给劳动就业和人民生活带来了很大困难。因此,发展那些耗能少,就业人数多,能满足国

---

① 《马克思恩格斯〈资本论〉书信集》第564页,人民出版社1976年版。

② 《列宁文选》两卷集第2卷,第1006页,莫斯科外国文书籍出版局1950年版。

60

内外市场需要的集体和个体经济，是十分必要的。在这方面，除了作好规划、制定行政管理条例来帮助解决网点和货源等问题外，银行在贷款方面，财政在税收方面、物价部门在价格政策和收费标准方面，都可以予以适当的支持和鼓励。

二、调节社会再生产过程，促进国民经济有计划、按比例地发展。要发展有计划的商品经济，就必须制定科学的国民经济计划。但是，无论是指令性的直接计划还是指导性的间接计划，都需要利用经济杠杆的调节作用来促其实现。随着经济体制改革的进展，生产、流通、分配和消费日趋协调。与此同时，各地方、各部门、各企业的自主权也逐步扩大。企业在生产经营上的主动性和积极性也有很大提高。随着财权的下放，企业在工资、奖金、福利等方面的分配权也逐步增大。人民群众的消费水平在不断提高，消费结构也在发生变化。在这种新的情况下，如果没有经济杠杆的调节，光靠计划手段和行政手段的干预和约束，是根本不行的。必须充分而有效地利用经济杠杆，来调节生产、分配、流通和消费。

1、调节生产

首先，产品结构的变化，有赖于经济杠杆的调节。对短线产品需要经济杠杆给予有利条件以鼓励其生产；对长线产品和积压产品需要给予不利条件以限制其生产。从长期来说，对人民生活最必需的产品，需要经济杠杆经常有力的支持；对于奢侈品和其它无益的消费品，需要经济杠杆的约

61

束。如此才能促进生产结构日趋合理化。我国在五十年代实行过的"生产资料轻于消费资料、必需品轻于非必需品"的税收政策，实际上就是让税收杠杆发挥调节产品结构的作用。近几年来，许多矿产品、原材料价低利小，加工工业品价高利大；一些供不应求的产品利润水平低，供过于求的反而利润高；计划增产的短线产品往往因利小而完不成计划，计划限产的长线产品又往往因利大而限制不住。对于这些，除了用指令性计划直接调节外，还要利用经济杠杆的调节。例如：对生产能力超过社会需要的企业，应根据优胜劣汰的原则，促使落后企业关、停、并、转，银行要停止贷款，财政不给补贴，税收不能减免等，对长期积压的产品实行削价处理。对因价高利大销售困难的产品，可以降价销售并提高税率；对因生产能力不足而供不应求的产品，可以发放中短期设备贷款，其中少数名牌优质产品可实行高价政策；对因价低利小或亏损，影响企业积极性的产品，可以分别情况用提高价格、实行减免税或予以财政补贴。

其次，产业结构的变化，也需要经济杠杆的调节。我国五十年代实行过的"工轻于商"的税收政策，八十年代初实行过的对轻纺工业"六个优先"的政策，实际上就是让经济杠杆发挥调节产业结构的作用。当前，我国的产业结构还很不合理。第一产业的发展落后于第二产业的发展，能源，原材料不足；第三产业更落后于第二和第一产业的发展。这种状况固然与我国过去的发展战略和国民经济计划有关，但与经济杠杆的作用方向也有关系。因此，现在应当有效地利用

62

税收、价格、信贷、利息、财政补贴等杠杆，鼓励和支持第一产业的发展，尤其应当为第三产业的发展提供有利条件，促进产业结构的合理化。

再次，部门结构的变化，也有赖于经济杠杆发挥调节作用。党的十一届三中全会以前，我国国民经济的部门结构很不合理，由于"左"的错误的影响，长期片面强调重工业，以致造成了农业和轻工业更加落后的局面。这几年来，在中央的正确方针指引下，农业和轻工业加快了发展进程。但是，交通、能源、商业、服务业、旅游业等部门仍相当落后，妨碍了国民经济的速度发展。为此，除了国家通过计划的安排，即通过人力物力和财力的计划分配外，充分发挥价格、税收、信贷、利息等经济杠杆的作用，也是十分必要的。

还有，技术结构的变化，也可以利用经济杠杆的调节作用。长期以来，我国工业企业多数是全能厂，专业化协作水平很低。严重地阻碍了技术进步和劳动生产率的提高。这种状况的形成，同不合理的价格和税收制度也有关系。因此，应当通过调整整机和零部件、工艺协作件的比价，使生产零部件和工艺协作件的企业有利可图；应当通过征收增值税的办法平衡全能厂与非全能厂的税负；还应当对经济效果好的专业厂、零配件厂和工艺专业厂实行择优贷款和低利率政策。不合理的信贷和税收政策，还往往促使技术落后的小厂盲目发展，造成"以小挤大"、"以落后挤先进"的现象。为了改变这种状况，应对那些盲目发展的小烟厂、小酒厂、

63

小茶厂、小糖厂、小棉纺厂等实行高税（主要是所得税）政策，并对它们不予贷款，以迫使它们关闭或转产。

2、调节分配

利用经济杠杆以制约分配，也是有效的。除了通过制定工资、奖金标准，利润留成比例，所得税税率等手段，控制国民收入的分配结构，控制积累和消费的比例关系外，利用工资调节税、奖金税等手段，也可以起到调节分配的作用。随着经济体制改革的深入，企业将会成为自主经营、自负盈亏的经济实体。这样，也就越是要求企业职工的劳动报酬以及职工福利与企业经济效益挂钩。但是，为了控制消费基金的规模，保持积累与消费的适当比例，保持消费基金与消费资料的适当比例，又不能不采取有效措施，加以控制。在这方面，除了用行政手段限制外，还应当规定合理的利润留成比例，及其中包括的生产发展、职工福利、个人奖励等基金的比例。在条件成熟的企业开始实行工资与效益挂钩，再加上工资调节税和奖金税等办法，是可以发挥积极作用的。

3、调节流通

为了改变商业流转环节多，批发渠道粗，地区封锁严等现象，除开展计划指导下的市场调节外，还应当充分利用经济杠杆的作用。如对批发订价方法加以改革，除少数计划分配的商品外，一律实行自由购销，并实行按批发数量分别定价的办法。对因商品积压而占用的贷款，实行加收利息的制度，并给商业企业一定的削价权。对工业企业产品自销的，加征商业零售环节营业税等。

64

4、调节企业间的级差收益

长期以来，由于企业之间自然条件、地理条件、技术设备条件和人才条件的不同，造成了许多不合理的苦乐不均，利润水平悬殊。这对企业间在平等条件下开展竞争，实行优胜劣汰的原则，极为不利。为此，必须通过价格、税收等经济杠杆，尽可能排除企业盈亏的客观因素。如调整不合理的比价、征收资源税、土地占用税、固定资产占用税和专门人材税等。这些措施，不但可以由国家相对收回企业不应得的级差收益，而且对于促进企业合理地利用自然资源、经济资源、智力资源等，也有积极的作用。

5、促进企业加速资金周转和降低成本

国家可以利用税收、利息等杠杆发挥这些作用。如通过征收产品税、资源税、土地占用税、固定资产占用税等，压低企业的利润水平，给企业施加压力，企业要获利而不致亏损，就必须努力减少耗费，降低成本以提高盈利水平。国家通过贷款和收取利息的办法提供固定资金和流动资金，这就相对地能够促进企业节约资金占用，加速资金周转，提高投资效果。在这些方面，经济杠杆对微观经济效益的提高，是很能发挥作用的。此外，在企业内部，在车间、班组实行经济责任制同奖惩制度相结合的条件下，用降低目标成本，增加目标利润，实行内部结算价格，以及工资奖金等手段，调动职工的积极性和创造性，也是发挥经济杠杆调节微观经济的作用。

65

6、调节消费

经济杠杆在调节消费——包括生产消费和生活消费方面，都有重要作用。从生产消费来说，合理的价格、信贷和税收，可以有力地促进能源的开发和有效利用，也可以促进节能技术的发展和能源的节约。我国已经征收的烧油特别税，就是为了促进企业多用煤炭和少用原油，如果对安装节能设备的企业提供优惠贷款，对用油用电实行超定额加价制，对电费分别实行高峰期和低谷期价格；如果提高原油和天然气的价格，对综合利用余热的企业予以贷款和利息的支持等，都会收到很好的效果。

从生活消费来说，主要是通过价格和税收杠杆去调节。必需品实行低价，必要时实行财政补贴；非必需品实行高价并配合以高税率；短线消费品提高价格；长线消费品适当降低价格，都是很好的调节消费的办法。随着我国经济的发展和人民购买力的提高，消费结构也在不断变化，一些高档日用品往往供不应求，为了缓和供求矛盾。除努力增加生产外，用价格来调节供求是必要的。此外，有些名优产品需求量大又生产能力不足，对此，除可实行中短期设备贷款外，还可以实行预购券制度，以集中社会资金，加速生产的发展。为了有效地控制消费基金规模，国家用较高利率作为杠杆发行公债或国库券的办法，或是发展储蓄事业，也都是必要的。

7、促进自然环境的保护和生态平衡

保护自然环境，实现生态平衡，已经成为我国的一项战

66

略措施。为此，除制定有关法规和行政管理办法外，利用经济杠杆也有一定的作用。如对企业排污征收不同水平的排污费，对有效利用"三废"给予优惠贷款，对破坏自然环境和生态平衡者处以罚款等措施，都会起到很好的作用。

此外，如前所述，经济杠杆对调节人口生育、调节社会秩序和改良社会风气等方面，也能发挥一定的辅助作用。

总而言之，经济杠杆的作用范围是广泛的，它不但对经济生活，而且对其它社会生活，能够发挥积极的作用。因此，充分而有效地利用经济杠杆，为社会主义物质文明和精神文明建设服务，是一项重要的任务。

第二节 经济杠杆发挥作用的条件

各种经济杠杆都有其特定的作用，但又都是在一定条件下发挥作用的，没有一定的条件，即使它本身具有经济杠杆的性质，也不能使其作用真正发挥出来。经济杠杆发挥积极作用的必备条件是：

第一，人们对经济杠杆的正确认识。所有经济杠杆都有发挥积极作用的可能性，但是，如果人们不能透彻地认识它的性质和作用，这种可能性就不能变为现实。比如：工资是一种重要的经济杠杆，但如果实行平均主义的、"大锅饭"式的工资制，就不可能使工资真正发挥经济杠杆的作用；价格也是一种重要的经济杠杆，如果人们不懂得、不尊重价值规律的要求，不按照它的要求和供求关系制定价格，价格也

67

不能真正发挥经济杠杆的作用；租金也是一种经济杠杆，但如果实行我国目前这样过低和比例的房租制，也就不可能使它发挥经济杠杆的作用。由此可见，深入研究有关经济杠杆的理论，从而使人们透彻认识经济杠杆的实质和作用，具有极其重要的意义。

顺便指出，认识不认识经济杠杆，只能影响经济杠杆作用的发挥，并不能改变经济杠杆的性质。客观存在的经济杠杆性质并不以人们的认识与否为转移。有人说，价格、利润、税收、信贷、利息、工资等经济范畴，既可能成经济杠杆，又可能不成为经济杠杆，关键在于人们是否能正确认识和自觉运用。这是把认识不认识，会不会运用经济杠杆与是不是经济杠杆混淆起来了。不能因为认识不清，运用不好而未起经济杠杆作用，就否定其经济杠杆的性质，正如不能因为不懂机器的性能而不会开动机器，就否定它是机器一样。经济杠杆的质的规定性如果以人们的认识为转移，那也就无法确定经济杠杆的具体形式了。

第二，必须建立一套科学的经济管理体制。在社会主义条件下，所谓科学的经济管理体制，必须是使国家、企业和劳动者的利益紧密结合起来，使生产单位和生产者个人的责任、权力和利益结合起来。如果只强调国家的利益而使企业和个人没有独立的利益，如果只强调国家集权而不给生产单位应有的权力，如果企业和劳动者个人只有责任而无权和利，如果各企业不成为相对独立的经济实体，那就不可能使经济杠杆发挥作用。显然，象过去实行的那种经济体制，企

68

业盈利全部上交，亏损财政补，企业盈亏与企业本身的财权无关，与职工的报酬和福利无关，那么，谁还关心税负的轻重、利率的高低、价格的升降、利润的多少呢？如前所述，经济杠杆的灵魂是物质利益诱导，而只有它触动了企业和职工的切身利益，才能发挥出诱导的作用。因此，要想使经济杠杆真正发挥积极作用，就必须抓紧经济体制的改革，使企业不再是行政机关的附属物，而成为自主经营、自负盈亏的相对独立的经济实体。

第三，要建立一套经济杠杆体系，综合运用各种经济杠杆。各种经济杠杆之间是相互制约、相互影响的，它们各自从不同的侧面影响某一单位或个人的利益。各经济杠杆发挥作用，往往是互相交叉的。因此，为了达到预期的调节社会经济的目的，就必须建立一整套经济杠杆体系，使之相互配套，相辅相成，形成合力。否则，就会相互脱节，甚至相互抵消。因此，不能企图孤立地运用一种或两种经济杠杆，而达到预期的目的。例如，要达到促使企业减少资金占用，加速资金周转，降低成本，提高投资效果的目的，可以利用信贷利息杠杆，变财政无偿供应方式为信贷有偿供应并收取利息的方式。但是，如果只是孤立地作如此变革，企业纯收入仍以原来的税利两种形式上缴，也就是说，企业利润全部上缴，企业经济效益与本身的财权和职工的利益无关，那么，尽管贷款要偿还，利息要支付，成本要提高，利润要减少，但是企业仍然是无关痛痒的。1958年实行流动资金全额信贷制之所以无效，主要就是这个原因。我国实行"利改税"已

69

经迈出了两步，国营企业开始征收了所得税、产品税、资源税等多种税，其目的是为了给企业增添动力和压力。但是，这还是远远不够的。因为，企业盈亏的客观因素还很多，如价格（原材料价格和产品销售价格）、技术装备、地理条件等。因此，为了真正收到预期效果，还必须配合价格体系的改革，并开征固定资产占用税等。其所以必须实行一系列的改革，就是因为不同经济杠杆具有不同的作用，而又必须彼此配合。因此，不但要研究所有经济杠杆的共性，而且要研究它们各自的特性；不但要研究每种经济杠杆的作用范围和形式，而且要研究它们之间如何配合。如此，才能正确地运用它们的合力，找到最佳的结合点，确定如何调整各种经济杠杆的使用范围和使用程度。

为了综合运用各种经济杠杆，又必须建立从中央到地方各级有权威的综合管理机构，以便按照统一领导，分级管理的原则协调各种经济杠杆的运用，防止各地方、各部门滥用经济杠杆，影响国民经济管理的战略全局和宏观效益。

第四，必须建立一套完善的信息反馈系统。全面而有效地运用经济杠杆，必须有全面的，充分可靠的经济信息作为依据，以便使国家有关部门及时掌握生产、流通、分配和消费的情况，了解国内外市场动态，以作为调整和运用经济杠杆的依据。由于经济生活和市场供求状况千变万化，经济杠杆也必须灵活运用，及时调整，否则就不能适应瞬息万变的经济生活现实。运用经济杠杆还往往需要了解别国运用经济杠杆的情况。例如：我国为了吸引外资，规定了所得税的减

70

征办法，但这种减征是否能收到实效，就牵涉到外国有关税收的规定。如果资金输出国对资金输入国的企业所得税规定有"税收抵免"制，那么，外商在我国少付的所得税，就要被资金输出国的政府征走，外商并不能得到我国减征的好处，因而起不到吸引外资的作用。同时，为了建立一套完善的信息反馈系统，就必须利用先进的、现代化的技术手段，如电子计算机的应用，以利于迅速而准确地传递经济信息，为利用经济杠杆提供科学依据。

第五，要有一个大体完善的市场体系。应当逐步建立适应有计划商品经济需要的资金市场、物资市场、劳务市场、技术市场、信息市场等。只有如此，企业才能按照价格、税收、利息等间接调节手段所给予的信号，顺利地实现生产调整和资金转移，才能使企业根据切身利益所选择的活动大体符合宏观管理目标的要求。

所有这些，就是经济杠杆发挥作用必须具备的基本条件。当然，在社会主义条件下，经济杠杆主要是为实现国民经济计划服务的，所以，国家的发展战略、中长期和年度计划，都可以说是运用经济杠杆的根据或基础。此外，经济杠杆的运用还必须有行政手段和法律手段的配合，因为，并不是国民经济管理中的一切问题，都是经济杠杆所能解决的。

71

第五章 税收杠杆

第一节 税收杠杆的特点

如前所述，经济杠杆具有众多的形式，税收是经济杠杆的形式之一。那么，税收这种经济杠杆的特点是什么呢？

第一，运用的强制性和依法性。税收杠杆的运用是凭借国家的政治权力，依照法律程序强制地进行的。这是不以被调节者（企业或个人）同意与否为转移的。税收这种经济杠杆的主体只能是国家，任何企业、事业单位和个人都无权运用税收杠杆，而国家运用税收杠杆，不论对非国有企业还是国有企业，都是依据国家独有的政治权力。马克思说："在我们面前有两种权力，一种是财产权力，也就是所有者的权力；另一种是政治权力，即国家的权力。"①而国家征税所依据的就是后一种权力。有人认为，对国有企业征税主要依

---

① 《马克思恩格斯全集》第4卷，第330页，人民出版社1958年8月第1版。

据财产权力,即生产资料所有者的权力。这是不符合实际的。如果国家向国有企业征税主要以生产资料所有者的身份,那就不好解释为什么一定要以税收形式向企业取得收入,其实国家以所有者的身份取得收入,最典型的形式是利润上缴,只有生产资料的主人才有权把企业的利润全部或部分收归己有。所以,国家对非国有企业是不能采取利润上缴这种形式的。同时,强调向国有企业征税依据财产权力,也会削弱税收的强制性和法律效力。在社会主义的有计划的商品经济条件下,国家向国有企业征税,还是与所有权和经营权可以分离这一理论根据有关的。企业作为相对独立的商品生产者和经营者,应当具有独立的责、权、利,应当成为相对独立的法人。从这个角度看,国有企业与其它非国有企业是一样的。而且,为了有利于各种不同所有制的企业之间开展竞争,国家也应当以政治权力为凭借向诸企业征税,使国有企业同其它企业处于大体平等的条件下,依靠改善经营管理,提高劳动生产率和经济效益,实现优胜劣汰的原则。实际上,国家之所以必须向自己所有的企业征税,根本原因就是要发挥税收的经济杠杆作用。税收杠杆的强制性特点之所以突出,是和它的依法性分不开的。依法征税和纳税,不但体现在各项税法中,而且体现在国家的根本大法中,税收杠杆的强制性和依法性特点,是其它经济杠杆所不具备或不完全具备的。税收杠杆的这一特点,也可以说是它的优点。

第二,调节范围的广泛性。税收可以根据整个社会经济的现状和国家的政策要求,向各经济成分、国民经济各部

73

门和各社会经济单位，向社会再生产的各环节——生产、分配、流通、消费，乃至社会生活的其它一些方面征收。它可以按各种不同的调节目标，分别根据产量、产值额、增值额或利润额征收；可以根据商业销售收入额、劳务收入额以及某些财产额征收；可以根据各经济单位对国有资源和资金的占用征收；还可以根据某些特定的行为征收。这就是说，税收可以从社会经济生活的各方面扑捉课征对象，税收杠杆可以对社会经济生活的各方面施加调节功能。税收杠杆这种调节范围的广泛性，是其它任何一种经济杠杆所不能比的。比较而言，价格杠杆的调节范围也是多方面的，但是，它也只能在商品和劳务交换的过程中施展威力，其影响所及也超不出社会再生产过程。

第三，区别对待的灵活性。税收杠杆可以根据国家不同的政策要求，对不同经济成分，不同部门，不同行业，不同产品，不同流转环节，不同资源条件，不同技术装备水平，不同收入性质，国民收入的不同分配方向和不同的社会行为等，分别实行种类不同、高低不同的税率，或是实行减税、免税、退税，或加成征收、加倍征收，规定起征点或免征额等。这就是说，税收杠杆区别对待的对象是众多的，它所能采取的区别对待的方法又是多样的。国家完全可以根据不同的调节目的，灵活选用各种不同的区别对待的手段。税收杠杆这种区别对待的灵活性，也是其它任何一种经济杠杆——包括价格杠杆——所不能比的。而区别对待就是给予有利或不利、利大或利小的条件，其实质就是物质利益诱导。如前所

74

述，这是经济杠杆的核心和灵魂。

第四，使用和调整的简易性。运用税收杠杆和调整使用的程度，比之别的经济杠杆要简单易行。因为税收杠杆所引起的连锁反应面是比较小的。比如确定和调整税率，一般只影响国家与纳税人之间的关系，而其它经济杠杆，尤其是价格杠杆，其运用和调整则会引起一连串的反应。调整某种或某些产品的价格，不但会影响生产者与消费者之间的物质利益关系，而且会影响生产者与销售者，销售者与消费者，职工与农民的物质利益的关系。此外，还往往牵涉到不同产品的比价以及同种产品的质量差价、地区差价、季节差价等一系列问题。自然，调整价格还会影响国家财政的收支。所以，价格杠杆的运用和调整，可以说是牵一发而动全身，因而它是不能轻易变动的。但是，当价格不能变动而又必须调节某种经济活动时，则往往可以利用税收的变动达到目的。这一点也正是我国税制改革走在前面并可以连续进行，而价格改革则起步较晚，并且必须走小步的根本原因。

由于税收杠杆具有上述四个特点，就使它在经济杠杆体系中居于特殊重要的地位，成为最重要的一种经济杠杆。随着我国经济体制改革的进展，将会有更多的新税种作为经济杠杆出现，它在社会经济生活的管理中，将发挥愈益重要的作用。

第二节　各种税收的不同的经济杠杆作用

在整个经济杠杆体系中，税收是最重要的经济杠杆。但是，这并不是说每种税收的经济杠杆作用都是相同的或同等重要的。有的税收可以在很广的范围内发挥经济杠杆作用，有的税收则只能在很小的范围内发挥这种作用。具体地分析每种税收所具有的不同经济杠杆作用，可以为我国的税制改革和税制总体设计，提供科学的理论依据。

各种税收的不同经济杠杆作用，主要是由其课征对象即课税根据决定的。例如：以产销额为课征对象的税收（如现在的产品税），可以在价格固定的条件下，调节企业的利润水平。在企业自主经营、自负盈亏的前提下，只要税率适当，就可以给企业施加一定的压力，促使企业努力降低成本和加速资金周转，它可以按不同产品分别规定不同的税率，配合价格来调节生产、流通和消费，对那些实行浮动价格和自由价格的商品，它还可以影响其价格水平，从而间接调节生产、流通和消费。以增值额为课征对象的税收（如现在的增值税），除了具有上述作用外，还可以调节全能厂和非全能厂之间的税负，促使生产企业向专业化分工发展，防止小而全、大而全所带来的社会浪费和技术停滞。正因为如此，它的课征范围将不断扩大，现在课征产品税的一些商品，将越来越多地改征增值税。以商品销售收入为课征对象的税收（如商业营业税），则可以调节商业企业的利润，也可以用

76

不同流转环节、不同商业性质的不同税率，调节商业企业的经营方向。至于以利润额为课征对象的税收（如企业所得税）则主要是调节企业的留利水平，而不能调节利润本身，因为它是在已获利润的基础上课征的。当然，这种税收负担的轻重对调节生产和经营方向也起一定的作用。由于这种税不但受成本水平的影响，而且受利润多少的影响，它在保证财政收入的稳定上就远不如以产销额为对象的税收，而且对企业改善经营管理、降低成本和加速资金周转，也起不了什么促进作用。如果这种税采取比例税率而非累进税率，则不但不利于调节盈利水平，而且对国有企业来说，无异于利润分成。

值得重视的是，以资源和资金占用为课征对象的税，如土地占用税、资源税、固定资产占用税等，实际上带有收费的性质。因为它是以占用或使用国家所有的自然条件或经济条件为课征根据的。这些税（或费）可以调节企业因客观条件不同所获得的级差收入或额外好处，因而有利于排除或减少因客观条件造成的苦乐不均，有利于不同企业作为相对独立的商品生产者和经营者，在大体相同的条件下开展竞争，优胜劣汰。随着我国社会主义的有计划商品经济的发展，为了给企业注入更多的活力和动力，这类税收的经济杠杆作用将会愈加明显地表现出来。

此外，以某些消费额（生产消费和生活消费）为课征对象的税，如现在征收的烧油特别税，将来可能开征的如筵席税等，可以直接地调节消费；以某些分配额为课征对象的税

77

（如奖金税、工资调节税）则可以起到制约分配和控制消费基金规模的作用；以某些投资额为课征对象的税（如现在的建筑税），则可以起到控制投资规模的作用。至于以财产额为课征对象的税（如车船使用税、房产税等）除了增加一些财政收入外，很难起到什么经济杠杆作用。

由此可见，各种不同的税收确实具有不同和不等的经济杠杆作用。既然如此，社会主义国家要利用税收这一经济杠杆来调节复杂的社会经济过程，就不可能指望用单一的或少数的税种来实现，必须根据每种税收的特殊课征对象和特有的调节作用，恰当地选择税种并实行最佳的配套，以建立科学的税制体系。

第三节 利用税收杠杆相对排除企业盈亏的客观因素

如前所述，在社会主义有计划的商品经济条件下，要充分发挥税收的经济杠杆作用，应当包括利用税收杠杆排除企业盈亏的客观因素，以利于企业在大体平等的条件下开展竞争。

中共中央《关于经济体制改革的决定》明确地指出了社会主义经济是在公有制基础上的有计划的商品经济。由于现阶段生产力发展水平的低下和多层次性，决定了我国多种所有制形式和多种经营方式的存在，这又决定了商品经济的存在。商品经济的充分发展，是社会主义经济发展不可逾越的

78

阶段，是实现我国经济现代化的必要条件。

商品经济的基本规律是价值规律。价值规律要求企业成为相对独立的经济实体，成为具有独立的责权利的商品生产者和经营者。由于商品经济和价值规律的存在，就必然存在着竞争，竞争是商品经济的必然产物，也是促进商品经济发展的动力。

但是，社会主义社会的商品经济既然是有计划的商品经济，这里的竞争就不同于资本主义商品经济中的竞争。在资本主义条件下，竞争是在私有制基础上，伴随着无政府状态自发地进行的。它是受剩余价值规律的支配，其目的在于获取剩余价值或最大限度的利润，其手段可以是欺骗、垄断、行贿等卑鄙行为，是一种尔虞我诈、你死我活的斗争，竞争的结果是资本的积聚和集中。竞争在自由资本主义阶段曾经推动了生产力的发展，到了垄断阶段，由于竞争的空前剧烈，它固有的盲目性和破坏性也充分暴露出来，造成资本主义的经济危机和资本主义的矛盾的加深。社会主义条件下的竞争，是在以公有制为基础的条件下，在国家宏观控制的条件下进行的，它不允许无政府状态和采取那些损人利己的非法行为。在这里，竞争的手段只能是不断提高技术和管理水平，不断减少耗费和降低成本，不断提高质量和扩大销路，以求在竞争中取胜的。这种竞争受社会主义基本经济规律的制约，其结果是宏观经济效益的提高，技术的进步和生产的发展，从而更充分地满足整个社会经常增长的物质文化需求。

79

但是,即使在社会主义条件下,各种不同所有制的企业和各种不同行业的企业,它们所处的经营环境或外部条件也是不同的。就是说,有许多影响企业盈亏的客观因素在起作用。这些客观因素往往是由国家提供或允许的。因此,不解决这个问题,就不能使各个企业在大体平等的条件下开展竞争,真正实行优胜劣汰的原则。

　　由此可见,必须利用税收杠杆相对排除企业盈亏的客观因素,以促进企业充分发挥自己的主观能动性,以优质、高产、低消耗、高效益来取胜。这个问题不解决,企业就没有压力,企业的经营成果和经营管理水平就无法科学地判断,所谓经济效益也不会是真实的。这个问题不解决,即使实行了一些价格改革和工资改革,也不会收到预期的效果。可见,它关系到整个经济体制改革的成效。

　　影响企业盈亏的客观因素很多,但大致可以分为三类:自然条件、经济条件、人才条件。所有这些差别的客观条件所带来的损益,当然不能全靠税收来消除,但主要却是要靠税收(或收费)来解决的。如自然条件中的地理和资源条件,国家可以用征收土地占用税(费)和资源税(费)来解决。但是,土地占用税一定要根据土地的地理位置、交通条件和经济价值来确定税率,而不应单纯根据土地面积。资源税一定要根据资源的贫富程度和开采难易来确定税率,那种按企业的销售利润率确定资源税率的办法是不正确的。那种认为"自然资源级差收入综合反映在产品销售利润率上"的看法也是不正确的。按照这样的说法和作法,也就不能使这

80

些税收起到它特有的经济杠杆作用，因为企业的销售利润率水平之高低，既有客观原因，又有主观原因，而客观原因也不只是资源条件的原因。所以，按销售利润率确定资源税率，虽然作法简便，但它不能促使企业合理地利用自然资源和加强经济核算，起不到它应起的积极作用。

从经济条件来说，国家规定的原材料价格和产品销售价格，主要靠价格体系改革来解决。在完成价格改革之前，虽然产品税在某种程度上起了缓解的作用，但它不能完全解决针对不合理的价格所造成的盈亏，因而是不科学的。国家规定的工资水平，是一个影响企业盈亏的客观因素，应当通过工资改革，使工资与企业的经济效益挂钩。但是，只有价格和税制实现了改革，从而相对解决了价格和税收的不合理部分之后，职工工资与企业经济效益挂钩才是科学的。国家提供的技术装备和固定资产，是影响企业盈亏的重要客观因素，解决这个问题的最好办法是征收固定资产占用税（费），只用拨款改贷款的办法是不能很好地解决问题的。因为：第一，贷款只是需要偿还并支付利息，但利息与企业由于技术装备条件优越所带来的利益是不等和不成比例的。随着科学技术的进步，企业从采用新技术方面所获得的利益将会愈来愈多，仅仅收取一定的贷款利息是不合理的。第二，基建贷款的利息，不可能区别不同企业的不同技术构成和不同的固定资金利润率分别规定，而固定资产占用税则完全可以作到这一点。而且，只有做到这一点才是合理的。至于流动资金供应这个因素，采取贷款的形式并收取利息，就可以大体解决问题了。

除自然因素和经济因素外，还有一个影响企业盈亏的客观因素，即人才因素。人才在我国，基本上是由国家培养并分配给企业的。而它又是影响企业盈亏的最重要因素。在同样的自然条件和经济条件下，由于人才条件的不同，会造成极不相同的经营成果。但是，既然人才是由国家培养和分配的，就不应无偿或无代价地供企业使用，而应当征收"专门人才税"。"专门人才税"应以具有中专和技校以上文化水平的人为课征对象（依据），由使用人才的企业交纳。征收"专门人才税"是有充分的理论根据和实际意义的：第一，根据马克思主义政治经济学的原理，具有一定生产经验和生产技能的人，是生产力中最重要、最活跃的因素，专门人才应当说是其中更重要的因素，但它又是由国家培养和分配来的。显然，哪个企业分配到的专门人才多，质量高，哪个企业从中获益就多。第二，国家既然在培养人才上付出了巨额的代价（一个大学生需要万元左右，一个研究生需要数万元），那么，使用人才的企业就不应是无代价的。第三，征收专门人才税就象征收固定资产占用税一样，都是为了使企业处于大体相同的起跑线上，开展竞争。第四，征收专门人才税，有利于合理地使用人才，减少积压和浪费人才的现象，有利于人才的合理流动。第五，征收专门人才税有利于进一步提高社会对人才的重视，提高知识分子的社会地位，有助于形成尊重知识，尊重人才的社会风气。第六，按照专门人才受教育的程度分别规定税率，有利于企业选优舍劣，竞相招聘那些有真才实学的人，而不愿接受那些徒有文凭而

82

才疏学浅的人。这样，也有利于督促人们认真学习，改变在校学生混文凭的现象。当然，为了鼓励企业自筹资金培养人才，可以规定凡是企业自己培养的人才实行免税。

用上述办法在一定程度上排除了企业盈亏的客观因素之后，再来重新设计产品税、增值税、营业税和累进征收的所得税的税率，就更加合理了，也更能充分发挥税收的经济杠杆作用了。在这种情况下，当然应该取消目前征收的调节税。

第四节　税收杠杆在促进所有制
结构变化中的作用

社会主义国家的税收，作为经济杠杆，它在所有制结构的变化中，能够发挥重要的促进作用。对于国家意欲扶持和鼓励其发展的所有制形式，应当在税收方面予以优待；对于国家打算限制和促其消亡的所有制形式，应当在税收方面予以苛待。我国建国初期，由于当时的全民所有制经济刚刚建立，集体所有制经济还很弱，需要国家从各方面，其中包括税收方面的扶助和支持。为了使社会主义所有制迅速发展壮大，使全民所有制经济成为国民经济的领导力量，使集体所有制经济成为全民所有制的有力助手，国家曾经实行过"公私区别对待，繁简不同"的税收政策，即优待社会主义经济的政策。但是，为了利用资本主义经济在发展商品生产以满足社会需求方面的积极性，同时又限制其资本积累，当

83

时的税收政策又曾使其有利可图，并对公私合营经济实行了"四马分肥"的政策。这种政策对贯彻国家对资本主义工商业利用、限制和改造政策中，起了很好的作用。

随着所有制社会主义改造的基本完成，上述税收政策也就失去了意义。党的十一届三中全会以后，根据过去的经验教训，从我国现阶段生产力发展水平出发，为了发展有计划的商品经济，采取了鼓励个体经济在一定程度上有所发展的政策，把个体经济看成是社会主义经济必不可少的补充。党的十二届三中全会《关于经济体制改革的决定》，进一步明确了对内搞活和对外开放的方针。为了对内搞活，国家继续对个体经济和集体经济实行鼓励的政策。为了对外开放，国家还规定了对外资、中外合资企业实行优待——其中包括税收优待——的政策，以吸引外资，引进先进的技术设备和管理经验。但是，这些先后制定的政策和规定，也还是不配套的，是缺乏总体设计的理论依据的。因而形成了从单个税种看都有一定的道理，而从税制整体看却不尽合理的局面。现在的局面是：从税负来说，全民所有制重于集体所有制，集体所有制重于个体所有制，本国经济单位重于外资和中外合资的经济单位。在全民所有制内部，大中型企业重于小型企业，在集体所有制内部，大集体（合作工厂）重于小集体（合作社），等等。

问题在于，既然我国现阶段的国民经济是有计划的商品经济，而商品经济的基本规律是价值规律，那么，就必须允许各经济单位在国家政策允许的范围内开展竞争。这种竞争

84

不但存在于社会主义经济内部，而且必然存在于各不同经济成分之间。我国现行的税制既然存在着上述问题，显然就不利于我国民族经济、特别是社会主义的经济发展。近几年来，城乡个体经济发展很快，这对活跃市场、满足人民生活和生产的需要是有积极作用的，但是某些个体集体经济的迅速致富，在很大程度上是占了税制的便宜，是在"苛待"全民所有制的条件下得到"优待"的。长此以往，将使社会主义的全民所有制经济在竞争中处于不利的地位。为了引进外资，对外商独资和中外合资企业给予优待是必要的，但究竟如何优待和优待到何种程度为宜，也是有待研究的问题。为此，就不但要研究我国税制的总体，而且需要研究国际税收的理论与实际。总之，在这个问题上，既要体现对外开放、对内搞活的方针，又要体现维护本国经济、尤其是社会主义经济利益的原则。

第五节　税收杠杆的具体运用

如前所述,税收杠杆的特征之一就是区别对待的灵活性。而所谓区别对待，就是给予有利或不利、利大或利小的条件，其实质就是物质利益诱导，这是经济杠杆的灵魂。税收杠杆区别对待的范围可以是十分广泛的，区别对待的方法又可以是多种多样的,我们所要研究的税收杠杆的具体运用,也就是区别对待的具体方法。

税收杠杆区别对待的具体方法可以列举出很多，例如:

85

按照国家的政策要求，确定对哪些社会经济活动课税，哪些不课税，要课税的是多课税，还是少课税，对某种社会经济活动在一般情况下课多少税，在特殊情况下可以多课、少课或不课税，等等。自从税收这一财政范畴产生以来，在漫长的历史中，人们积累了丰富的区别对待的经验，创造了许多区别对待的方法。为了实施这些方法，又逐渐地形成了税收制度的各个组成部分，其中包括税种、税目、税率、纳税环节、减税、免税、退税、加成征收、加倍征收、起征点或免征额等等。

税收作为经济杠杆，首要的问题就是税种问题。在现代国家里，没有哪一个国家的税制是单一税制的。换言之，每一个国家的税制都包括多种税收。一个国家之所以需要建立许多税种，主要的原因就是要使税收发挥广泛的调节社会经济生活的作用，即经济杠杆作用。例如我国，如果单纯地为了取得财政收入，那么就没有必要建立十几种、甚至几十种税收。我国在经济管理体制高度集权的时期里，正是由于忽视甚至否定税收的经济杠杆作用，才片面地强调"简化"税制，甚至有人提出了"税利合一"即取消税收的主张。党的十一届三中全会以后，我国之所以恢复和新增了许多税种，就是为了使税收充分发挥经济杠杆作用。我们不但要利用税收杠杆调节生产和流通，而且要利用它调节分配和消费；不但要利用它调节社会再生产过程，而且要利用它调节社会生活的其它方面；不但要利用它调节物质资料的再生产，而且可以利用它调节人的再生产；不但要利用它调节国内商品和资金的流通，而且要利用它调节国际商品和资金的流通；不但要利

86

94

用它调节生活的消费，而且要利用它调节生产的消费。它不但可以调节总收入，而且可以调节纯收入；不但可以调节企业的收入，而且可以调节事业和个人的收入，等等。因此，必须建立多税种，才能实现国家充分调节社会经济生活的目的。

税收作为经济杠杆的另一个重要问题是税率问题。税率高低，除了解决国家与纳税人之间的分配比例问题外，主要的就是给予不同纳税人以有利或不利、利大或利小的条件。比较地说，税率高体现着国家要限制的意图；税率低，体现着国家要鼓励的意图。税率高低，这是国家在税收方面实行区别对待政策的主要表现，因而也是发挥税收的经济杠杆作用的主要表现。当然，为了利用税率来发挥经济杠杆作用，除高低不同的税率外，还可以实行种类不同的税率。如累进税率相对说来比之比例税率更能体现区别对待和限制的政策，从而能明显地发挥经济杠杆作用，而全额累进税率比之超额累进税率也更能体现限制的政策，但不如后者负担合理。在特定的课税对象情况下，不适于采用税率的方法，如从量计税。从量计税的经济杠杆作用则较小。

为了体现税收的经济杠杆作用，再一类重要的方法就是减税、免税和退税。减税就是在特殊情况下，比之在一般情况下应纳税额予以少征的优待；免税则是在特殊情况下，比之一般情况下应纳税额予以不征的优待；退税则是在特殊情况下，将原纳税额退还给纳税人的优待。总之，减税、免税和退税，都体现了优待的政策，也就是体现了鼓励、扶持或是

37

照顾的政策。减税、免税和退税这三种优待办法，只是量的区别，并无质的区别。

与减免退税相反的区别对待方法是加成和加倍征收。加成是在特殊情况下，比之一般情况下多征一定成数的税额；加倍征收则是在特殊情况下，比之一般情况下多征一定的倍数。加成和加倍征收都体现了限制甚至惩罚的政策，它们之间也只有量的区别而无质的区别。

此外，为了发挥税收的经济杠杆作用，还可以用规定起征点或免征额的方法。起征点可以照顾那些收入低的纳税人，免征额则可以对所有纳税人都给予一定程度的照顾。从实质上看，规定起征点和免征额这类区别对待，总是与税率配合起来起作用的。比如，有免征额的比例税率，实际上是变相的累进税。

总而言之，发挥税收的经济杠杆作用的具体方法很多，国家可以根据不同的具体情况，采取不同的区别对待方法，并使之与相关的其它经济杠杆相配合，如所得税率与折旧率的互相配合，等等。

88

第六章　价　格　杠　杆

　　《中共中央关于经济体制改革的决定》指出："价格是最有效的调节手段，合理的价格是保证国民经济活而不乱的重要条件，价格体系的改革是整个经济体制改革成败的关键。"价格改革的中心任务和最终目的，是充分发挥价格在调节社会劳动分配，贯彻按劳分配原则，加强企业经济核算，促进企业间竞争等方面的作用。也就是说，要充分发挥价格的经济杠杆作用，为了在经济管理中更好地认识、掌握和使用价格杠杆，应当对价格杠杆本身的作用性质以及它与目前正在进行的价格改革的关系等问题有比较清楚的认识。

第一节　价格杠杆的特性

　　价格是商品价值的货币表现。在商品经济中，价格是决定经济资源配置，引导和逼迫经济生活的各个方面合乎比例地发展的最重要手段，是价值规律发挥调节作用的首要机制。价格客观具有的这个根本功能（或第一功能）广泛存在

89

于人类历史上所有的商品经济中，决不因商品经济的具体性质不同而有什么变化，而可能改变的仅仅是这个职能得以发挥的方式。在资本主义的商品经济中，价格调节经济的功能是以自发的、盲目的方式得到发挥的（从总体上看是这样），其结果是社会经济生活的无政府状态。在社会主义商品经济中，价格的这种功能，主要是通过有控制、有计划的方式得到发挥的，其结果将是社会经济生活在有控制的状态中和谐运行。根据我国目前的经济性质，价格还将大有用武之地。

但是，价格并不就是价格杠杆。作为商品与货币之间的交换比例，价格是一种抽象的经济范畴，不含有人的主观作用在内，就象生产力是对生产的一种抽象，不包括生产关系的因素在内一样。价格杠杆则是一种体现了人们的某种意志，主观作用于客观的能动物，是一种传导并放大人们调节经济的力量的工具。它在作用方式上是主动的，作用过程是有控制的，作用结果是预期的。严格地说，价格杠杆是人们通过自觉地使商品价格与价值（或生产价格）相背离，实现社会劳动和经济资源的合理配置和有效使用的一种经济手段。

同其他经济杠杆相比，价格杠杆具有这样一些特性：

一、平衡趋向性。即人们自觉地使价格水平发生摆动，可以使社会商品的供给与需求保持平衡。

供给、需求、价格是构成市场机制的三个基本要素，价格是衔接供给与需求的媒介。从一个较长时期来看，供给和需求当然会保持均衡的（从总体上看）。但是，从每一个具体的交换过程，或者在一个较短的时期内，相对于已有的价

90

格水平而言，社会产品的供给与需求、生产与消费之间出现不均衡，则是很经常的事，不是供给大于需求，就是需求大于供给，不是总量上出现不平衡，就是结构上出现不平衡。在资本主义商品经济中，供求之间的不平衡将通过市场价格的相应波动，重新恢复平衡；在社会主义有计划的商品经济中，供求平衡的恢复，最终（或实际上）也将通过自觉或被迫地调整价格水平来达到。过去的三十多年中，我们曾不只一次地利用价格杠杆的这种属性。人们还清楚地记着给国民经济和人民生活带来极大损失的"大跃进"年代，由于指导思想的严重失误，片面追求重工业发展，基本建设规模过大，消费资料可供量锐减，激化了供求矛盾，拉大了供需缺口。1958——1961年，国家财政累计赤字达180.3亿元，1960年与1957年相比，社会商品购买力增加46.8%。但另一方面，1961年的全国商品购进总额却比上年减少33.7%。供求如此反方向变动，无疑使市场关系空前紧张。为了协调各种比例，缓和经济关系，国家在采取其他措施的同时，一方面有计划地开放一部分市场，放开一部分价格，另一方面在全国40多个大中城市敞开供应高价糕点和糖果，开设高价饭馆，增加自行车、手表、茶、酒、针织品、闹钟和高级副食品等7种新的高价商品，利用价格杠杆，平衡商品供求，效果十分显著。近几年，由于积累、消费失控，社会购买力过分旺盛，供给缺口拉得很大，国家通过调放结合的方式，使价格水平作适当的浮动，对缩小供求差额也起了很好的作用。利用降低长线产品价格，提高短线产品价格，调整价格结构，协调供求内部比例，维持

91

结构均衡，在我国过去的价格形成实践中，更不乏见，并将成为我们今后进行价格调整的基本指导思想。实践证明，充分利用价格杠杆固有的平衡趋向性，对保持社会商品供求平衡，协调市场关系等，具有极为重要的意义，它要比我们过去惯用的那种冻结物价，凭票（本）供应，强行限制购买力，硬性维持供求平衡的办法不知要优越多少倍。事实上，作为一种附加的购买力，所有票证都是有价的，没有合法价格，就有黑市价格。因此，事实上票证不过是一些紧俏商品价格的组成部分。它强制维持的供求平衡也不过是价格杠杆平衡趋向性的被扭曲了的表现，只不过我们为此付出了更高的社会成本罢了。

二、逆向调节性。即在其他条件不变的情况下，价格的变动会导致供求双方向相反的方向变动，价格高，需求减少，供给增加，价格低，需求增加，供给减少。如果不考虑人们的主观作用，价格与供求的关系是价值规律发挥调节作用的本来形式。并且，由于价格杠杆的这种属性反映了人们自觉地利用价格杠杆，能动地作用于社会生产，促进社会劳动的按比例分配和社会生产的按比例发展的过程，因此，它应是比平衡趋向性更为重要的一种属性。正确地认识和掌握这个属性，是我们研究和利用价格杠杆的关键。

价格杠杆的逆向调节是与企业利润和消费者有支付能力的需求相联系的。在商品经济条件下，企业作为一个经济实体，总有一种追求利润最大化的倾向。它的生产经营计划在很大程度上将根据对未来利润的情况预测进行安排。如果没有国家的行之有效的宏观控制措施，即使在社会主义社会，

92

"利大大干、利小小干，无利不干"的现象，对企业来说也是不可避免的 。另一方面，消费者所拥有的货币购买力——有支付力的需求总是一定的。要用有限的收入使自己获得最大限度的满足，消费者不能不在众多的产品中间进行选择，找出一个能使自己得到最大满足的消费结构。不管是企业对未来利润的预测，还是消费者对消费结构的选择，都同商品的价格水平（主要指相对价格水平）有直接联系。价格高的商品，生产企业会得到超额利润，由此就对这种产品的生产表现出更大的积极性，社会上也会有更多的企业和资源投入到这种商品的生产行列，从而引起供给量的增加。消费者则由于消费这种产品的支出太高，不得不退出这种产品的购买行列，或减少购买量，从而使市场上减少了对这种商品的需求。反之，价格低的商品，因降低了企业的利润水平，使其丧失了生产它的兴趣，其供给量当然减少，而消费者则在低价的刺激下，表现出更大的购买热情，促进了对这种商品需求量的增加。价格对供给与需求的这种逆向调节作用，在市场经济中，统治着无数个生产者，经营者和消费者的活动，使它们随着价格的自发波动，做出相应的反应。在社会主义经济生活中，它又成为国家干预经济运行，协调产销关系的重要手段。对那些需要鼓励生产，限制消费的产品，国家可以定以较高的价格，对那些需要限制生产，鼓励消费的产品，则定以较低的的价格。从过去的实践来看，国家成功地运用价格杠杆的逆向调节性，取得较好效果的范例不少。1981年，国家为了扩大涤棉布销路，改善人们的衣着结构，减少积压，适应我国化纤工业迅速发展的局面，决定从11月8日起，较大幅度地降低涤棉布价格。同时，适当提高了烟、酒（主要是高档名牌）价格，以弥补由于原材料提价造成的成本增加，供给能力减弱，在一定程度上也限制了人们对烟酒的需求能力，改变了人们的消费构成。1983年，国家又适当提高棉纺织品价格，较大幅度地降低化纤织品的价格，使二者的比价由原来的1:2.4缩小到1:1.4，结果扩大了化纤织品在市场销售总量中的比重，降低了棉纺织品的需求比例，并使其供给构成也发生了相应的变动。此外，国家通过价格杠杆和其他经济杠杆的巧妙配合，一定程度上还起到对供求双方的同向调节作用，但其作用原理从根本上看，依然是价格杠杆的逆向调节性。比如，通过提高收购价格来促进农业生产发展，增加农产品供给量，又使其销售价格保持不动，以保证人民消费，利用财政补贴杠杆把两种价格联结起来，就是一个典型例子。

三、连锁反应性。即国家对一种商品价格的调整，会引起一系列与它相关联的商品价格的连锁变动。这种属性是价格杠杆本身最复杂、最微妙的地方之所在。在资本主义社会中，由于人们不可能掌握和较好地利用这种属性，它的经济就不能不在混乱的无政府状态下运行。在社会主义条件下，人们运用价格杠杆所取得的效果好坏，作用大小，很大程度上也将取决于人们对这种属性的认识和掌握程度。

在社会化大生产的条件下，社会经济各部门、各企业、各个人之间通过商品价格发生着错综复杂的联系。各种商品之间相互替代，相互示范，相互制约，互成因果，构成一个

94

纵横交错的商品体系，同时，也形成一个彼此牵制，互成比例的价格体系。任何一种商品价格的变动，都会在不同程度上成为启动其他商品价格做出相应变动的动力，引起一个反应时间、变动链条长短不一的连锁反应过程。这种反应有横向的（使用价值相同或近似的商品的价格，如肥皂与洗衣粉），有纵向的（直接或间接地以该种产品作原料的商品的价格，如钢材与机床、最终产品之间），有环形的（存在较强的彼此相关关系的商品的价格，如煤提价——电提价——煤再提价……）；有直接的（直接引起成本升高，推动价格升高的商品），有间接的（是成本和价格变动的间接因素的商品的价格）；有明显的（商品价格的明显变动）；有隐蔽的（通过缺斤少两，以次充好，硬性搭配等方式出现的变相涨价）等。这种种相互交叉的连锁反应汇集在一起,会形成大小不同的反应圈。一些国民经济和人民生活的基本商品的价格（如煤炭、电力、钢材、粮食、主要副食品等）的大幅度变动,更会引起整个社会经济生活的动荡。当然,如同价值规律一样，价格变动的连锁反应在没有任何外在干预的情况下，也会对经济关系的理顺，社会商品结构的合理化，各种经济资源的合理配置和有效使用等,发挥积极的作用。但在另一方面，由于这个反应过程具有相当大的不确定性，人们很难准确地（或者近似准确地）预测出其最终反应状况，其结果也很可能是社会资源浪费，在不同商品的价格变动上出现不断反复的恶性循环，给社会生产和人民生活带来不利影响。这就是人们在利用价格杠杆，调节经济生活时不能不谨慎从事的基本原因。尤其是在调整那些基本产品的价格时，更要慎之又慎，调整之初的任何一个不大的失误（如价格提得太快，幅度太大等），经过随之而来的连锁反应而扩大之后，都会给社会经济造成很大损失。由此可以看出，我们提出的在价格改革中要走小步，步伐不能太快，一个价格改革方案出台后，要有一个消化、观察过程，然后再决定下一次改革方案等，是完全正确的。1979年，国家曾大幅度地提高农副产品收购价格，当年收购价格总指数比上年上升22％，这一措施尽管对推动农业生产发展起了巨大的作用，但对其它商品价格的波及也太严重（尽管采取了一些稳定的措施），全国零售物价总指数上涨过多，影响了人民生活。现在看起来，"也许分两步走，对财政物价的影响要小一些"，① 这也从反面告诉我们，价格改革必须循序渐近，不能一蹴而就。

价格杠杆的三种特性是相互依存的统一体，它们分别反映价格杠杆的不同侧面。平衡趋向性是价格杠杆在静态方面的调节功能，逆向调节性则是其动态方面的调节功能；前两个特性仅指价格杠杆在总量和局部均衡中发挥的作用，而连锁反应性则指不同商品的价格之间存在的彼此制约的关系。我们在运用价格杠杆调节经济时，必须综合考虑它的这些不同特性，协调好它们之间的关系，扬其所长，避其所短，尽可能准确地达到我们的调节目的。

---

① 邓小平文选《当前的形势和任务》（1980年1月16日）第222页，人民出版社1983年版。

第二节　价格杠杆的动力

如前所述，经济杠杆是通过改变人们之间的物质利益关系，诱导社会经济活动向国家要求的方向发展的经济手段。也就是说，物质利益是所有经济杠杆的最终动力源泉。反映在社会再生产过程中。所谓物质利益关系就是社会产品或国民收入的分配关系。从这个意义上说，任何经济杠杆只有在它能深入到国民收入的分配领域，调节各方面的分配关系时，才能发挥其应有的作用，才能称其为经济杠杆。价格杠杆也是这样，它的直接动力来源于价格分配。

价格分配是在商品交换过程中，发生在买卖双方之间的一种再分配现象。从根本上说，它产生于商品价格与价值的不一致，或者说，产生于价值实现与价值决定的不一致。我们知道，价值是凝结在商品中的一般的无差别的人类劳动，它在量上是由生产这种商品的社会必要劳动时间决定的。在商品经济中，生产同种商品的厂家，不管它们个别劳动时间如何，都只能按照这种由社会必要劳动时间决定的社会价值同其他商品相交换。作为商品价值的货币表现，价格就是不同商品之间相互交换的媒介。

但是，尽管价格的主要决定因素是价值，价格并不就是价值的直接表现形式。由于种种因素的影响，尤其是供求规律的影响，市场上最终形成的价格与由价值决定的价格（抽象地说，这个价格等于商品价值与单位货币平均代表的价值

97

之商）总是发生偏离，甚至很不一致，并且这种不一致在商品经济中还具有必然性和普遍性。正如恩格斯所说："实际价格和交换价值间的差别就在于物品的价值不等于人们在买卖中给予它的那个所谓等价物，就是说，这个等价物并不是等价物。这个所谓的等价物就是物品的价格"。①商品的价格与价值之间的不一致，必然使社会商品的价值总量在生产者和消费者之间进行重新分配，改变人们对社会产品的支配比例，调整着他们之间的物质利益关系。生产高价商品的企业，其所实现的价值会大于其所消耗的价值，在财务上表现就是实现了高于社会平均水平的利润率，从而在全部社会产品中占有相对大的份额；生产低价商品的企业，其所实现的价值会小于实际消耗的价值，在财务上表现为低于社会平均水平的利润率，甚至发生亏损，在整个社会产品中只能支配相对小的份额；购买了低价商品的消费者，他所得到的价值大于他所付出的价值，这意味着他占有了相对多的社会产品；购买高价商品的消费者，他所得到的价值小于所付出的价值，当然他只能占有社会产品中的一个较少部分。总之，由于价格与价值发生偏离，人们对社会产品的占有关系不得不进行调整，我们就把这种由于价格与价值不一致所引起的社会产品的再分配称之为价格分配。

价格分配是价值规律的精髓。只有在价格不断地围绕价值上下波动，从而不断地进行价格分配的过程中，企业和消

---

① 《马克思恩格斯全集》第2卷，第606页，人民出版社1965年版。

费者才能不断地根据自己的物质利益关系的变动情况，随时调整自己的生产、经营和消费活动，以期达到物质利益（企业利润和消费者的满足程度）最大化。与此同时，社会生产结构和消费结构也才能发生相应的变化，价值规律对社会经济生活的调节作用才能得到发挥。"商品价格对商品价值的不断背离是一个必要条件，只有在这种条件下，商品价值才能存在。只有通过竞争的波动从而通过商品价格的波动，商品生产的价值规律才能得到贯彻，社会必要劳动时间决定商品价值这一点才能成为现实。"①因此，在商品经济中，价格分配是保证社会经济按比例进行的极其重要的环节。我们讲充分发挥价格杠杆调节经济的作用，从根本上说，也就是充分发挥价格分配的作用。

价格分配由于它是在商品交换过程中实现的，因而，它参与分配的范围显得十分广泛，涉及到的当事人非常之多，对各方面物质利益关系的调整过程也就愈加复杂和难以控制。任何一种商品的价格与价值背离（或发生变化），首先会影响到几个直接当事人——生产者、经营者和消费者之间的物质利益关系，迫使他们在生产、经营和消费上做出相应的反应。然后，循着商品之间在生产经营相互联系的链条，在更长的商品链上展现价格变动的波纹，引起更大范围的价格分配，更大规模地调整人们之间的物质利益关系。并且，通过不同商品之间客观存在的"示范效应"，横向传播着价格变动的信息，把

---

① 《马克思恩格斯全集》第21卷，第215页，人民出版社1965年第1版。

价格分配和物质利益关系调整的触角伸得更远。在宏观上，价格与价值的背离或变动，还会引起国家财政资金的变动，影响国家利益的形成状况。总之，价格分配牵动着四面八方，千家万户，它对各方面物质利益关系进行调整的复杂程度，最终结果的难以控制程度，远非其他调节手段可比。上面我们谈到的价格杠杆由于具有连续反应性，因而其作用的最终结果具有相当大的不确定性，如从根本上说，这种不确切性的根源，则是价格分配的不确定性。在人们利用价格杠杆干预经济运行的实践中，由于对价格分配过程和结果控制不好，引起社会经济生活动乱，甚至导致政治局面不稳的事例很多。比如波兰，在1980年，为了减轻国家财政的负担，减少财政赤字，降低通货膨胀率，波兰政府决定大幅度提高副食品价格，由此严重影响了职工群众的生活水平，直接酿成了全国性大罢工，致使盖莱克政府垮台。我国历次价格调整工作，尽管从总体上看是比较合适的，没有给社会经济生活带来太大的波动，但其中的一些价格分配，也还是存在一些波及面太广，使当事人难以接受的现象。所有这些都是在将来运用价格杠杆时需要加以注意的。

当然，我们说价格分配是难以控制的，并不是说它完全不能控制。对价格分配抱这样的消极态度，实际是否定了价格杠杆的可利用性。根据我们目前对经济规律的认识程度和实际驾驭价值规律的水平，对价格分配的粗线条化的控制还是可以做到的。过去，我们曾有过多次成功地控制价格分配的经验，使价格杠杆的作用过程和作用结果大体符合人们的要

100

求。现在，**经过多年社会主义建设的经验积累，一方面我们驾驭规律的能力大大增强**，预测经济运行过程和结果的水平大大提高，另一方面又大大推进了经济管理体制的改革，确立了国民经济管理粗线条化的原则，把管理和调节经济生活的需要与可能较好地统一了起来，使人们的思想方法和工作方法更加切合实际。因此，我们完全有可能控制好价格分配，使价格杠杆能得到一个适量的动力，更好地达到国家调节社会经济生活的目标（当然，这个目标应当是有一定弹性的目标）。

第三节　价格杠杆的形式

不同层次的生产力水平，多种形式的所有制结构，有计划商品经济的性质，使我国的流通领域必然是多种价格形式并存，国家必须根据"管而不死，活而不乱"的原则，合理选择价格杠杆的不同形式，建立一个符合我国情况的高效率的价格杠杆结构。

作为经济杠杆，所有形式的价格都应当是有控制的，也就是说，人们——主要是国家——应当参与这种价格的决定。但是，所谓参与决定并不是说在价格形成的所有环节，各个方面都要由国家来直接决定，交换过程的其他当事人没有一点价格决定的权力。事实上，随着经济管理体制的改革，价格决定的权力愈加分散化，价格的决定者也就愈加多元化，国家（主要是中央物价管理部门）垄断价格决定权力的局面已经被打破了。关于这个问题，在下一节将详加论述。

101

根据国家控制程度的不同，价格杠杆有这样三种形式：

一、固定价格。指在一定时间内，价格水平相对稳定的价格。这种价格由于它直接体现了国家的意志，价格形成的各个方面直接决定于国家，因此，它是价格杠杆的最典型形式。

固定价格的存在，是以不同商品对社会经济生活的影响程度不同为前提的。在社会化大生产的条件下，尽管不同商品之间都存在一种彼此牵制，相互依赖的关系。但不同商品在整个商品体系中的地位是不相同的。它们的供求变动和价格变动所形成的连锁反应程度（链条长短，范围大小等），由此对整个国民经济和其他社会生活的影响程度也是不相同的。一些社会经济生活的基础产品，如重要的生产资料、重要的农副产品、重要的消费资料以及铁路、航运等，由于它们提供了生产其他商品所必需的生产条件，提供了人们赖以生存所必需的基本生存资料，因此，在一定的时期内，这些商品的使用价值可替代性极差，需求弹性很小，它们的供给量和价格的变动会在很大的范围内，很深的程度上引起价格分配，从而给社会生产和人民生活造成很大的影响。为了稳定供求，稳定价格，给国民经济的正常发展和人民生活的安定提供一个良好地环境，有必要由国家直接控制这些商品的价格形式，决定它们的价格变动方式。并且，在社会主义条件下，由于国家可以对这些重要产品的生产与消费实行直接的计划管理，也使得国家为它们规定固定价格成为可能。据统计，1984年全国实行固定价格的商品在生产资料价格总额中约占90％左右，在农产品收购价格总额中占70％左右，在社会商品零售总额中约占

102

80％左右,尽管这些比例可能有些偏大,对搞活企业，协调产销关系多有不利,但它起码可以说明,固定价格作为价格杠杆的典型形式,在社会经济生活中确实发挥着极其重大的作用。

当然，固定价格也不是一成不变的价格。如果固定价格成了僵死价格,它就失去了价格杠杆的意义。价格杠杆主要体现在价格变动中。过去一个相当长的时间内,由于人们对固定价格作了教条式的理解，价格水平几十年一贯制,不能根据商品价值和供求的变动作相应的调整，很大程度上扭曲了商品比价关系，传递了错误的信息，干扰了国民经济按比例发展，也损害了固定价格杠杆的形象。今后，随着社会经济条件和价格决定因素的变动，固定价格必须进行不断地调整，以促进国家生产和消费计划的完成。有些产品由于生产能力扩大，供给量超过了原有价格水平决定的消费量，就应调低或取消固定价格；有些暂时还供不应求的产品，为了促进生产，增加供给，可适当提高价格；对农产品这种由于自然条件限制造成成本递增，收益递减的情况，更要根据成本变动程度，适时地调整价格。总之，作为价格杠杆的固定价格，仅仅是相对固定的价格,它本身也包含有价格调整的意思(只不过不及其他形式的价格变动得那么频繁罢了)。

二、浮动价格。指以某个价格水平为基准，可在一定程度内浮动的价格。它有三种形式：可按一定幅度上下波动的中准价；可按一定幅度向下浮动的最高限价；可按一定幅度向上浮动的最低限价（或称保护价格）。浮动价格由于它体现了价格决定权力的分散化和价格决定主体的多元化，因此，它是有计划商品经济的性质在价格形式上的典型体现。

浮动价格具有两个基本特征

1、可控性

不论哪种形式的浮动价格，其浮动幅度都有一定的约束，不可能象集市贸易价格那样的完全随行就市。这个约束就是国家规定的以基准价为基础的浮动比例。因此，浮动价格也是国家可以控制的价格，是一种有约束的弹性价格；

2、灵活性

在国家规定的幅度内，企业可以根据商品市场上的供求情况，及时地调整价格，没必要象固定价格那样，首先把供求变化的信息反馈给国家，再由国家予以调整。由此可以看出，实行浮动价格，并不会过多削弱国家对整个物价的控制能力，国家依然握有制定和调整价格的主动权。而企业也分享了一部分价格决定的权力，既有利于宏观控制，又有利于微观搞活。

根据上面的两个特征，浮动价格应主要适用于那些供求具有一定弹性，使用价值具有一定可替代性的商品。为了促进企业加强经营管理，努力降低成本，推动市场竞争和技术进步，增强企业活力和压力，有必要使这些商品的价格形式具有一定的灵活性。但为了加强计划管理，稳定经济运行，避免给社会生产和人民生活带来太大的不利影响，又不能不对它们实行一定程度的控制，这就使浮动价格的出现具有了必要性。不同形式的浮动价格由于有不太相同的性质，其适用的具体对象也就不太相同。中准浮动价一般适用于那些花色品种繁多，消费弹性较大，供给和需求能够在国家规定的中

104

准价格上大体均衡的商品，如大量的三类小商品。对于这些商品，中准浮动价一方面可以更好地贯彻优质优价，劣质低价的原则，促进名优产品的生产；另一方面，也可以促进企业间竞争，优化资源配量，降低成本，体现优胜劣汰的精神。最高限价浮动价一般适用于那些技术进步快，更新周期短，成本下降比较迅速，供给又能稍大于需求（以规定的基准价为标准）的商品。比如目前正在执行此种价格的一些用作生产资料的工业品、电子产品的原料和配件、几十种机械产品以及部分化工产品。对于这些商品，如果一直坚持原有价格（最高价格），一方面会形成长线积压，不能扩大市场；另一方面人为地保证了它们有过分丰厚的利润，也不利于竞争，尤其是电子产品，生产技术和生产能力发展很快，过高的价格人为地限制了人们的消费，也不利于本行业的发展。因此，给它们的价格以一定下浮的余地，从哪方面看，也是有益无害的。最低限价浮动价（保护价格）主要适用于那些生产周期长，受自然影响较大，为国计民生所必需，又极易出现供不应求的农产品。为保护农民的生产积极性，为他们的生产经营创造一个稳定的外部环境，使农产品供给量不出现太大的波动，必须由国家规定一个保护价格，使农民维持起码的收入水平。从外国的经验来看，保护价格对保证农产品的供给量，确实有很大的作用。目前对一些质量优良，规定价格偏低的工业品，如某些拖拉机、汽油机、柴油机等，国家也允许它们有一定的上浮幅度。

浮动价格在我国实行的时间并不太长，从1979年8月对若干种产品试行浮动价格以来，它所适用的商品品种数量有了很大增加。一些超计划生产的工业用生产资料，如生铁、铜、铝、铅、锌、锡、煤炭、水泥、硫酸、浓硝酸、烧碱、橡胶等，也都可以在国家统一定价的基础上上下浮动一定比例。实践表明，浮动价格对于推动企业加强经营管理，增产短线产品，强化市场竞争等，确实发挥了很大的作用，尤其是实行双重价格（固定价格和浮动价格）的产品，其作用更为明显。可以预料，随着经济管理体制的改革，浮动价格在整个价格杠杆体系中的地位必将有很大提高。

三、相对自由价格。指在国家有关政策的指导下，由买卖双方自由议定的价格，如工商企业协商定价，农副产品议购议销价格等。我们之所以把这些价格称之为相对自由价格，是因为它们尽管在表面上是供求双方自由议定的，但它并不同于集市贸易价格（这种价格基本上在价值规律的作用下形成）。在我国社会主义条件下，它的适用范围、定价原则、差价政策、作价办法等还要由国家直接规定，最终形成的价格水平还要受到国家计划（指导性计划）和其他经济杠杆（主要是税收杠杆）的严格制约。《国家物价局、轻工业部、商业部关于逐步放开小商品价格实行市场调节的报告》中指出："企业定价要执行国家的物价政策，接受物价部门的监督，企业定价，既不同于由国家统一定价，也不同于集市贸易的自由价格，是在国家政策和计划指导下的比较灵活的价格。"[1]

---

① 《1983年中国经济年鉴》第Ⅷ—86页。

106

因此，这些价格只具有相对自由性，在一定程度上它们也是掌握在国家手中的经济杠杆，只不过它们的经济杠杆色彩不及固定价格和浮动价格那样明显罢了。

相对自由价格一般适用于那些供求弹性很大，可替代性很强的产品。其中工商企业协商价格主要适用于一些三类工业品中的小商品，农副产品议购议销价格主要适用于完成统购任务后的粮食和油料，完成派购任务后某些二类及三类农副产品，以及一些三类工业品。这些商品一般具有产值小、利润少、品种多、规格杂等特点，或者属于保证国家基本需要之后的剩余部分，因此，它们对国民经济和人民生活的影响不太大，价格的变动一般只会引起原料构成或消费构成的变动，总的生产经营成本和人民生活水平没有大的变动。并且，这类商品大都是最终消费品，其引起的连锁反应不会太强烈，价格分配的范围和深度也易于控制。从过去的实践来看，对这类商品，国家没必要，也没可能把它们全部用计划管起来，当然也没有必要规定计划价格。在国家决定从1981年起，主要对三类土特产品实行议购议销价格以后，1982年9月国务院又发出通知，决定逐步放开小商品价格，实行市场调节，企业定价，并且先后已有8类501种三类小商品实行工商协商价格。实践证明，这种相对自由的价格形式，尽管也可能有一些盲目性，但它在促进企业加强经济管理，努力降低消耗，增加人民所需要的小商品生产，调动人们搞好土特产品生产积极性等方面，确实发挥了巨大的作用。并且，随着经验的积累，国家也完全可以通过提供准确的市场信

107

息，实行必要的计划指导，辅之以各种经济杠杆的配合，把它所带来的盲目性控制在最低限度。

不同的价格杠杆形式，从根本上讲来源于我国有计划商品经济的性质。作为商品经济，价格应该由价值（生产价格）和供求关系决定，并在市场上自由形成。但作为有计划的商品经济，价格决定和形成又必须服从于基本经济规律，有计划按比例发展规律和其他经济规律的要求，不能过分地放任自流。这就使各种国家控制度不同的价格形式具有了同时并存的客观必然性，人们只能因势利导，正确处理不同价格杠杆形式之间的关系，使它们各自的作用都能充分发挥出来。

第四节　价格杠杆的主体

价格杠杆不是价格机制，二者是主观能动性和客观必然性的关系。价格机制指的是客观存在于商品经济中的由于价格变动引起的各部门、各环节、各方面相应变动的过程，它是内在于商品经济中的一种带规律性的东西。价格杠杆则是人们利用价格机制对社会经济生活进行自觉调节的一种手段，它的可利用性是它之所以能成为价格杠杆的基本条件。

所谓价格杠杆的主体就是价格杠杆的利用者，或价格杠杆的使用者。

价格杠杆的主体有两层含义，一层是价格杠杆的最终利用者，二层是价格杠杆的直接利用者，这两层含义之间既密切相关，但又不完全相同，而最终利用者具有更为重要的

108

意义。正是由于最终利用者的存在，价格才取得了价格杠杆的形式，价格才由盲目引导商品经济发展的力量，转变为可以被用来调节经济的工具。在现阶段，只有国家能够跳出价值规律的自发作用，从整体上引导国民经济有计划按比例地发展，因此，只有国家才是价格杠杆的最终使用者。在实际生活中，有关价格杠杆的形式，不同形式的适用范围，它们总的活动规范，如总的价格政策、价格水平、价格法规、价格计划等，都要由国家决定。国家只要控制了价格决定和形成的这些基本因素，整个价格体系的基本格局也就在国家掌握之中了，价格活动的结果也就大体上得到了控制。

但是，国家作为价格杠杆的最终使用者，并不意味着国家就是所有价格杠杆的直接利用者，也就是说，并不是所有商品的价格水平，调整办法和时间等都要由国家亲自决定。相反，国家必须根据不同水平的生产力要求以及不同商品价格运动的不同特点，建立合理的物价管理体制，合理分配价格的直接决定权力。我们在本节中所讲的价格杠杆的主体，主要指其第二层含义。

在承认国家这个最终利用者存在的前提下，价格杠杆的主体有这样三个：中央物价管理部门、地方物价管理部门、经济单位。其中中央物价管理部门是价格杠杆主体的主体，对于那些对整个国民经济和人民生活有重大影响，价格分配范围涉及到全国各地方、各阶层的产品，如煤炭、石油、电力、重要钢材品种、矿石、粮食、棉花、油料等，以及铁路、航空、航运、邮政等，其价格水平、调价间隔、调价幅度、调价步骤，都要由中央物价管理部门直接决定，以保证宏观经济和人民生活的基本稳定。对那些区域性较强，对各方面影响较小的工农业产品价格、交通运输价格和非商品收费，应区别其不同程度，分别由各级地方物价管理部门直接决定（当然是在中央的统一领导下），以充分发挥地方的积极性，更好地组织地区内部的市场供求平衡，鼓励地方名优产品的生产和经营。对那些品种繁多、选择性强、供求弹性较大的商品，应在国家规定基准价格，适用范围和其他框框的限制下，给企业相当大的价格决定权力，使它们能够根据市场供求情况，及时调整自己的生产经营活动，自行实现产销之间的总量和结构平衡，并能创造一个企业间互相竞争，互相促进的良好风气，那些按规格可以议购议销、协商定价的产品，企业也有一定的价格决定权力。此外，价格杠杆的主体结构不应是一种板块式结构，而应是一种相互渗透，相互影响的有机统一体。中央和地方物价管理部门不仅可以直接规定一部分价格，对企业定价部分也有适当的干预权力（诸如浮动价格中的基准价格和浮动比例），而企业对主要由国家规定价格的产品，也可以有部分价格决定权力（如超计划生产的重要生产资料等）。

合理确定价格杠杆的主体，正确划分国家与地方之间在价格决定上的权力，是当前价格体制改革的中心问题，也是价格杠杆能否正常发挥作用的关键。人们应当根据经济上的合理性和管理上的可能性，确定不同主体在杠杆体系中的地位和权限，过分偏重于任何一方都是错误的。

110

第五节 价格改革与价格杠杆

上面我们就价格杠杆本身的几个问题进行了论述。现在，我们就如何适应有计划商品经济的要求，适应整个经济管理体制改革的要求，在国家管理经济的实践中，更好地发挥价格杠杆的作用等问题，进行粗浅的讨论。

从理论上说，社会主义时期应是价格杠杆最发达的时期，这不但是由于社会主义经济也是一种商品经济，所有产品和劳务都必须作为商品，通过价格进行彼此之间的交换，更主要的是社会主义经济是有计划的商品经济，整个经济活动都是在有控制的状态下进行的（尽管在不同的层次，控制的方式和程度不太相同），国家可以利用不同形式的价格杠杆对企业和个人的经济活动和其他活动进行不同程度的干预和诱导。在经过几十年的社会主义建设的实践之后，人们已经深切地认识到，国家对经济生活和其他社会生活的管理，不仅需要一定的行政手段，尤其需要较高水平地利用各种经济杠杆（当然包括价格杠杆）进行间接的，有弹性的控制。社会主义国家可以充分利用价格杠杆，这也是社会主义制度优越性的表现形式之一。

但是，由于种种原因，这种优越性并没有充分发挥出来。甚至过去很长一段时期的价格管理实践给社会经济生活带来了相当严重的损失。究其根源，是由于人们在理论上对社会主义经济性质的认识的错误。传统的经济理论不承认社

111

会主义经济还是一种商品经济,把计划调节同市场调节对立起来;不认为生产资料所有权和经营权可以分离,把国家所有和国家机构直接经营混为一谈;不认为企业还是相对独立的商品生产者和经营者,抹煞企业利益的存在。反映在价格理论上,必然是不承认价格对企业加强经营管理的作用,不认为价格机制和价值规律在社会主义条件下仍然有可以发挥作用的可能性,把价格退化为仅仅是对国民经济进行实物管理的货币手段,把价格的职能局限于核算一种。在实践中,不敢也不能够发挥价格的经济杠杆作用。根据这样一种错误理论和思想方法,我国建立了一套效率低下,弊病百出的高度集中的物价管理制度。

这种价格制度的弊病表现在哪些方面呢?人们对此论述不一,以充分发挥价格杠杆的作用为标准来衡量,传统价格制度的弊病主要表现在这样几个方面:

一、价格僵化,脱离实际,不能使市场供求取得平衡。价格的基本职能之一是保证市场供求平衡,价格杠杆的基本特征之一也是平衡趋向性。在商品经济中,要在由有限的资源决定的有限的产品供给量与人们有支付能力的需求之间建立联系,只能利用价格。但在过去的价格制度中,价格的决定与商品经济的这一内在要求相去太远,不反映价值,不反映市场供求关系的价格非常普遍。相当大一部分产品的价格低于或高于市场均衡价格,人为地在交换过程中制造供求缺口。许多名优产品长期脱销,几十年处于紧俏地位,并不全是由于产量太低,供给量(实物量)太小,而是由于价格太低,

112

不足以作为协调供求实现平衡的杠杆。还有一些产品，在流通中长期积压，滞销，除了质量低劣，货不对路外，价格久高不下也是一个重要原因。

在比较纯粹的市场经济中，供给是带有一定价格的供给，需求也是相对于一定价格的需求。如果价格能灵活地变动，供求总会趋于平衡。所谓"紧俏"、"滞销"，都不可能长久地存在于流通领域。在我国之所以会长期保留供求缺口，并且这种现象又能一直集中在若干种产品上，僵死的价格水平，片面的价格稳定，应是主要原因。

二、不合理的价格结构，严重干扰了合理的生产结构与需求结构的形成。价格的一个最重要职能，是为生产和消费提供信息，指导社会资源的配置和需求结构的形成。价格杠杆的最重要特性也是对供求双方发挥逆向调节作用，以使供求结构合理变化。不难设想，价格的变动，肯定会使生产企业调整经营计划，改变资源投向，更多地生产高价产品，以使自己的利润达到最大化。同时，它也会使消费者重新考虑购买计划，调整消费结构，以使自己的满足最大化。最终结果将会是有限的社会资源最大限度地满足社会需求，这也是生产结构与需求结构的最优结合。但是，这种最优结合的基本前提，或者是达到最优结合的唯一途径（在现有生产力水平下），是价格必须反映价值和供求关系，只有这样，价格为供求双方提供的信息才能是正确的，生产者和消费者也才能据此做出正确的反应。但是，正如上面所说，我们过去的价格与真正的均衡价格之间，存在着较大的差距，很多产品

113

的价格与其价值和供求关系基本脱钩，不能反映现有市场的供求状况，因此，也不能给供求双方提供正确的信号．许多名优产品和市场短缺的产品，生产者由于得不到正确的价格信号的引导和刺激，难以扩大产量。另一些积压滞销商品则在错误的价格信号的诱导下，继续盲目生产。消费者在失真的价格面前，不能做出正确的选择，不能获得最大限度的满足，他们的现实选择总是使长线更长，短线更短。并且，僵死的价格也使供求结构僵化，阻挠生产发展，不利于人民生活水平的提高。总之，国家把价格杠杆的支点放错了位置，并使其固定化，因此，它必然不能导致合理的生产结构和需求结构的形成。

三、价格形式单一，权力过分集中，从根本上抑制了价格杠杆作用的正常发挥。经济杠杆是人们主观作用于客观的手段，它的作用程度与人们认识和驾驭经济规律的能力成正比。价格杠杆也是这样。过去，由于价格形式的选择（过多地使用固定价格）和价格管理制度的模式与人们运用价值规律的能力不相符合，使价格杠杆失去了充分发挥作用的条件。不是价格杠杆不能使市场供求取得平衡，消除供求缺口，而是人们不让它灵活变动，不让它灵活地调节供求；也不是价格杠杆不能使供求结构合理化，实现资源的合理配置，而是人们人为地冻结价格，不让它发挥这样作用。在这方面，传统的价格体制给我们带来了深刻的教训。许多需要调整的价格得不到调整，不是由于决策机关对市场变化麻木不仁，不知道价格调整的必要性，就是因为信息传递链条太长，时间太

114

久，决策机关最终得到信息时，调整已无必要。总之，它与过分集中的体制密切相关。可以这样说，现存于价格结构（不同商品之间的比价关系，同种商品、不同环节之间的比价关系等）上的一切问题，诸如"同类商品的质量差价没有拉开；不同商品之间的比价不合理，特别是某些矿产品和原材料价格偏低；主要农副产品的购销价格倒挂，销价低于国家购价"① 等，基本上都是过分集中的价格体制的产物。这种不合理的体制，就是价格杠杆难以充分发挥作用的根源，也是过去的价格制度的根本弊病所在。

为了适应有计划商品经济的要求，大力发展社会主义商品生产，必须以充分发挥价格杠杆的作用为目标，进行卓有成效的价格改革。

整个价格改革包括两个方面：一是价格体系改革，二是价格管理体制的改革。

改革价格体系，就是要改革过去那种既不反映价值（生产价格），又不反映供求关系的价格，调整商品间的比价关系，最终形成一个能为供求双方提供准确信息，促进供求结构高效率协调的价格结构。要达到这样的目的，必须坚持这样一个原则：以有计划按比例发展规律和基本经济规律为根本前提，以价值规律为直接依据，通过不同的方式，形成不同商品的价格。为此，应当在国民经济和人民生活不发生太

---

① 《中央关于经济体制改革的决定》、《人民日报》1984年10月21日。

大波动（波动总是要有的）的条件下，第一，拉开质量差价，实行优质优价，劣质劣价。国务院在1983年10月曾规定，同类商品允许有5—10％的质量差价。同年12月又规定对优质机械产品，价格可上浮8---20％，并对劣质产品实行惩罚价格。从实行情况看，效果还是不错的。今后，应与其他方面的改革相配合，把差价幅度拉得更大，最终与市场均衡价格相一致。第二，调整不同商品之间以及同种商品不同规格之间的比价关系。要继续提高能源、原材料价格，逐步扩大协商定价部分的比重，逐步往市场价格靠拢。适当降低加工产品价格，抑制加工工业的片面发展。在同类产品内部，要提高紧缺品种和规格的价格，降低供大于求的品种价格。对最终消费品，也需要根据人们消费结构的变化，适时地调整不同消费品之间的比价关系。第三，不断调整农副产品内部不同品种之间的比价，提高那些国家和人民生活急需而供不应求的农产品的收购价格，逐步扩大农产品议购议销的比重（1986年这个比例已有所扩大），保证农业生产的稳定发展。并且，要与城镇居民收入水平的不断提高相适应，适当提高粮油等的销售价格，缩小乃至取消购销倒挂，减轻国家财政负担。第四，随着工资内容的扩大，工资水平的提高，逐步提高房租，最终实现完全房租制。住宅出售价格也要与房租提高情况相适应，不断减少国家补贴的部分，最终过渡到完全价格，使住宅能真正成为商品、在消费者之间公平分配（这个公平、在现阶段只能相对于劳动者凭借自己的劳动所得到的有支付能力的需求）。总之，价格体系改革的最终

116

结果，就是要使绝大部分的价格尽可能地与其价值和供求关系保持一致，更好地充当市场供求的平衡器，为生产和消费提供正确指导。如果我们的价格能这样形成，则说明价格杠杆有了一个正确的支点，它的作用必能得到充分发挥。

要保证价格体系改革的顺利进行，巩固价格改革的成果，必须相应改革价格管理体制。在我们目前的经济生活中，有数百万种产品被不断地生产出来，销售出去，在不同环节价格表现更是多得惊人，要使这众多的价格都能在合理的基础上形成，决不是传统的高度集中统一的价格体制能所为。因此，价格决定权力必须分散化，价格形式必须多样化。要随着经济体制改革的不断深入，不断地扩大地方和企业（尤其是企业）的价格决定权限，逐步缩小统一的定价范围。过去几年里，国家曾有计划地放开一部分小商品价格，企业在重要的生产资料和消费资料上也有了一定的价格决定权力（如议购议销价和协商价格）。但总的说来，放的幅度还不算大。今后，随着企业相对独立的商品生产者和经营者的地位的逐步确定，所有的小商品价格应全部放开、不仅出厂价格如此，销售价格也是如此。对它们规定的一些浮动限制，也应逐步取消，重要的生产资料也应继续扩大协议价格的适用比重。在计划价格范围内，要尽可能地缩小固定价格的适用范围，更多地利用浮动价格，把浮动价格的管理交给各级地方物价管理部门，中央物价管理部门主要从事有关价格的方针，政策等问题的制定工作。各级物价管理部门都应认识到，在我国目前的生产力水平下，我们不可能十分准确

117

地掌握和利用客观经济规律（尤其是价值规律），不可能给大部分产品规定合理的价格，与其无把握地盲目管理，不如自觉地"无为而治"。我们必须合理兼顾计划管理的需要和客观实际的可能，在我国建立一个国家定价，企业定价和二者共同定价相结合，以共同定价为主的价格决定体制，形成一个固定价格、浮动价格、自由价格相并存，以浮动价格为主的价格结构，只有在这种条件下，价格杠杆才能获得充分发挥作用的天地，社会主义的这种优越性也才能充分表现出来。

118

第七章 信 贷 杠 杆

第一节 什么是信贷杠杆

所谓信贷杠杆是指银行利用贷款的发放与收回、贷款数量的多少、贷款期限的长短、利率的高与低、收取利息，去影响借款企业的物质利益，从而诱导企业按照国家计划、社会需要、政策要求来组织生产，经营活动的一系列手段。

信贷杠杆的主体主要是中央银行、各专业银行和基层银行。当中央银行成为信贷杠杆主体时，它的调节对象即客体主要是各专业银行。通过调节各专业银行的信贷规模、信贷结构，实现对国民经济的宏观控制。当各专业银行成为信贷杠杆主体时，它的调节对象即客体是各基层银行，通过对基层银行信贷额度的调节，实现专业银行信贷计划所规定的放款目标。当基层银行成为信贷杠杆主体时，它的调节对象即客体是企业或个人，通过利率与利息的诱导，实现专业银行和中央银行所规定的贷款计划。

信贷杠杆的动力也导源于物质利益的诱导力。具体表现形式就是利息。利息是信贷资金的价格，利率是计算这种价格的尺度。利息作为物质利益的具体表现形式，体现着信贷杠杆诱导力的大小。

由此可见，信贷杠杆是多层管理的，即由中央银行、专业银行和基层银行分别管理。但是各层次的管理必须符合中央银行所制定的信贷政策。信贷杠杆是多层次调节的，即中央银行调节专业银行，专业银行调节各自的基层银行．基层银行调节企业和个人，但是各层次的调节必须与中央银行所要求的调节方向保持一致。信贷杠杆是多层诱导的，即中央银行诱导专业银行，专业银行诱导各自的基层银行，基层银行诱导企业或个人，但各层次所实现的经济效益必须与社会效益的提高统一起来。

第二节　信贷杠杆在银行中的地位

国家银行掌握着诸种经济杠杆，比如信贷、利息、利息率和结算都是银行所掌握的经济杠杆。经济杠杆必须综合运用，才能发挥其整体作用。银行在综合运用自己所掌握的经济杠杆时就必然考虑到以哪一个杠杆为主体，从而才能进行合理配套,实现综合运用。这就需要研究上述各种经济杠杆在银行中的地位问题。我们认为，在银行所掌握的诸种经济杠杆中，信贷杠杆占有重要的地位，它是银行所掌握的最重要的经济杠杆。

首先，从银行的产生和发展来看，信贷的出现及其成为强有力的经济杠杆，是现代银行业确立的主要标志。

银行是商品货币经济发展的必然产物，它的前身是货币

120

经营业，货币经营业业务活动中集聚了大量的货币资本，在保证支付的同时，利用这些货币资本开始办理贷款业务，这样它的业务活动就由货币流通中的技术性操作，转变为经营存放款为自己的主要业务，从而产生了银行。经营存放款，就是开展信贷业务，就是银行对信贷杠杆运用的起步，因此，没有信贷的产生，就不会出现现代的银行。

在资本主义社会，信贷活动渗透到社会经济生活的各个方面，银行与国民经济各部门建立了广泛的信贷联系，从而使资本主义银行成为国民经济的中枢。这时银行信贷不再仅限于一般的资金调剂方式，而是成为控制国民经济运行的强有力的经济手段，即经济杠杆。资本主义银行充分运用信贷杠杆，加速了资本的积聚和集中，促进了自由资本主义向垄断资本主义过渡。在这个过程中，依靠信贷的控制与监督。资本主义银行由信用的中介发展为万能的垄断者。

其次，从社会主义银行所掌握的经济杠杆来看，信贷杠杆是银行杠杆系统的中心环节，在这个杠杆系统中，它是最重要的经济杠杆。

大家知道，货币是调节经济运行的重要的经济手段（我们认为它还不是经济杠杆）。由于它在现代经济生活中占有十分重要的地位，所以我们有必要对货币和信贷杠杆的关系，首先加以简单说明。货币作为经济手段它的作用主要表现在通过货币的发行和回笼来调节市场货币流通量进而由市场货币量的增减来达到调节社会总需求的目的。但是货币发行和货币回笼是受信贷计划制约的。发行和回笼的额度是由

121

信贷计划确定的。货币发行和货币回笼也是通过信贷活动实现的，这是因为发放贷款是增加市场货币量的途径，吸收存款和收回贷款是减少市场货币量的途径。所以信贷杠杆对货币这个经济手段的运用有着制约和影响作用。从这个意义上说货币是处于从属的地位。

结算也是银行掌握的经济杠杆。结算是银行办理法人之间的经济往来，以转帐或现金方式进行的货币收付活动。它的杠杆作用主要表现在通过结算方式的变化，调节收付双方的经济利益，引导结算双方经济活动的正常进行。同时，结算杠杆也与信贷有着密切的联系。信贷的一存一放，反映在结算上是货币的一收一支，通过收付双方同银行的信贷关系来完成货币的收付。没有信贷关系，就没有结算。所以结算是以信贷为基础，是为信贷服务的。

再说利息和利率杠杆。这两个经济杠杆都是信贷的派生产物，是依存于信贷的，是信贷杠杆调节机制的重要组成部分。

利息是借款人使用借入货币或资本而支付给贷款人的报酬。在前资本主义社会，利息主要是小生产者借用高利贷资本而对放款者所支付的报酬。高利贷利息来源于小生产者的劳动成果，高利贷利息和小生产者对劳动成果占有的矛盾，使高利贷的利息杠杆成为摧残小生产者破产的经济动力。在资本主义社会，利息主要是职能资本家因取得贷款而对借贷资本家所支付的报酬，这是使用借贷资本的报酬。借贷资本的利息来源于工人在生产中创造的剩余价值。在借贷资本和

122

职能资本对剩余价值占有的竞争中，使利润的一部分转化为利息。借贷资本的利息和职能资本家所占有的利润的矛盾，使资本主义社会中的利息杠杆成为资本家加强对工人的剥削，不断改进生产技术、提高资本剩余价值率的动力。在社会主义社会，利息是信贷资金有偿使用而支付的报酬。它来源于劳动人民在生产过程中创造的纯收入，应该是企业留利的一部分。企业的纯收入扣除流转的税金，即为企业利润。在使用银行贷款的企业中，企业利润在国家、企业、银行之间进行分配。分割为国家得利（所得税部分），企业留利，在企业留利中再分割出银行利息。由于税收比例固定，所以利息和企业留利之间存在着互为消长的矛盾。正因为这一矛盾的存在，才使企业千方百计地减少资金占用，加速资金周转，节约资金使用，减少利息支出，增加企业所得。因此，利息杠杆成为推动企业提高资金使用效益的动力。利息杠杆和信贷也是紧密相连的，利息反映着信贷的基本特点——以偿还为条件并附有利息。只要有借贷关系存在，就要有利息存在。所以，不难看出利息是信贷的派生产物。

利息率是一定时期内利息金额同贷款（或存款）金额的比例。在资本主义社会,利息率一般低于平均利润率，并随着借贷资本的供求状况在平均利润率和零之间上下波动。在社会主义社会,利息率也应该参照平均利润率来制定,并学会按照资金供求情况和政策要求不断调整利息率。利息率和资金供求情况有着密切的关系。一般地说,资金紧张，需求迫切，利息率就会相应提高；资金充裕、需求减少，利息率就会降

123

低,利息率杠杆作用的一个方面,就在于通过确定利息率的高低,对资金的需求产生调节作用。如资金紧张时,通过提高利率,压抑需求;在资金充裕时,降低利息率,刺激需求。另一方面,利息率调高,利息负担就重,企业害怕增加利息支出,**就会减少资金占用,减少贷款;利息率调低,利息负担就轻,**对企业无关痛痒,就会多占用贷款,造成资金的浪费。因此,自觉地、灵活地运用利息率杠杆,可以调节企业资金的占用,达到合理、节约使用资金的目的,促进资金顺畅流动。此外,适度的存款利率也是调节金融市场,组织社会闲置资金的有力杠杆。利息率杠杆和信贷、利息都有着密切的联系,信贷杠杆的作用通过利息才能充分发挥出来。利息杠杆作用又主要是由利息率的高低变化来实现的。所以,信贷、利息、利率可以看为是有内在联系的经济杠杆。但是由于利息和利息率都是信贷的派生产物,它们依附于信贷,是信贷调节机制的一部分,所以也可以看作是信贷杠杆的组成部分。

此外,中央银行还掌握着再贴现率和存款准备率这两个经济杠杆。贴现是贷款的具体方式,再贴现是中央银行对各专业银行提出贴现过票据作抵押的一种放款。再贴现率就是中央银行对专业银行放款的利率。一般通过提高再贴现率,迫使专业银行紧缩信用;降低再贴现率,鼓励专业银行放宽信用。再贴现要以发达的金融市场为条件。因此,我国中央银行运用再贴现率这个杠杆的条件还不成熟。存款准备金,从一般意义上说,是指银行为客户提存而准备的现金,一部分为库存现金,一部分为转存中央银行的存款。其比率由中

124

央银行决定，称之为存款准备率。中央银行可以通过存款准备率的升降，影响专业银行的信贷规模，调节货币流通。但目前尚未起到应有的作用，因为目前的作法是，各专业银行交给中央银行的存款准备金，只是作为中央银行的信贷资金来源，按不同的比例又全部返还各专业银行，只能在专业银行之间起到调节资金余缺的作用，而发挥不了本来的调节市场货币流通量的作用。

综上所述，可知信贷杠杆在当前是银行掌握的最主要的经济杠杆。银行部门在综合运用自己所掌握的各种经济杠杆时，应该以信贷杠杆为主体，进行合理配套，才能充分发挥银行诸种经济杠杆的整体作用。

第三节　信贷杠杆的特点

既然信贷杠杆是银行掌握的最主要的经济杠杆，所以我们就应该合理地、有效地运用它。要学会有效地运用信贷杠杆，首先要掌握信贷杠杆的特点，信贷杠杆有哪些特点呢？

一、信贷杠杆具有调节社会经济生活的独特功能，这些功能是其他经济杠杆所不能代替的。

首先，由于信贷资金的使用是以到期偿还为前提条件的，所以信贷杠杆就具有加速资金周转，促进资金实现顺畅运行的功能。在商品经济中，价值规律是商品经济的基本规律，它要求商品按照它们的价值实行等价交换。信贷是价值运动的特殊形式，在银行信贷中价值只是单方面的转移，借款人向银行借入货币时,并没有付出任何等价物,为了保障银行信贷资金的所有权,不影响信贷资金周转,不缩小信贷规模,以及保证银行对自己的债务支付能力,它必然要求借款者到一定时期要如数归还,以补偿原借款项,这种等价补偿的形式是等价交换规律所要求的。要想实现等价补偿,借款就一定要以到期偿还为前提条件。而要想实现借款的到期偿还,信贷资金就要按时归流和完整归流。所谓按时归流,就是说在约定时间内信贷资金一定要流回它的起点——银行;所谓完整归流,就是说信贷资金一定要如数流回。因此,信贷杠杆就促使借款者要不断地采取加速资金周转的各种措施,排除资金运行中的各种阻力,促进资金的顺畅运行。在信贷资金和企业资金共同周转中,能够使之以货币形态完整地流回到企业,从而才能实现信贷资金的按时归流和完整归流。

其次,由于信贷资金的使用不仅要收回本金,而且要取得利息,这就要求信贷资金在归流中要带回增加的价值,所以信贷杠杆又具有直接要求资金增殖的功能。社会主义利息是企业创造的纯收入的一部分,是以企业利润为来源的。借款的企业要保证利息的支付,就必须努力经营,改善管理,力争实现更多的利润。利润是企业新增加的价值。所以信贷杠杆就直接要求借款企业必须实现资金的增殖,从而促进资金使用效益的提高。

再次,由于信贷资金运动范围广泛,信贷杠杆活动的领域宽广,所以信贷杠杆具有以灵敏多变的方式来适应复杂的经济活动的功能。信贷杠杆的灵敏多变性是指在贷款方面,

126

可以按照计划和市场的要求，随时改变投放方向；在聚集资金方面，在数量上可多可少，期限上可长可短，种类上可定期可活期，时间上可随存随取，灵活多样，适用各方。

信贷杠杆所具有的这些调节经济生活的独特功能，是其他经济杠杆所不能代替的。比如说，投资包干杠杆就不可能要求原投资等量归流，也没有促进资金增殖的功能。在灵敏性上，信贷杠杆更是独具一格，可以采用灵活的方式，发放各种贷款，直接对生产、流通、消费发挥影响作用，而运用税收杠杆来支持生产，在流转税收中则主要是通过配合价格，才能对生产发生调节作用。在筹集资金方面，财政固然也可以利用信用方式，发行公债、国库券来聚集资金，但同信贷杠杆相比，总是期限长，种类单一，所以不易被广大群众所接受。

二、利用信贷杠杆集聚分配资金，具有不改变资金所有权的特点。利用财政杠杆集聚和分配资金，直接涉及到国民收入归谁占有的所有权问题，运用不当会直接影响人民的物质利益。而使用信贷杠杆集聚和分配资金，因不改变资金的所有权，所以信贷杠杆活动范围比财政杠杆要宽得多，这就有利于动员各方面为四化建设筹集资金。

三、信贷资金量对信贷杠杆的调节作用具有制约性，信贷杠杆调节的广度和深度与信贷资金量成正比例。大家知道，银行发放贷款的资金来源主要是吸收的存款，多存才可以多贷，多放贷款才能更广泛地支持生产的发展和流通的扩大。信贷资金增加，信贷杠杆调节范围就能扩大；信贷资金

127

减少，信贷杠杆调节范围也要收缩。信贷资金量越大，信贷杠杆对经济生活的渗透就越深；信贷资金量越少，信贷杠杆对经济生活的渗透就浅，所以信贷杠杆调节的深度和广度是和信贷资金量成正比例的。这就要求我们只有重视吸收存款，扩大存款量，才能更加充分地发挥信贷杠杆的调节作用。

第四节　信贷杠杆的作用

每一个经济杠杆都联系着特定方面的物质利益，都是通过影响各方面的物质利益，来调节社会经济生活的。由于经济杠杆的特点不同，它所联系的特定方面不同，对经济的调节作用也不尽相同。信贷杠杆把存款方、贷款方和银行三者物质利益紧密地联系在一起，通过影响三者的物质利益来发挥广泛的调节作用。归纳起来，信贷杠杆对经济的调节作用，主要有以下几个方面：

一、信贷杠杆具有调节经济发展方向的作用。经济发展方向就是生产发展方向，它是由生产发展的规模和生产发展速度及生产结构来体现的。生产发展的规模、速度和结构，在资源、技术、劳动力、资金等客观条件的影响下又是不断调整的。

在建设资金主要由财政分配的情况下，生产发展的规模、速度和结构的调整主要由财政负责。当前，随着经济体制改革的进行，企业自主权的扩大，通过银行信贷筹集的资金越来越多，使用信贷杠杆调节经济发展方向越来越被人们

128

所重视。这是因为，信贷资金的分配，实质就是 物 资 的 分配，物资是企业进行生产的要素之一，贷款的多少和贷款在各部门和各生产单位的灵活转移，就影响和调节着部门和生产单位的发展规模和发展速度，改变着生产结构，并使它符合社会再生产的客观规律。

信贷杠杆在调节经济发展方向上，有一套灵活的手段。第一，运用分配资金的主动权，坚持"择优扶持"的原则，通过贷与不贷，贷多贷少，期限长短来进行调节。比如说，对需要发展的行业，放宽期限，保证其资金需要；对应该控制发展的行业，要管严贷款，缩短期限，控制其发展；对批准关、停的企业，要严禁贷款；对要求并、转的企业，要通过贷款促其转产。这样通过信贷资金的运动，就使生产要素在各个部门之间、各个行业之间进行合理的分配和流动，从而实现对生产结构的调整。第二，开办多种贷款，促进经济调整。比如说，为了支持轻工业的发展，可以对投资少、见效快的项目，发放轻纺工业中短期专项贷款，支持企业增添关键性设备，扩大生产能力。为了调整产品结构使之趋向合理，对重点发展的产品也可以用专项贷款给予扶植，还可以发放无息贷款鼓励新产品试制，等等。只要按照经济调整的要求，在贷款上给予灵活支持，贷款就会成为企业资金运动的启动器，使企业按照经济发展的方向前进。第三，利用利率调节。银行可以按照国民经济发展的需要，对不同种类的贷款规定不同的利率，通过利率的高低变化来影响生产与流通。如对当前需要重点支持的能源、交通、轻纺工业贷款，

129

可以实行低利率。低利率就提高了企业承受能力，引导企业对贷款的需求。对市场饱和的机电产品的贷款，以及其他长线产品，质次价高产品的贷款，可以实行高利率。高利率就降低了企业的承受能力，抑制企业对贷款的要求。这样通过利率的高低变化，影响对贷款的需求，从而实现对生产规模、速度和结构的调整。

二、信贷杠杆具有调节积累和消费比例关系的作用。积累和消费的比例是国民经济中一个十分重要的比例，它是通过国民收入的分配形成的。

信贷杠杆是国民收入再分配的一个主要形式，在不改变资金所有权的前提下，对最终收入的使用有着广泛的调节作用。比如通过信用途径吸收各种消费基金：居民储蓄、机关、部队、事业单位的存款等，并把这些资金用于生产和流通，这就把消费基金转化为生产基金。在这个转化过程中，信贷杠杆调节着积累和消费的比例关系。当转化为固定资金贷款时，就促进了生产资料的生产，有利于提高积累的比例；当转化为流动资金贷款时，尤其是用于支持消费资料生产和流通部分，有利于提高消费的比例；当转化为消费性贷款时（分期付款），就加快了消费的实现，也能提高消费的比例。所以，根据一定时期积累和消费的比例关系，合理地调整贷款结构，就能调节积累和消费的比例关系。

三、信贷在推动企业技术改造方面，能够发挥灵活有力的杠杆作用。其灵活性主要表现在两个方面：一是能及时地提供技术改造的经济信息。一般地说，新的科学技术的应

130

用，其经济效益主要表现在能够生产出具有较高使用价值的产品上，这些产品相对来说，由于价格低、质量好，能吸引更多的需求。而使用价值的供给和需求状况，就是主要的经济信息情报，信贷资金的运动与这些使用价值的供给和需求有密切联系。一方面，这些具有较高使用价值的产品，因其经济效益好，而成为工业贷款择优支持生产的对象；另一方面，又成为商业贷款择优支持收购的对象。生产这些产品的先进技术就容易通过信贷系统得到收集、整理，并能向企业准确、全面、及时地传递反映这些新技术的经济信息。二是能灵活地供应技术改造资金，即信贷要适应技术改造的需要，为技术改造服务。比如说，可以大力开展科技委托贷款，促进技术与经济、科研与生产的结合，加快先进技术向现实生产力的转化，可以办理技术改造资金的融通贷款，调剂有无，补充不足，支持重点技术改造项目，等等。此外，信贷杠杆在推动企业进行技术改造方面，还是一个具有强大推动力的杠杆。这是因为当前财政资金主要是保证国家重点建设，企业技术改造资金除企业自筹外，在外来资金中主要是银行贷款。企业实行自负盈亏以后，折旧基金不再上缴财政由企业自行支配，银行存款必然增加，支持企业进行技术改造的资金将会越来越多，信贷资金将会成为企业进行技术改造资金的重要来源。可以预见，信贷一定会成为推动企业技术改造的强有力的经济杠杆。

四、信贷是引进先进技术的经济杠杆。在发展我国和世界各国的贸易往来中，引进国外的技术装备，应该学会运

131

139

用出口信贷，尤其应善于使用买方信贷。这是把利用外资和引进先进技术设备相结合的较好办法。因为我国还是一个技术落后、资金短缺的发展中的社会主义国家，运用买方信贷进口为我所需的先进设备，有助于加快我国的技术改造，尽快赶上世界先进水平。

当然，对出口信贷这一信用方式，我们也可以移植到国内，为经济调整服务。通过试行，总结经验，使之成为我国信贷调节的重要手段。

五、信贷杠杆能促进国家、集体和个人物质利益的共同提高，并使之紧密地结合起来。信贷杠杆的根本出发点在于提高经济效益。这里既包括较高的宏观经济效益，也包括微观经济效益。信贷杠杆支持的对象，既对企业有利，对全局也是必要的。经济效益的提高，不但使国家得到更多的物质利益，也使企业和个人的物质利益相应增长，实现三方面的物质利益共同提高。此外，当利息由企业留利中支付时，又能运用利息杠杆调节企业留利，并影响到职工个人利益。这样国家利益、集体利益和个人利益就能紧密地挂起钩来。

第五节　信贷杠杆发挥作用的条件

要充分有效地发挥信贷杠杆的积极作用，就必须创造使之发挥作用的条件。从目前看，有效地利用信贷杠杆，需要具备的条件主要是以下几个方面。

一、既然信贷是银行掌握的最重要的经济杠杆，那么信

132

贷杠杆灵不灵，关键是银行能否有经营自主权，能否自主地运用信贷杠杆，这是实现有效利用信贷杠杆的首要条件。

长期以来，银行缺乏运用信贷杠杆的自主权。首先，从财政、银行、计划的三者关系看，国民经济年度计划的大盘子一定，财政资金不足，就用信贷资金弥补，信贷资金不足，就增发票子。因此，银行信贷附属于计划和财政，处于被动挨挤的地位，以致于基层企业的生产计划就代替了信贷计划，只要纳入了计划（不管哪一级的计划，不管是否符合客观实际），银行就要发放贷款给与支持。银行实际上成了敞开的大钱库，不能自主地运用信贷杠杆。因此，信贷杠杆也是软弱无力的。其次，银行不能自主地掌握信贷能力。信贷资金的增加取决于财政拨付的信贷基金，而财政又很难保证增拨的数量，这样信贷能力不是取决于自身，而是取决于财政，就削弱了银行掌握信贷杠杆的自主权。

银行要想掌握着使用信贷杠杆的自主权，首先，就要建立独立的信贷平衡体系。即银行要以自有资金和吸收的存款，作为发放贷款的基础，通过扩大存款来增加贷款的发放，而不是靠财政拨款或货币发行。存贷结合，建立独立的信贷平衡体系，是信贷资金运动规律的要求，是银行掌握信贷杠杆自主权的基础。其次，要建立严格的信贷管理法，用法的形式把银行管理信贷的自主权固定下来。其中要包括银行具有贷款发放与收回的决定权；信贷制裁权；银行与企业各自的经济责任；上下级银行自主权的划分等等。当然，贷款单位也要有借与不借的自主权，靠长官强迫命令进行贷

133

款，只会造成信贷资金的大量沉淀，这是有沉痛历史教训的，应该彻底根除。银行有了自主权之后，还必须解决好自身利益与调节经济目标之间的关系，只有把自身的经济利益与调节经济目标协调起来，才能正确把握信贷杠杆的调节方向。

二、要开拓信贷杠杆活动的领域。首先要尽快形成社会主义的统一市场，因为市场是经济杠杆发挥作用的场所。对信贷杠杆来说，如果没有资金市场，就不能实现信贷资金的横向流动，以及各种资金的交叉运动，信贷杠杆对社会资金的运行就不能发挥调节作用。因此，资金市场的逐步形成是信贷杠杆发挥作用的重要条件之一。其次，要放宽对贷款种类的限制。由于银行经营的对象是特殊的商品——货币。因此，货币资金运动的场所，就是信贷杠杆活动的领域。长期以来，银行只限于发放超定额流动资金短期贷款，这就人为地压缩了信贷杠杆活动的领域。实际上根据久存才能久贷的规律，只要信贷资金充裕，也可以发放固定资金贷款。对有盈利而属于非物质生产部门如旅游行业的资金需要也是可以发放贷款的。

三、银行内部要有一套能够迅速传递经济信息的机构。

经济杠杆的运用需要以及时提供经济信息为前提，不然国家就不能自觉地有目的地使用杠杆。信贷杠杆一方面是经济信息的传导器，一方面它的使用也需要靠迅速掌握经济信息为条件。这就需要银行内部要有一套收集、整理、传递经济信息的机构，能使信息情报更加准确、全面、系统、及时

134

地反映出来，才能自觉地、有目的地、及时地使用信贷杠杆。在银行内部设置一套搜集和传递经济信息的机构是完全可以办到的。一方面银行有遍及城乡的分支机构，有广大的联系着生产和流通的业务人员，有搜集、传递信息的组织形式——联行往来，因此银行最容易掌握和搜集经济信息。另一方面，信贷资金运动和经济信息有着密切的联系，这是银行能搜集、传递经济信息的根本原因。所以建立信息搜集、传递机构，并用先进技术手段武装信息机构，这是信贷杠杆能够充分发挥作用的一个主要条件。

四、要学会科学地管理信贷调节机制。我们认为，信贷调节机制包括信贷资金投放的方向与数量，利率的高低和收取利息的方式等。要充分地发挥信贷杠杆的作用，就必须学会科学地管理信贷调节机制。

要注意发挥利息的作用。首先在宏观经济中要考虑国民收入要有多少份额，通过利息进行分配。利息分配的份额少就不会被社会所重视。企业取得了贷款，补充了资金，生产能顺利进行，这是信贷杠杆的第一次推动力。为了还清本息，企业就要合理运用资金，加速资金周转，还本付息就成为信贷杠杆对企业的第二次推动力。其中，利息的多少就影响推动力的大小。长时间内，利息在国民收入中分配的数额少，在企业纯收入中的比重小，这样尽管我们每年发放大量的贷款，但利息少，对企业的压力轻，就削弱了信贷杠杆的调节作用。因此，适当地提高利息在国民收入分配中的地位，才能有助于信贷杠杆充分发挥作用。

135

其次，在微观经济中，要考虑把利息同企业留利挂起钩来，改变利息计入成本的现象，使利息直接触动企业，以及职工的物质利益，这样信贷杠杆就能更加深入地发挥作用。

要正确处理利率水平。首先，在宏观经济中要考虑利率的总水平，这个利率的总水平要保证利息在国民收入中占有一个适当的比重，不然信贷杠杆作用就很难充分发挥出来。在我国，利率的总水平，要以社会平均资金利润率为依据，只有这样才能衡量比较社会资金使用效果。这是制定具体利率的参考数据。此外，还要考虑到不同时期国家采取的政策，行业之间的利润水平，资金供求情况，等等。和外国相比，我国利率的总水平还应有所提高，这样才能使利率成为信贷和利息发挥合力作用的联结器，在调节经济发展和促进国民经济形成合理比例结构中发挥共同作用。

其次，在微观经济中，要考虑利率的确定应能促进企业加强经济核算，改善经营管理，引导企业合理使用资金。

最后，还要考虑到发挥利率和利息作用的一些具体手段。在这里，奖息与罚息、加息与减息、有息与无息、低息与贴息等等，都是利息发挥作用的重要手段。而利率的种类、档次、浮动利率与差别利率等等，又是利率发挥作用的重要手段。这些具体手段还需要巧妙地配置，构筑不同的组合，从而才能充分地发挥信贷杠杆的作用，以适应对复杂的经济生活进行多方面调节的需要。

136

第八章 工 资 杠 杆

工资是社会主义社会个人消费品分配的重要方式，是劳动者个人利益的重要存在形式。我们要大规模地推进社会主义建设事业，在本世纪末实现四个现代化，必须充分调动每一个劳动者的积极性，激发他们为四化多做贡献的热情。为此，除了采取必要的精神鼓励措施外，还必须充分发挥工资（包括奖金）的经济杠杆作用，从物质利益的角度，诱使劳动者的个人利益同社会利益最大限度地保持一致。下面就工资杠杆本身的一些问题及其与工资改革的关系，作一粗浅论述。

第一节 工资杠杆的作用原理

所谓工资杠杆，就是人们通过在劳动者的工资所得与其劳动成果之间建立某种有机联系，使劳动者的劳动能力得以充分发挥的经济手段。在社会主义条件下，由于生产力水平还不太发达，物质产品不太丰富，使个人利益与社会利益之

137

间出现矛盾成为必然。同行政手段和其它手段相比较，工资杠杆将是使这两种利益最小磨擦地协调起来的最有效方式。

同其它经济杠杆一样，工资杠杆也以物质利益作为自己的最终动力源泉。人们只有把劳动者的工资所得同社会利益有机地结合起来，这时的工资才做为工资杠杆发挥作用；也同其他经济杠杆一样，工资杠杆的直接动力也是来自于某种特定的分配关系。它是在国民收入分配过程中，通过调整、建立工资所得与其他方面的分配关系，来达到自己的调节目的的。在社会主义条件下的工资杠杆的直接动力源泉是按劳分配。

按劳分配是社会主义时期个人消费品分配的准则。生产资料公有制使每一个劳动者（处于本所有制单位内的劳动者）在对生产资料的关系上处于完全相等的地位，从而彻底根除了凭借生产资料所有权来占有一部分社会产品的剥削现象，保证了所有的劳动产品真正由劳动者享用。不过，在社会主义时期，物质产品还不太丰富，经济上、道德上、精神上都不可避免地保留着旧社会的痕迹，劳动首先是一种谋生手段，社会还不能不承认各个劳动者的不同的劳动能力是他们的天赋特权。在这样的历史阶段，个人消费品只能实行按劳分配，人们之间的平等只能建立在付出同样的劳动量，获得同样的报酬基础上，不可能完全实现劳动者之间的绝对平等。根据生产关系决定于生产力的规律，社会主义时期只有实行按劳分配，才能适应和促进生产力的发展，充分表现社会主义社会的历史进步性。列宁说得好："不劳动者不得

138

食，这是任何一个劳动者都懂得的。……这个简单的，十分简单和明显不过的真理，包含了社会主义的基础，社会主义力量的取之不尽的源泉，社会主义最终胜利的不可摧毁的保障。"①

按劳分配，"劳"是分配的标准和尺度。但是，它决不意味着劳动者的劳动所得同其劳动成果绝对相等。在一个需要不断发展的社会中，人们不可能把本期生产的所有产品全部用于目前消费，相当大的一部分社会产品必须作为积累，用以满足扩大再生产和社会其他方面的需要。恩格斯指出："劳动产品超出维持劳动的费用而形成的剩余，以及社会生产基金和后备基金从这种剩余中的形成和积累，过去和现在都是一切社会的、政治的和智力的继续发展的基础。"②社会主义社会也是这样。按照马克思在《哥达纲领批判》中阐明的分配原理，社会产品在对劳动者进行按劳分配之前，需要扣除以下项目：用来补偿消耗掉的生产资料的部分，用来扩大生产的追加部分，用来应付不幸事故、自然灾害等的后备基金或保险基金，以及和生产没有直接关系的一般管理费用，用来满足共同需要的部分，为丧失劳动能力的人等等设立的基金。这些扣除项目就是社会利益的具体内容。按劳

---

① 列宁《论饥荒》，《列宁选集》第3卷，第530～561页，人民出版社1972年版。

② 《马克思恩格斯选集》第3卷，第233页，人民出版社1972年版。

分配的对象就是在经过了这种种扣除后所剩余的产品。"每一个生产者，在作了各项扣除之后，从社会方面正好领回他给予社会的一切。"①因此，所谓按劳分配，表明的是按这样一种比例分配，即社会总产品作了各项扣除之后的余额与全体劳动者的劳动支出总量之比。可以理解，每一个劳动者所付出的每一单位劳动量中，实际上都同时包含有为社会劳动和为自己劳动两个部分，每一单位劳动的成果也都可分解为社会利益和个人利益两部分。劳动者所付出的劳动量越多，他为个人劳动的部分和为社会劳动的部分会同时扩大（在这个比例不变的条件下），他为自己劳动的同时，也在为社会劳动，为自己劳动得越多，为社会劳动得也越多。因此，从按劳分配的本来意义上讲，它已经把劳动者的个人利益同社会利益紧密地结合起来了。在实际工作中我们只需要严格按照按劳分配原则来建立我们的工资分配制度，就可以保证工资杠杆有足够的动力，促使劳动者更多地付出自己的劳动量。

其实，工资的经济杠杆作用还不止于此。因为我们上面所讲的按劳分配，是本来意义上的按劳分配，是与经典作家设想的社会主义——全部生产资料都由社会占有——相适应的。但在目前，多种层次的生产力水平（这种生产力水平相对来说还是比较落后的），多种形式的所有制结构，使实践中的社会主义各国都还普遍存在着商品货币关系，尤其

---

① 《马克思恩格斯选集》第3卷，第10～11页，人民出版社1972年版。

140

在我国目前和今后相当长一个时期内，商品经济还必须有一个大的发展，价值规律还要在很大程度上发挥调节作用。在这种条件下，个人或企业实际耗费的，并在其产品中凝结起来的劳动量，虽然不是本来意义上的私人劳动，但也不是本来意义上的社会劳动。对每一个生产者或生产单位来说，他们的产品只有能够顺利地通过交换过程，实现价值形式转换这一"飞跃"，他们的个别劳动才能转换为社会劳动。社会需求的复杂性和多变性，使每一个生产者很难测定社会对自己产品的承认程度，很难准确估计自己的个别劳动能在多大程度上实现为社会劳动。不同生产者生产不同的产品，面对不同的社会需求，因而就有不同的转换系数（社会劳动与个别劳动之比）。与现阶段商品经济的性质相适应，按劳分配的"劳"，只能是劳动者本身提供的并得到社会承认的劳动量，不能是劳动者的实耗劳动量。因此，我们现在的按劳分配，只是相对的按劳分配，是有计划商品经济下的按劳分配，不是马克思设想的按自然劳动时间进行的分配。不能设想，生产紧俏商品（转换系数大于1）的劳动者和生产滞销商品（转换系数小于1）的劳动者，付出了同样多的个别劳动量会得到同样多的个人消费品。在价值规律的作用下，每一个职工的工资所得，不仅要同他自己实际付出的劳动量有关，还同他所在的单位的集体劳动量被社会承认的程度（集中表现为企业经济效益）有关，亦即工资所得是与本人劳动量与转换系数的乘积成比例的。这就是社会分配个人消费品的最终根据。我们现在的工资分配制度必须建立在这样的理

141

论基础上。它也是人们常说的两级按劳分配的原理。如果我们的工资分配是根据这样的"劳"进行的，则它不仅能够促使劳动者个人更多地支出实际劳动量，还能促使他们更多地关心整个集体的实现劳动量，争取提高转换系数，增加经济效益，真正成为企业的主人。由此可以看出，现行的工资杠杆，其作用范围已远远超出个人消费品分配的领域，在很大程度上还具有调节社会劳动，合理配置资源的作用。

要使工资杠杆的调节作用得到准确的发挥，还必须正确地确定劳动者为自己劳动部分与为社会劳动部分之间的比例，也就是说，要合理设置工资杠杆的支点。支点定得不准确，工资杠杆很难取得预期的调节效果，甚至发生完全相反的作用。一般地说，劳动者为自己劳动的部分必须足于激发他们更多地付出劳动量的积极性。否则，如果为自己劳动的部分太少，不足于弥补他们放弃闲暇得到的满足，那劳动者宁肯不付出任何劳动量，这时的工资就不具有任何经济杠杆的作用。我们在过去奉行的低工资政策，尽管它还没有低到使劳动者不愿劳动的地步，但它确实在一定程度上鼓励了好逸恶劳的坏习气。另一方面，也不能片面增大为自己劳动部分的比重，过分压低为社会劳动部分的比重。应当明确，我们之所以在个人消费品领域搞按劳分配，发挥工资的经济杠杆作用，主要目的是要利用劳动者关心自身利益的思想和行为，达到使社会利益获得尽可能满足的目标。如果我们把过大的劳动所得归劳动者占有，社会扣除的部分难以满足社会各方面的需要，这不但使工资杠杆的运用失去意义，失去了

142

调节的正确目标，还在一定程度上否定了积累这个社会最重要的职能，不利于社会各方面的均衡发展，最终也不利于劳动者的长远利益。因此，我们必须根据生产力的现实水平，本着使人民生活水平有适当提高的原则，正确确定劳动者为自己劳动部分和为社会劳动部分的比重，使工资杠杆有适当的动力和正确的目标（实际上就是合理确定V与m的比例）。

　　此外，要使工资能做为工资杠杆充分发挥作用，还必须使工资所得与劳动效果，个人利益与社会利益有机地统一起来，确实形成一损俱损，一荣俱荣的关系。毋庸讳言，人们利用工资杠杆的基本考虑，是建立在一般的劳动者总有为个人利益的最大满足而努力的倾向的基础之上的。确切地说，个人利益才是工资杠杆的作用点。在现阶段，劳动者在劳动过程中付出尽可能多的劳动量的基本动机，或者说他之所以要为社会做出自己的贡献，主要是由于他为社会劳动的过程，同时也是为自己劳动的过程，是实现个人利益的唯一途径（应当确认，在目前的生产力水平上，劳动者具有这种思想是必然的，这也是一般劳动者都具有的思想）。可以设想，如果劳动者为自己劳动和为社会劳动能够在时间上，空间上完全分开的说，他必将把自己尽可能多的劳动能力投之于为自己劳动部分。因此，如果我们要发挥工资杠杆的调节作用，促使劳动者从为自己劳动的角度出发，自觉或不自觉地为社会劳动，基本前提是把这两部分劳动有机地统一起来，使它们在时间上，空间上融为一体。这就要求，工资制度必须建立在两种利益有机结合的基础上，每个劳动者的工

143

151

资所得必须同他给社会所做的贡献挂钩，二者荣辱与共，同步消长。按这样的观点来衡量，过去我们在工资分配上"吃大锅饭"，职工干与不干一个样，干好干坏一个样，这种工资实在不是什么工资杠杆，起码也是极大削弱了工资的经济杠杆作用。

在目前经济体制改革的实践中，把工资作为一个经济杠杆来使用，在工资分配上坚决贯彻按劳分配原则，已经被绝大部分同志所接受。当然，由于种种复杂社会原因，现实的（将来也许还是）工资分配办法在一定程度上也存在一些共产主义分配关系的萌芽，甚至还有一点旧的分配关系的残余。不过，这些分配关系不仅活动领域极其有限，丝毫不能成为社会主义时期占统治地位的分配关系，而且随着工资改革的深入发展，工资水平的提高，它们在全部工资分配中的比重会越来越低。从主导方面来看，工资完全应当作为一个有效的经济杠杆发挥作用。

第二节　工资杠杆的形式

工资杠杆的形式很多。一般地说，凡是贯彻了按劳分配原则，能促使职工自觉为社会做贡献的报酬形式，都是工资杠杆的形式。从我国的实际情况来看，工资杠杆主要有这样几种形式：

一、企业职工总体的效益工资。既然有计划的商品经济决定了工资分配的根据必须是被社会承认的劳动量，那么，

144

企业职工的工资就必须与企业的经济效益（主要是纯收入或上交的利税)挂钩，"多劳多得，少劳少得"。一个企业如果它生产了市场上短缺的商品，社会对它的个别劳动的承认度就大，转化系数就会大于1,处于本企业的职工也就为社会做出了较大的贡献，当然，社会就必须给予这部分职工以较多的报酬；相反，生产滞销积压产品的劳动者，尽管也可能付出了不少的劳动，但这些劳动不能被社会所承认（或不能被充分承认），转化系数 小于1,甚至他们劳动的成果还会浪费经济资源，减少社会财富（集中表现为经营性亏损），当然,社会只能付给他们较少的报酬。根据目前的经济条件，效益工资制是唯一可以行得通的企业工资总额的决定方式（它可能有不同的表现形式，如与净产值挂钩，与上交利税挂钩等）。在工资分配工作中，较高水平地实行效益工资制，可以促使企业从关心本企业职工的总体利益的角度出发，自觉地调整产品结构，合理配置资源，加强经营管理，更好地满足社会需求。所谓国家对企业搞"按劳分配"，就是这个意思。

当然，一个理想的工资分配方法，能在实际经济工作中得到推行，并且得到准确地运用，确实有着很多困难。效益工资制的困难点主要是各个企业的工资额占经济效益的比例难以定得合理。有计划商品经济的最大特征是作为生产资料所有者的国家，可以对生产者和经营者的生产经营活动进行多方面的干预（如资源配置、技术装备水平、价格决定、物资供应、产品销售等），这必然使企业的经营成果发生不同程度的扭曲，不能正确反映企业主观努力的程度。尽管从理论上讲，我们可以用各种经济调节手段（如资源税、资金占用费、产品税、调节税等）把各种外在因素的影响消除掉，但实际生活的复杂性，人们管理经济生活的能力限制等，使实际的调节工作很难做得完全合理，令各方面满意。这必然使各个企业的工资提取比例难以定得合理，起码给企业造成向国家讨价还价的条件。回顾一下几十年的社会主义建设史，尤其是近几年体制改革的经历，我们在这方面的经验教训不少，足可使我们谨慎行事。因此，正确实行效益工资制，发挥工资的调节作用，最重要的前提就是尽可能减少国家干预，尽可能准确地测定干预程度。

二、计件工资。作为一个经济杠杆，计件工资把劳动者的工资所得同他创造的物质财富量（所付劳动的凝固形态）紧密地结合起来，能促使劳动者为自己劳动的同时，为社会创造尽可能多的使用价值。在我们还不能正确计算每一个劳动者实际付出的劳动量的条件下，计件工资是合理计发工资的最好办法。如前所述，按劳分配是以承认不同劳动者的不同的劳动能力为其天然特权为前提条件的。如果其它外在条件完全相同。劳动者甲在同样时间内比劳动者乙生产出了更多产品，则意味着前者或者是劳动能力强，熟练程度高，或者是劳动强度大，劳动态度好，根据按劳分配原则，他当然应当得到较多的劳动报酬；而后者则由于或者是劳动能力相对较低，或者是没有付出相应多的劳动量，他所得到的劳动报酬当然只能是一个相对小的份额。从我国建国以来断断续续

146

实行过几次的计件工资实践来看，这种办法确实能起到促使劳动者努力提高自己的技术水平和劳动熟练程度，为社会创造尽可能多的财富的作用。在农村一些受外在影响比较小的乡镇企业中，计件工资的经济杠杆作用表现得更为明显，大部分劳动者在多挣工资的动机的刺激下，的确把自己的劳动能力发挥到了最大限度。统配煤矿近几年推行的吨煤工资包干和建筑安装企业普遍实行的百元产值工资含量包干等都是很好的计件工资形式，它们对刺激职工积极性方面的作用已经得到大家的公认。当然，鉴于计件工资本身的特性，它的实行应当具备一定条件：企业的生产任务必须饱满，原材料、燃料、动力供应和产品销路比较正常；企业须制定有先进合理的劳动定额，严格的计量标准和质量标准；企业各项管理制度（如生产原始记录、计量统计、检查验收、经济核算等）比较健全，否则，计件工资的作用很难得到发挥。可以预料，随着企业整顿工作的加强，企业素质的提高，计件工资必将在更大的范围内得到推广。

三、奖金。奖金是对超额劳动的报酬。在实行基本工资加奖励的分配办法的企业中，奖金是最为重要的工资杠杆。一般地说，在同一个企业中，同级工人会有一个平均劳动定额（这个定额在不同行业中有不同的衡量标准），与此相对应，工资中也有一部分基本工资。如果他付出了超额劳动，为社会作出了更大贡献，按照按劳分配的原则，应当付给他超额劳动的报酬——奖金。同其他的工资杠杆相比，奖金具有很强的适应性和灵活性。可以有单项奖，也可以有综合奖；

可以是一次性奖金，也可以是经常性奖金。企业可以发，行政事业单位也可以发；增加了产量，降低了成本，直接增加了社会财富的可以发给奖金；在科研上做出了显著贡献，获得重大科研成果的也可以发给奖金等等。总之，奖金可以深入到国民经济、社会生活的各个方面，可以适应不同的环境，调动从事各种具体劳动的劳动者的积极性，达到很不相同的具体目的。然而，不论奖金的具体形式和发放标准如何不同，有一点却是相同的，就是获得奖金的劳动者必须付出了比一般人更多的劳动量（并且这个劳动量必须是社会所承认的），做出了比一般人更大的贡献。否则，把奖金象固定工资一样，按人头平均分配，不与劳动者的超额劳动量挂钩，这时的奖金实际上已不是奖金了，它固有的调动职工的劳动积极性的作用也就不存在了。对此，我们过去的奖金分配实践中有很多正反两方面的经验教训，很值得在工资改革中加以吸取。此外，根据奖金的特点，实行奖金制度的企业或项目，必须能够准确地（起码要近似准确地）划分定额劳动与超定额劳动，一般贡献与突出贡献之间的界限，使奖金能真正体现超额劳动的报酬的特性，使领受者受之无愧，其他人心悦诚服，这样才能起到鼓励更多的劳动者为社会做贡献的热情。倘若标准定得不正确，定额偏低，或者评奖标准不合理，这种奖金不但难以发挥什么经济杠杆作用，还很可能打击了工人的劳动积极性，人为地在劳动者之间制造矛盾。

四、津贴。津贴是以时间、地点、条件的特殊性为根据付给劳动者的劳动报酬，也可以说是对那些在特殊条件下工

148

作的职工的劳动消耗和生活费用给以合理的补偿。由于劳动支出条件的不同，在某种岗位上工作的劳动者，在相同的时间内要比其它岗位上的劳动者付出较多的劳动量，根据按劳分配的原则，社会应当付给他们以较高的报酬。如对于从事矿山井下、高温冶炼、高空作业、野外勘探等工作的劳动者，分别发给井下津贴、高温津贴、高空津贴、野外津贴。对于在有毒有害条件下从事劳动的劳动者，为了减免有毒有害物质对他们的身体健康的影响，除加强劳动保护外，还给予他们以保健津贴，以增加他们的营养，保证身体健康，维持劳动力的正常再生产。尤其需要指出的是，在目前和今后相当长的时间内，劳动者在职业选择上的偏见是有存在的必然性的（这与社会分工和人的劳动能力尚未得到全面发展相联系），城市的工作优于农村的工作，平原的工作优于山区的工作，固定的工作优于流动的工作，加工业的工作优于采掘业的工作，"白领"职业优于"蓝领"职业等等，这些职业选择上的偏见还深深地扎在许多劳动者的脑海中。对此，社会除了用加强思想教育的办法，鼓励劳动者从事社会需要的工作外，通过发放各种津贴，矫正人们在职业选择上的偏见，诱导人们改变工作兴趣，不能不是最重要的手段。对煤矿井下工人的入坑津贴，就应该让它高到足于使人们对下井发生兴趣的水平，充分满足井下采煤对职工的需要。对野外钻井职工的野外津贴，也应该高到足以保证得到钻井所需要的工人。不恰当地说，津贴也是一种"价格"，它应当维持在能使这种职业的劳动力获得供求平衡的水平上。津贴作为工资杠杆的形式之一，主要就表现在它能促使劳动力合理流动，保证社会劳动分配的合比例。当然，由于津贴本身的特性——它只与劳动支出条件相联系，而不与劳动成果相联系，因而，它并不能促使从事这项工作的劳动者尽自己最大努力工作。它的作用仅限于使劳动者乐于在特殊的时间、地点、条件下劳动，而不能使劳动者从本身物质利益上关心自己的劳动成果，关心企业经营的好坏。所以，在任何情况下，津贴都是劳动报酬的补充形式。

在实际生活中，人们也许还能列举一些工资杠杆的形式，尤其是将来，随着工资制度的改革，适应各种不同的情况，发挥不同的调节作用的工资形式会更为丰富。具体到某一企业或部门，也绝不是仅仅可用一种工资形式，大量存在的是多种工资形式并存。而具体到不同的单位，由于具体劳动的性质不同，单位的性质不同，完全可以，也应该采取不同的工资结构（如作为事业单位的学校与企业相比，工资结构形式不能不有很大差异）。

第三节　工资杠杆的主体

谁是工资杠杆的主体？或者说，谁是工资杠杆的利用者？

我们知道，工资是职工个人收入的主要来源，是职工个人利益的主要表现形式。根据我们在前面对经济杠杆的基本认识，经济杠杆是人们根据客观经济规律的要求，通过对各经济活动主体之间物质利益关系的调整，以达到某种目的的经济手段。因此，任何经济杠杆的主体都是较高层次的利益主体（如国家和企业），调节对象是较低层次的利益（如企业利益和个人利益）。工资杠杆也是这样，它作为调节职工个人利益的手段，其主体只能是国家和企业、事业单位。

但是，国家和单位在工资杠杆的利用中所处的地位和所起的作用是不相同的。如果我们也可以把工资杠杆的主体分为直接利用者和最终利用者的话，那么，国家基本上处于最终利用者的地位，企业、事业单位则基本上处于直接利用者的地位。

我国的经济是公有制基础上的有计划的商品经济，国营经济又处于主导地位。国家作为国营经济生产资料的所有者，当然是有计划地组织、控制、调整国民经济生活的主要力量，也必然是经济杠杆的主要利用者。就工资杠杆来说，在根本上它也不能不是国家利用的调节手段。国家利用工资杠杆起码具有这样两重意义：

首先，国家从总体上合理地确定工资杠杆的支点——劳动者付出的每单位劳动量中为自己劳动部分与为社会部分的比重，有助于积累与消费比例关系的正确形成。如上所述，人们之所以利用工资杠杆，主要目的并不是为了增加职工个人利益的规模（在现有的生产力水平下，劳动者的劳动首先是一种谋生手段，因而追求个人利益的满足可以说是一般劳动者的本能），而是要通过劳动者追求个人利益的冲动（表现为努力多挣工资），使社会利益尽可能大的扩张起

151

来。而要使得职工个人利益与社会利益保持协调，使工资杠杆有恰如其分的动力，实现预定的调节目标，首要问题就是杠杆的支点必须定得合理。所谓合理，就是要兼顾两种利益，使他们能高效率地协调起来。一方面，不能把为社会劳动部分的比重定得过大（表现为职工收入长期偏低，不能随劳动生产率的提高而有一个恰当的提高，积累率相应偏高），过分压缩为自己劳动的部分，导致工资杠杆动力不足，难以刺激劳动者的劳动积极性，过大的社会利益比例最终也只能带来一个较低的社会利益规模。在我们过去片面奉行"先生产"、"后生活"，"先治坡"、"后治窝"的政策中，此类教训很多。1957——1978年的21年中，全民所有制工业企业职工工资水平不仅没有增加，反而下降1%多。如果再加上同期零售物价指数上升12%，则职工生活水平下降更多。在此期间，国营工业企业劳动生产率增长了75%，积累率也由24.9%上升到36.5%。当然，这一时期劳动生产率的年增长率也不算高（年均2.7%）。但是，长达二十多年的工资水平停滞甚至下降，决不是正常现象，它直接违反了"人们生活水平必须有不断增长的趋势"的社会规律，并且，劳动生产率增长如此缓慢，很大程度上正是职工收入水平过低造成的。事实说明，国家在宏观上过分控制工资增长，使劳动者因为自己劳动所得的太少，就会在劳动者的个人利益与社会利益之间产生水火不相容的对立，不能形成有机的统一体。再加上分配办法上的问题，最终使劳动者得出"干不如不干"的结论，而使那种片面追求的社会利益——加速生产发展等

152

不能实现。

但是，从另一方面来说，也不能把劳动者为自己劳动部分的比重定得太高，过分挤压为社会劳动的部分（表现为工资水平增长太快，超过了劳动生产率的增长速度，积累率过低）。既然社会利益的最大满足是人们利用工资杠杆的基本动机，因此，社会利益的比重不恰当地缩小，将会使工资杠杆的利用失去意义。很显然，劳动者的劳动成果过大的一部分归个人消费，职工个人利益获得过分的满足，必然会使社会扩大再生产、必要的社会保证、以及其他社会共同事业等所需要的物质产品难以得到保证，使社会利益受到太大损失。近几年出现的消费早熟，职工工资性收入和消费基金的增长速度太快，导致消费基金失控，市场关系紧张，国民经济的发展缺乏后劲等现象，给我们提供了一个反面例证。1984年，劳动生产率提高了7.8%，国民收入增长了12%，而城镇居民工资性收入增长了22.3%；1985年，国营工业企业全员劳动生产率比上年提高9.4%，国民收入增加12.3%，而全国职工工资总额比上年增长20.9%，职工平均货币工资比上年提高17.2%。工资性分配的超前增长，干扰了扩大再生产的正常进行，尤其是导致投资结构轻型化，消费性投资膨胀，加剧了供求矛盾（据统计，1983年有支付能力的需求大于用于市场交换的最终产品的总供给1,025亿元，1984年又扩大为1,535亿元），影响了改革的顺利进行。因此，那种矫枉过正，过分满足劳动者提高工资的欲望，增大为自己劳动的比重，以至于使社会利益受到过分的侵占，也是工资

153

杠杆支点的错误放置，也会引起积累与消费比例失调。

其次，国家合理地制定工资政策，能够提高经济和社会生活的运行效率。工资政策是人们处理工资分配关系时必须依据的准则，它是抽象的，但它又具体体现在实际的工资制度中。当人们客观按照"在平等的基础上体现一些差别"的政策行事时，工资制度必然是一种浸透着平均主义的制度，表现为工资等级太少，工资级差太小，奖金平均分配，调资统一比例，且调资的根据不是劳动贡献大小，而是政治觉悟高低，年龄大小，工龄长短，劳动态度好坏等。应该说：在这种工资政策下，公平压倒效率，效率服从公平，其结果必然是国民经济和社会生活的运行效率降低。而当人们真正认识到社会主义社会个人消费品分配原则应是按劳分配，从而确定了"在承认差别的前提下保持相对公平"的政策时，工资制度必然是一个尽可能体现"按劳分配"的原则的制度。表现为等级多且活，级差拉大，算奖而不评奖，并且主要根据各人劳动贡献大小及时调整工资等。只有采取这种工资政策，按劳分配原则才能得以贯彻，工资的经济杠杆作用才能得到发挥，劳动者的积极性才能受到刺激，整个经济和社会生活的运转节奏才会加快，效率才会提高。应当认识到，在目前今后一个相当长的时间内，保证效率应是我们制定工资政策时应考虑的第一因素，只有在保持效率的前提下，维持相对公平才有真实意义。更何况，工资政策和收入政策并不是一回事，工资分配中出现的过大差异，还可以用一些再分配手段（如个人所得税）实现一部分转移支付，以使人们之

154

间有一个相对平均的收入结构（但是，这种再分配无论如何也不应该过分地消除差异）。可喜的是，国家目前正在根据按劳分配的原则，改革整个工资制度。也就是说，国家正在把工资首先作为一个经济杠杆来使用，使它在促进国民经济运行效率的提高，社会生活的节奏加快上，发挥应有的积极作用。

国家是工资杠杆的最终利用者，看来是没有什么疑义的。但这并不意味着国家一定是工资杠杆的直接利用者，或者说，国家并不是唯一可以利用工资杠杆的主体。主要由于以下两个原因使企事业单位也是工资杠杆的主体，并且还是工资杠杆主要的直接利用者：一是企事业单位是劳动的具体组织者，是劳动者付出劳动的场所；二是在不同的时间和空间上，不同的劳动者所付出的劳动的质量和数量是极不相同的，而只有企事业单位才能近似地对它们加以计量。我们知道，现阶段劳动的性质还不是全社会范围内的联合劳动，而是被分割于数以十万计的彼此间相对独立的企事业单位内分别进行的。每一个企业或事业单位，都是一种生产经营主体或社会活动主体，同时，也都具有相对独立地管理和组织本单位的劳动的权力。为了获得最大限度的经济效益，或取得最大的社会服务效果，它们必然要尽可能地调动本单位劳动者的积极性，促使他们做出自己最大的努力。并且，劳动者除了个人利益外，最直接的关心对象就是企业和单位利益。因此，从必要性来看，企事业单位应是工资杠杆的直接利用者。另外，从可能性来看，只有企事业单位能够比较准确地做到按劳分配，从而也只有它们才能较为准确地利用工资杠

155

杆（微观意义上的工资杠杆）。不难想象，分散于广大地区的千千万万个劳动者，在千千万万个企业从事着千千万万种工作，不仅劳动者的个别劳动被社会承认的程度不会相同，而且由于彼此之间在各个方面存在着千差万别，因而每个劳动者的劳动量也在时刻发生着变化。如此复杂的劳动差异是任何一个权威机构也难以准确计量的，因而也是任何一个机构难以在工资分配上准确做到按劳分配的。相反，企业却能够在生产经营中准确地了解本企业劳动者的个别劳动被社会承认的程度（通过对经营成果的分析），相对准确地了解本企业各个方面的劳动者所付出的劳动的质量和数量。因而，只有企业能比较准确地做到按劳分配，恰如其分地利用工资杠杆来刺激劳动者的劳动积极性，调节劳动在企业内部不同方面的分配结构，把职工个人利益与企业利益，从而也间接地与国家利益有机地统一起来。

　　根据我们上面的分析，工资杠杆的两个主体应有这样一种配置方式：国家作为最终利用者，应主要对工资分配上一些宏观问题做出决策，对工资杠杆作粗线条的利用，诸如工资水平增长速度与国民收入增长速度、劳动生产率提高速度之间的大体比例关系，总的工资政策，主要经济部门和行政事业单位适用的工资形式、工资总额等。而具体每一个职工的工资数额、奖金数额、奖励方式、调资办法、调资比例、调资间隔等，都应下放给企事业单位具体组织。通过国家和企事业单位在不同层次上利用工资杠杆，既可以保证国民经济大的比例关系不致失调，有利于从宏观上管住，也可以更合

156

理的运用工资杠杆的灵活调节作用，促进从微观上搞活企业。

第四节　工资改革与工资杠杆

随着各方面经济体制改革的不断深入，工资制度的改革已经被提上了议事日程，近几年也已陆续有一些改革方案出台，从几年来的工资改革实践中可以感觉到，人们对工资改革的理论基础和所要达到的目标还是有比较一致的看法的：按劳分配(被社会承认的劳动量)是工资改革的理论基础（或是主要理论基础），工资改革的目标就是更高水平地利用工资这个经济杠杆，充分调动每个劳动者的劳动积极性，为社会作出最大的贡献。

要卓有成效地改革旧的工资制度，必须对旧的工资制度的缺陷有一个比较清楚的认识。根据工资杠杆是否得到很好利用这个标准，过去的工资制度的主要弊端有三个：

一、平均主义严重。按劳分配是以承认劳动者的不同的劳动能力为其天赋特权为前提的，多劳多得，少劳少得，不劳动者不得食，是社会主义社会个人消费品分配的神圣准则。因此，按劳分配决不否认由于人们所付出的劳动量的差异带来的收入差异。相反，它的历史进步性主要表现在它可以利用这种差异，促使每一个劳动者把自己的劳动能力发挥到最大限度。如前所述，工资的杠杆作用概出于此。但在过去的工资分配制度中却是平均主义盛行：付出同样的劳动量

157

得到不同的劳动报酬，付出不同的劳动量却得到相同的报酬。不同企业的劳动者，不管他们的劳动被社会承认的程度如何不同，都可享受同样的收入待遇。不同劳动者之间也不论劳动多少，技术高低，贡献大小，都按照固定的工资标准获取工资。奖金在很大程度上不是作为对超额劳动的报酬，而是一种变相的固定收入按时发给职工完事（这几年这种情况还在继续）。企业的"八级工资制"既不能较好地反映不同等级劳动者的劳动量的差异，也不能反映出同一等级劳动者的劳动差异，因而其平均主义的味道很浓。行政事业单位劳动者的工资收入采取月薪制，同劳动者的劳绩没有任何联系，因而它的平均主义也相当严重等等。在这种平均主义分配制度下，职工以当然的"主人"自居，不管来与不来，干与不干、干多干少，照样工资尽领，奖金尽拿。因此，在实际工作中出工不出力，上班不出活的现象十分严重。这样的工资制度，谈何工资杠杆，谈何调动劳动者的劳动积极性呢？

二、工资所得不同劳动贡献挂钩。工资杠杆的灵魂在于它能把个人所得同他为社会做的贡献有机地结合起来，在于它能在个人利益同社会利益之间建立一种荣辱与共的联系。一个劳动者，只有在他付出了更大的有用劳动量时，他的工资所得才能有相应的提高。但我们过去的工资分配制度却不是这样。它不仅渗透着强烈的平均主义的因素，而且劳动者彼此之间的一点差异也不与他们的劳动贡献相联系，多劳不能多得，少劳也不少得，不劳也领工资。劳动者升级提资的

158

标准不是他付出的劳动量的大小，劳动质量的高低，而是什么劳动态度好坏，工龄长短，资历深浅。这不是按劳分配，而是按政分配，按资格分配。甚至在不同行业之间，企业地位、企业规模、隶属关系等都可以作为分配的根据。在实际工作中出现种种不合理现象：重工业高于轻工业、国防工业高于民用工业、全民企业高于集体企业（这种集体企业基本丧失了自己的特征）、大型企业高于中小企业等。根据1978年的工资调查，同一地区，同一工种，只因隶属关系不同，工资标准可相差20％；同一工种因所属行业不同，工资标准也可相差18％～20％。四川省还有这样的怪现象：在同一企业，同一车间，同一班组，同一岗位，同一级别上工作的工人，工资标准相差惊人：二级工可差17.7元，六级工可差31.5元，八级工可差28元。干同样的工作，支出同样的劳动量，却得到不同的劳动报酬，岂不怪哉！如此工资分配办法，既不与企业经济效益挂钩，也不与劳动者的贡献或劳绩挂钩，而只与一些莫名其妙的所谓"标准"挂钩，怎么能刺激劳动者更多地付出有用劳动量，怎么能促使企业加强经营核算，提高经济效益，又怎么能充分发挥工资的经济杠杆作用呢？

三、工资体制过分集中。工资杠杆的特征之一是它能根据劳动者付出的劳动量的变动情况（如生产的产品数量、工作成就等），相对灵活地调整其工资所得，使二者保持最大限度的协调。只有这样，工资杠杆才能经常发挥其激发劳动者的积极性的作用。正象我们在第三节中所说，在现阶段，只有企业才能较好地做到这一点。但在过去（目前也还广泛存在），全国的工资分配，不管是宏观还是微观，基本上由国家进行一级分配，企事业单位很少有什么工资分配权力。工资级别、工资标准、工资级差全国统一，调级比例、提资幅度，调资间隔均由国家有关部门统一制定，企业只有被动地服从，基本上没有什么主观能动性可言。这种体制，其实是国家直接给职工发工资，企业只是国家机构的附属物，仅仅扮演一个分发工资的出纳员的角色。它的所谓相对独立的经济实体的地位不可能在工资分配上得到反映，它对工资杠杆的利用也就既没有可能，也没有必要。不难想象，国家对工资的一级分配，根本不可能与劳动者的劳动支出量保持一致，只能在所有企业，所有职工之间平均分发工资，分配标准也只能是那些非劳标准。因此，处于这一种工资体制下的工资，不能充分贯彻按劳分配原则，不能发挥工资的经济杠杆作用，不能调动劳动者的积极性，也就不足为奇了。

有计划商品经济的大规模发展，企业的相对独立的商品生产者和经营者地位的确立，都要求必须对传统的工资分配制度进行改革。改革的方向当然是最大限度地在工资分配上实行按劳分配，充分发挥工资的经济杠杆作用。

整个工资改革似包括两个方面：一方面必须以按劳分配为基础，确定各种工资分配办法；另一方面是必须改革现行的工资管理体制，为按劳分配的实行提供切实保证。

第一，所有工资分配必须以按劳分配原则为主要基础。根据我们对按劳分配的"劳"的理解，劳动者的工资所得必须与所在企业的经济效益挂钩，必须在全国内尽快推行"效

160

168

益工资制"。人们从思想上应当充分认识到，在我们这种有计划商品经济的条件下，每一个劳动者的劳动只有通过企业的产品才能转换为社会劳动，任何想在企业间搞平均主义，吃"大锅饭"的工资分配办法，都只能抑制企业和职工的积极性和创造性的发挥，都是不符合生产力的发展要求的。当然，目前实际推行这种办法还有不少困难，企业经营成果还受到多种外在因素的影响。并且，我们也难以恰当地用其他经济杠杆把这些外在因素全部调节掉，这使得不同企业，不同行业的挂钩比例难以定得合理，最起码难以令各方面满意。但是，所有这些都是传统的经济体制给今天的改革设置的障碍。如果我们承认有计划的商品经济是我国现阶段的经济性质的话，那就要千方百计地创造条件，推进效益工资制的实行。

在企业内部，要根据企业的具体劳动的性质不同，选择最能体现按劳分配原则的工资报酬形式。在劳动定额比较合理，生产任务比较正常稳定，劳动者的劳动可以比较方便地用其劳动成果加以计量的企业，都要尽量采用计件工资制，使每个劳动者比例于他所创造的使用价值的多少，多劳多得，少劳少得。这种工资形式，计酬标准明确，所得与劳动联系紧密，挂钩方式明了，确能更为准确地实现按劳分配，更能避免非劳因素的介入。因此，应当积极地创造条件，在更大范围内推行。

对于不具备计件条件的企业，要实行更高水平的计时工资加奖励制度。所谓更高水平，就是在总结以往的经验的基础上，尽可能地向按劳分配逼近。一般地说，在这种工资制度下的工资所得由两部分构成：一是基本工资部分，二是奖金部分。基本工资部分又有三项内容，第一是基本生活费用工资，第二是劳动技能工资，第三是津贴。由于社会和历史的原因，人们为维持基本生活需求而必须有的收入，还要在工资所得中占一定比重。但是，这部分工资的确定，一定要尽可能地少，使它只能维持一个相当低的生活水平，从而一方面不致于使劳动者丧失多支出劳动量的兴趣，另一方面，也不会过分影响按劳分配的实行。劳动技能工资的比重要逐步提高，使它达到足以刺激劳动者努力提高自己的技术水平，增强从事复杂劳动能力的水平，以适应现代化生产过程的要求。毫无疑问，作为以劳动能力——潜在的劳动为根据支付的劳动技能工资，并没有违背按劳分配的原则，相反，它还是激发劳动者奋发向上的有力杠杆。至于津贴，它作为劳动报酬的辅助部分，比重不会太大，但也必须合理地确定津贴种类和各项津贴数量，使之更好地发挥合理分配劳动的作用。在全部工资所得中，奖金所占的比重还应有一定的提高。根据奖金的性质——超额劳动的报酬，每个职工的奖金所得应最大限度地随他付出的超额劳动量的增减而增减，决不能再搞那种按人头平分奖金的不伦不类的做法，也不能再搞那种以扣发奖金作为对完不成任务的职工和干部的惩罚手段的糊涂办法。在工资分配上，要严格区分奖金与基本工资的区别，充分认识奖金的经济性质，真正把它作为一个经济杠杆，而不单纯是收入分配手段来使用。

在行政事业单位，要结合劳动人事制度的改革，集中搞

162

好以职务（职称）工资为主要内容的工资改革，尽可能找出一些能相对准确地衡量劳动量的标准，使劳动者的工资所得尽量与其劳绩相吻合。

此外，为了扩大工资杠杆的作用范围，使它在个人消费品分配领域最大限度地发挥作用，理顺经济关系，有必要根据客观条件的许可程度，不断扩大工资分配的内容，把一切应通过或能通过工资分配的项目全部包括到工资中去。比如，公费医疗就可以考虑随着人民收入水平的不断提高，逐步由个人负担一部分甚至大部分，以从根本上杜绝公费医疗目前存在的一些弊病。房租补贴也是如此，现在的房租太低，还不够维修之用，造成供求矛盾十分尖锐，不正之风盛行。因此，应当采取一些措施，逐步提高房租，并相应地在工资中包括这一内容，利用价格杠杆和工资杠杆，逐步把住宅的供求关系理顺。对一些生活资料的价格补贴，也应在不给人民生活带来太大影响的前提下，逐步把补贴转移到工资中去。

第二，应建立一个能充分发挥工资的经济杠杆作用的工资管理体制。根据我国有计划商品经济的性质，以及所有权和经营权能够分离，国家所有不等于国家机构直接经营的原理，必须在保证国家能对工资分配实行有效的宏观控制的前提下，给企事业单位(尤其是企业)以更多的工资决定权。为了保证积累与消费比例关系的正确形成，保证工资杠杆的宏观作用最大化，国家必须更高水平地控制工资总额、工资占国民收入的比例、工资增长与劳动生产率增长的关系、总的工资政策、主要经济部门和社会部门的工资结构等宏观指

163

标。一般说来，国家只要能够正确确定这些指标，并恰当地利用其他经济杠杆不时地加以矫正，工资分配的最终结果就可以得到大体控制。对微观层次的工资分配问题，如工资形式、调资间隔、调资范围、调资幅度、工资级次、工资级差、各职工工资水平、奖金分配办法、发放数额等，应尽可能地下放给企业去干，政府机构不宜过多干预企业内部的工资分配。从目前的工资管理体制的情况来看，继续放权依然是未来一个时期工资改革的重点。问题的关键在于，应该使所有的人，尤其是各级领导干部明白，根据我们目前的管理水平，要由国家工资管理部门把每一个劳动者的工资水平确定合理，即使是比较合理，使工资杠杆能充分发挥，或者较好发挥自己的调节作用，是极其困难的，在目前确实是不可能的。这几年，国家在统一步调的原则指导下，数次提高职工工资，发放了巨额奖金，除了获得提高人民生活水平的效果外，在刺激劳动者的劳动积极性上，作用微乎其微，并且越来越造成职工对自己工资水平的不满足，导致对国家工资政策，调资办法的不满。这样，国家花钱不少，却换来更多的矛盾，并且都集中在国家身上，真正是"花钱不讨好"。究其根源，就是因为国家管得太多、太细，客观上没有能力管好，主观上又给人们提供了向国家表示不满的条件。因此，国家工资管理部门应该恰当地估价自己的能力，尽可能地把微观工资决定权力下放，集中精力搞好工资分配的宏观控制，扮演好工资杠杆最终利用者的角色。只有这样，才能给工资杠杆作用的充分发挥提供可靠的保证。

164

第九章　财政补贴杠杆

近几年来，我国财政补贴的规模和范围急剧扩大，对社会经济和人民生活产生了巨大的 影 响 。 从补贴规模来看，1983年财政补贴总额达400多亿元（其 中财政支出的价格补贴342亿元，发给职工的副食品价格 补 贴66亿元，未包括房租补贴100多亿元），比1978年增加2.6倍多，年增长幅度达30％。从补贴范围来看，财政补贴遍及社会经济和人民生活各个方面，以及社会再生产各个环节，仅享受补贴的商品品种，1982年就达38种之多。如此巨大的补贴规模 和 补贴 范围，自然引起人们的普遍关注，研究和探索，并得出了许多不尽相同，甚至完全相左的结论。诚然，目前的财政补贴确实给社会经济生活带来了许多不利的影响，一定程度上造成了经济关系扭曲，对它进行整顿和改革理所当然。但是，我们也不能以偏概全，以特殊否定一般。财政补贴作为国家干预经济运行的一种有力武器——财政补贴杠杆，客观上具有其他经济杠杆所没有的独特功能。在以往的实践中，不但我国有不少成功地利用财 政 补 贴 杠杆的范例，在当今世界各

165

国，它也已经和正在发挥着重要的调节作用。为了更好地利用财政补贴杠杆，尽可能减少实践中的盲目性，应当系统地对它进行深入研究。

第一节　财政补贴杠杆的特点

所谓财政补贴杠杆，是国家通过财政性资金的再分配，给予生产者、经营者和消费者以一定的无偿补助，诱导他们向预定的调节目标努力的经济手段。作为财政分配关系的一部分，财政补贴杠杆的利用者只能是国家。与其他经济杠杆相比，财政补贴杠杆还具有以下一些特点：

一、单方调节性。财政补贴杠杆能在不影响供给或需求某一方的条件下，单独调节另一方面。或者说，它能在供给或需求一方既定的条件下，通过调节另一方面，使这种产品的供求取得一致。这个特性由于它反映了财政补贴杠杆的能动作用，因此它是财政补贴杠杆的最为重要的特性。

我们在第六章讨论价格杠杆的特性时，曾论述过价格杠杆的逆向调节性，并把它谓之为价格杠杆的最重要特性。这个特性的存在，使任何一种商品价格的变动，都会导致供给量和需求量向相反的方向变动。国家要鼓励哪种商品的生产，限制它的消费，可定之以较高的价格；要限制哪种商品的生产，鼓励或保证它的消费，则可配之以较低的价格。通过这样逆向调节，可以使社会产品的供求结构比较合理地形成。应当说，价格杠杆的这种特性，的确能有效地调节大

166

部分商品的生产与消费。而且随着我国商品经济的色彩逐渐加重，市场机制的作用范围不断扩大，价格杠杆的逆向调节作用会得到更为广泛的发挥。但是，复杂的社会生活和经济生活，总使一些例外情况出现。比如有一些产品，由于它们本身的一些特性（主要是供给或需求弹性太小），根据特定的社会和经济要求，国家一方面要鼓励它们的生产，以增加供给量，另一方面又要鼓励或保证消费，确保一定的需求水平，这使得单纯的价格杠杆难以达到预定的目的，必须用财政补贴杠杆加以配合。

财政补贴杠杆的单方调节性包括两个方面，一是单独调节供给，二是单独调节需求。在需求一定的条件下，利用财政补贴杠杆来调节供给的典型例子是给农机行业和其他一些不得不以较低价格销售产品的企业以亏损补贴（仅指政策性亏损）。为了支持农业生产发展，促进农业机械化早日实现，提高农业劳动生产率，必须使农民能够获得一定量的农业机械和其他农业生产资料。但在过去一个相当长的时期内，农民收入的增长十分缓慢（从1957年到1978年间，人均纯收入每年递增仅2.9%），购买能力很低，1978年人均收入只有133元。这样，要农民按市场均衡价格购买农业机械，势必有很多困难。在这种情况下，农民的购买力太小，很难获得一定的农业机械量，国家只有通过压低农业机械的销售价，才能保证一定的需求规模。但是，过低的销售价格又会使生产或经营农机的企业发生亏损（起码也不能获得平均利润），使它们或者自觉地减少生产，或者不得不在萎缩状态中维持再生产，最终都会导致供给量的减少。价格杠杆在此遇到了麻烦——它不能使企业供给量和预定的需求量平衡，二者之间出现了缺口。要弥合这个缺口，实现供求平衡，必须利用财政补贴杠杆，给生产者或经营者以相当于市场价格和规定价格之间差额的财政补贴。只有这样，才能一方面保证一定的需求量，另一方面供给者又可能和乐于提供相应多的供应量。过去，财政补贴杠杆在这方面发挥了很大的作用。仅1978年至1983年，用于农机和其他农用生产资料的价格补贴就达123.09亿元，大大推动了农业生产的发展。（财政补贴杠杆单方面调节供给的作用机制如图1所示）

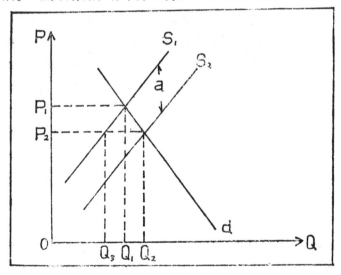

在没有任何外在干预的情况下，某种农机的市场供求曲线分别为 S_1 和 d，市场均衡价格为 P_1。但国家为了保证一定的需求量 Q_2，必须规定较低的价格

P_2. 但供给者按此价只能供应 Q_3，为弥补这个差额 Q_2-Q_3，国家必须给每单位产品以相当于 a 的价格补贴。

在供给一定的条件下，利用财政补贴杠杆来单方面地调节需求的典型例子是在一些重要农副产品提价后，为了稳定人民生活水平，而付出的购销倒挂或提价补贴。农业在我国一直是比较薄弱的部门，生产力水平低，劳动生产率提高得非常缓慢，导致农产品（主要指粮食、油料等）的供给能力长期很低。另一方面，由于我国人口众多，人口自然增长率长期偏高，对粮食等的需求规模很大。并且，由于粮食等属于基本生活资料，增加的需求很大程度上又属于基本生活需求（主要是人口增长的缘故）。也就是说，农产品的需求弹性很小。农产品供求的这种状况——长期的供不应求，而需求又不能减少，又给价格杠杆提出了一道难题。为了促进农业生产的发展，增加农产品供给，激发广大农民发展农业生产的积极性，必须提高农产品收购价格（过去的这个价格偏低是有目共睹的）。但为了稳定人民生活水平，保证每个城镇人口获得必需的消费量，销售价格又不能相应提高。很显然，单纯的价格杠杆是不能解决这个问题的，而财政补贴杠杆由此又有了发挥自己特长的天地。利用价格补贴，农产品购销价格的差额可以得到适当弥补，可以取得一般价格杠杆难以取得的既促进供给，又保证需求的双重目的。在过去，尤其是1979年——1983年间，由于农副产品收购价格的大幅度提高，国家付出了1,000多亿元的价格补贴，且每年的价格补贴规模还处于上升的趋势中。通过财政补贴杠杆的利

169

用，稳定了农产品的消费水平，间接地提高了人民的支付能力，其积极作用应该给予充分承认。（在供给的一定的条件下，利用财政补贴杠杆单方面调节需求的作用机制如 图2 所示）

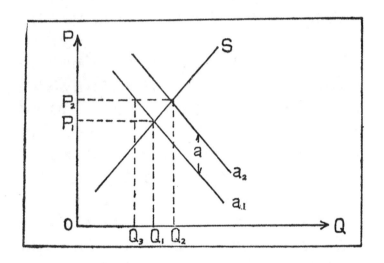

　　为了增加农产品生产，收购价格被提高到P_2。但如果消费者收入一定 在 P_2 上他们只能购买Q_3的农产品。为了满足人们消费，必须使他们获得与生 产 量 相同的消费量，这就必须由国家拿出一定的财政补贴（单位农产品补贴a）

　　其实，财政补贴（主要是价格补贴）杠杆的作用原理并未超出价值规律的范围。从价格补贴单方调节的机制图示可以看出，这种调节的依据依然是价格对供求的调节关系，依然是商品经济的价值规律，只不过是利用价格补贴斩断了商品流通中不同环节的价格之间的正常联系，由国家在市场供

170

求之外，又形成一部分隐蔽的供给能力或需求能力罢了。

二、收益补偿性。对那些政策性亏损的企业，或盈利水平低于一般利润水平，国家又需要鼓励或扶持的企业或产品，财政补贴杠杆能够从财政资金中转移一部分收入给它们，使它们能够获得实际上不低于，甚至高于平均收益水平的企业利益。

财政补贴杠杆的这个特性主要是相对于税收杠杆（主要指流转税杠杆）而言。我们知道，在有计划商品经济的条件下，税收是掌握在国家手中的最为重要的经济杠杆。它客观上具有调节范围广，能直接体现国家的调节意图等特点。随着经济体制改革和经济运行方式转变的完成，税收杠杆的作用必将得到更为充分的发挥。但是，美中不足的是，不论税收杠杆如何调整自己的作用对象、适用税率，如何实施减免税收和附加、加成征收办法，总之，不论它如何调整自己的区别对待政策，税收杠杆发挥作用的条件必定是被调节的企业或产品有可供国家获取的收入，亦即它们的利润水平一定要高于一般留利水平（我们仅讨论在计划价格范围内的情况，因为财政补贴的对象一般都是受到国家的不利干预，主要是价格被规定得偏低的产品或企业）。不论从一个纳税人手中课取多少税，它总是一个收入由纳税人手中向国家手中转移的过程，起码国家也不付出什么代价。因此，税收杠杆主要是抑制人们生产或经营某些产品的过分积极性。但对那些由于国家有目的的不利干预，造成微利甚至亏损的企业或产品，税收杠杆相对说来就难以刺激人们扩大生产和经营的积极性（这些人们的积极性是负的），因而税收杠杆在此也就失去了发挥作用的条件。财政补贴杠杆具有的收益补偿性，恰恰使它能在这一领域发挥自己的特殊作用。利用适当的财政补贴，可以使这些低利或亏损企业得到合理的补偿，也能有一个合理的实际收益，从而也就使它们获得了继续组织生产和经营（甚至在扩大的规模上）的动力。所以，从某种意义上说，财政补贴是一种"负税"，它能使国家在一般税收杠杆无能为力的领域发挥调节作用，完善了国家掌握的经济杠杆体系。

　　财政补贴杠杆的收益补偿性，在同信贷杠杆相比时也显示了自己的价值。信贷利息杠杆是银行掌握的重要经济杠杆，随着经济管理体制的进一步改革，社会主义资金市场的逐步形成，各专业银行的逐步企业化，信贷利息杠杆的作用范围和作用强度会进一步扩大和加强，它在整个经济杠杆体系中的地位也会有一个不断的提高。信贷资金的特点是有借有还，收取利息。由此也规定了贷款对象的特点，即它们必须是那些能利用所借资金获得超过利息率水平的利润率的企业。在价值规律充分起作用的条件下，利润水平一般是衡量一个企业所生产的产品满足社会需要程度的标志，利润率高的企业，证明它们的生产经营的产品很符合社会需要，当然它也有必要和可能获得银行的贷款帮助。反之，利润率很低，甚至亏损的企业，说明它生产的产品不符合社会需要，转化系数太低。因此，不论从社会的角度出发，还是从银行本身的利益来说，都不应予以信贷支援，应该做的倒是自觉

172

地采取信贷惩罚措施，促其早日转产、停产，实现经济资源的合理配置。但是，我国是有计划的商品经济，国家对社会经济生活的干预还是必然存在的。而国家干预的结果，必然使一些企业发生政策性亏损，就这些企业来说，它们的产品不是社会不需要，相反，在很大程度上，正由于它们的产品为社会所急需，才产生国家对其生产经营活动进行多方干预的必要。对这些企业，作为社会主义银行，理应进行积极的资金扶持，提供种种优惠条件，促使它们的更好发展。但是，银行作为一种经营货币的企业，它的支持总是有限的，它应有合理的利息收入可得，起码也要保证贷款资金的完整回流。在这种情况下，信贷杠杆作用的发挥，需以利用财政补贴杠杆为条件，国家可以通过一定的财政补贴，或者给企业以应有的补偿，使之具有还本付息的能力，或者直接由财政补贴一部分利息。从近几年的实践来看，财政补贴杠杆的收益补偿性，对信贷杠杆作用的发挥，确实起了良好的配合作用。

三、在个人消费品分配上，财政补贴杠杆还有分配的平均性。即通过财政补贴，可以使一部分个人消费品按较低的价格出售，使所有的消费者都能获得相对平均的消费量（相对于按市场价格出售来说）。

社会主义社会个人消费品分配的原则是按劳分配，它要求：一要所得同劳动成比例；二要用所得去交换等价的生活资料。在劳动者的劳动能力尚未得到充分发展，各人的劳动能力存在较大差别的条件下，不同劳动者按劳分到的个人消

173

181

费品量是极不相同的。当然，如果人们从绝对意义上理解按劳分配原则，这些与劳动量的差距相联系的收入差距及生活资料量的差距，当然也要完整地存在。不过，任何经济规律都不是孤立地发挥作用的，它必然受到其他经济规律和社会规律的制约，尤其要受基本经济规律的制约，社会主义社会尤其是这样。在我国这样的生产力水平不高，人们收入水平较低的情况下，社会不能不对一些低收入家庭实行必要的财政补贴，使人人都能维持基本的生活水平，感觉到社会主义的温暖。为此，除了发放一部分现金补贴外（直接发给消费者的补贴），也有必要对一些人民生活必需的基本消费资料（如粮食、食用油、民用煤等）规定较低的补贴价格。在这里，实际上是国家利用财政补贴的方式，给每个居民分发了一部分个人消费品，因而这种分配具有平均分配的性质。应当说，由于财政补贴具有这种特性，就相应降低了其对经济生活的刺激作用，不太利于经济运行效率的提高。但是，人类活动不仅仅是经济活动。正象我们在第一章指出的那样，经济杠杆也可能把某种社会效果作为自己的调节目标。财政补贴杠杆通过本身分配平均性的发挥，一定程度上稳定了人民生活，保证了经济体制改革的顺利进行，它的积极的社会意义是不能抹煞的。当然，不恰当的财政补贴规模，会使我们在经济效率上付出过大的牺牲，这个问题下面我们会谈到。但是，利用水平不高并不足以全盘否定财政补贴杠杆的分配平均性，因为这是两个性质不同的问题。

　　同其他经济杠杆一样，财政补贴杠杆的这三个特点也是

174

相互联系的统一体。只有综合考虑三个特点，才能准确地达到我们的调节目的，不致以出现过大的失误。

第二节　财政补贴杠杆的形式

财政补贴杠杆的形式主要有三个：价格补贴、政策性亏损补贴和财政贴息。

一、价格补贴。亦即国家为了弥补由于价格过低给生产者、经营者造成的损失而付出的补贴。价格补贴是财政补贴最主要的组成部分。在目前的财政补贴总额中，价格补贴占最大比重，在某种程度上可以说，目前人们之所以对财政补贴问题深感兴趣，主要是受到了价格补贴的强烈刺激。而价格补贴杠杆使用得好坏，基本上也决定着财政补贴杠杆的声誉。

价格补贴按最终受益对象划分，可分为对生产者的价格补贴和对消费者的价格补贴。如果某种商品价格在没有国家补贴的情况下，生产经营者的收入会大大降低（仅靠供给者按市场价格出售），这种补贴就属于对生产者的价格补贴。很明显，这种性质的价格补贴肯定是对那些供给大于需求，但又必须保持一定的供给能力的商品实行的。如美国对农产品的价格补贴（美国政府规定高于市场价格的保护价格，二者之间的差额由国家财政补贴）。我国和其他社会主义国家的价格补贴主要属于第二类，即对消费者的价格补贴。不难想象，如果没有国家利用财政补贴进行干预，让那些补贴商品的价格在市场自由形成的话，物价一定会大幅度上升，给

175

消费者带来严重损失。故此这样的补贴实际上是对消费者的收入补偿，间接提高了他们的有支付能力的需求。

对消费者的价格补贴有两个特点，一是它能最有效地制止价格变动的连锁反应，二是它能使大多数人的生活水平免受太大的波动。根据这样两个特点，并综合考虑它给其他方面产生的不同影响，这种价格补贴主要适用于那些对国计民生有重大影响的产品，如一些重要的矿产品和农副产品。我们在第六章曾指出，一些国民经济和人民生活的基础产品，如果听任其价格随着市场供求情况而自由涨落，必将给社会经济生活造成太大波动，不利于社会经济的按比例发展，因而必须干预它们的价格形成，阻止它们所带来的过分的连锁反应。在国家可用来制止这种连锁反应的所有武器中，价格补贴是最为有效的一种。利用价格补贴，可以使一些价格偏低的原材料，尤其是一些第一产业生产的矿产品，如煤炭、矿石等，暂时不提、少提、至少是缓提价格，以适应其他商品价格调整和企业管理体制改革的需要，避免给后续的第二、第三产业造成过分剧烈的影响。对那些人民生活必需品，如粮食、食用油、棉花、肉食、蔬菜、民用煤等，利用价格补贴，可以在收购价格提高后，不提或少提销售价格，一方面可以使人民生活基本维持稳定，另一方面又不致于引起工资性收入的大幅度上涨，从而导致活劳动成本增大，在更大范围内引起成本推动的通货膨胀。

对消费者的价格补贴在我国由来已久，从五十年代初期对絮棉实行价格补贴以来，价格补贴的品种、规模都有了很

176

大发展。尤其是1979年农产品收购价格大幅度提高以后，价格补贴的增长速度更是快得惊人，年递增速度近30％，占财政收入的比重达到27.4％。不能否认，过大的价格，补贴规模，不恰当的价格补贴办法，一定程度上累积了传统价格制度的矛盾，妨碍了价格改革的正常进行，影响了财政收支平衡。但另一方面，它对稳定经济生活和人民生活，也确实发挥了巨大的作用。国家物价总局负责人曾讲过："对人民生活基本必需品的价格，必须稳定。长期以来，政府为了稳定物价，安定人民生活，对粮食、食用油、棉花、肉类、大中城市的大宗蔬菜，生活用煤等基本生活必需品，实行价格补贴。1980年仅粮食、食油两种商品，国家初步补贴100多亿元，为了保持这类商品价格的稳定，今后仍然执行财政补贴的政策。"[1]

二、政策性亏损补贴。指给予那些由于国家多方干预，使企业收不抵支发生了亏损的补贴，如冶金工业亏损补贴、有色金属工业亏损补贴、煤炭工业亏损补贴、化学工业亏损补贴、农业企业亏损补贴、轻工业亏损补贴、商业企业亏损补贴等。这些企业亏损的主要原因也是价格偏低，但与上面的价格补贴的主要区别是，一方面这种补贴还有其他方面的原因，如国家干预造成的供、产、销条件的不利变化等；另一方面，在预算处理上，属于大宗的经常性的补贴商品，如粮食、食油、棉花、肉食、蔬菜、民用煤、农业生产资料、猪

---

① 《涤棉布和烟酒为什么调价？国家物价总局负责人答新华社记者问》，《人民日报》1981年11月18日第4版。

皮制革、工矿产品等，作为直接的财政支出处理，其补贴对象是这些产品，不是企业，而政策性亏损补贴则是在财政收入中作为收入退库处理，其补贴对象是企业。

在商品经济条件下，亏损是一个企业生产的产品不符合社会需要，经营管理水平太低，成本过高的财务反映，对这种真正的企业亏损，国家不仅没有从财务上给予扶持的责任，反而应促使它尽早结束浪费社会经济资源的行为，尽快实现关停并转。应当承认，在我们的经济生活中，这种经营性亏损的数额还大得惊人，1982年，人们对800个亏损企业调查的结果表明，因管理不善造成的亏损占全部亏损的76%。但是，对那些确因国家的不利干预造成的亏损，国家有责任，也有必要给予恰当的财政补贴。显然，通过数额准确的财政补贴，这些企业在初次分配中受到的损失会得到适当弥补，企业利益得到保证，下一个生产过程得以正常开始，国计民生所必需的产品会被源源不断地再生产出来。从这个角度认识问题，政策性亏损补贴对社会经济生活还是有相当大的积极作用的。因此，它也应算作是一个经济杠杆形式。

然而，政策性亏损补贴作为经济杠杆的前提条件，是它必须能在实际工作中同经营性亏损严格分开。否则，必然会冲淡、甚至完全否定它的经济杠杆性质。不幸的是，我们在实际中并未能较好地做到这一点。据人们估计，在国家付出的亏损补贴中，有大约1/3属于对经营性亏损的补贴，这无疑会大大伤害政策性亏损补贴在人们心目中的形象。为此，必须健全补贴制度，严格补贴标准，使补贴办法科学化、合

178

理化、制度化，彻底改变过去那种事实上的敞口补贴方式。一句话，必须硬化亏损补贴对企业生产经营活动的约束。在这方面，一个可行的办法（也许是唯一可行的办法）是推行亏损定额补贴包干制。针对不同的企业，可设计不同的包干办法，其中，有的可实行"亏损基数包干，超亏不补，减亏分成"的办法；有的可实行"亏损递减包干，超亏不补，减亏留用或分成"的办法；有的可实行"定额补贴包干，超亏不补，减亏分成或留用"的办法。通过这些方法可以明确国家与企业的责任，调动企业努力改善经营管理，尽可能减少亏损的积极性，也有利于防止经营性亏损的鱼目混珠。近几年的实践表明，这些办法是比较有效的。

三、财政贴息。指国家财政对某些企业、某些项目的贷款利息，在一定时期内，按一定比例给予的补贴。在财政补贴杠杆诸形式中，财政贴息还是一个比较年轻的形式。

财政贴息是与信贷利息杠杆相配套的经济杠杆形式。如前所述，由于银行是一种企业，它在贯彻国家意图，扶持名优产品上的作用总是有限的。为了更迅速地刺激企业尽快增加国家所需要的产品生产，支持短缺部门的发展，有必要利用财政贴息杠杆，给企业添加更大的动力。国家经委、财政部．中国人民银行、中国工商银行在1984年5月联合发布的《技术改造贴息贷款暂行管理办法》指出，"贴息贷款用于：

1、促进企业联合，发展优质名牌产品。企业联合是指以优质名牌厂为主组织联合本地区或跨地区的企业，扩大生产名牌优质产品。……

179

2、沿海城市和重点城市的引进先进技术和设备，改造现有企业的项目。

3、十二大类省能机电产品的制造和推广，以及技术改造后产品性能提高，社会效益大，企业不受益或受益少的项目。

在贴息办法上，"国家对使用贴息贷款的技术改造项目实行利息的半补贴和全补贴两类。半补贴即由国家承付借款单位应付利息的一半，全补贴即由国家承付借款单位应付的全部利息。"在贴息期限上，"贴息贷款的贷款期限为三至五年，个别社会经济效益好，还款确有困难的项目，可适当延长，但最长不超过七年。"从中国工商银行1984年发放的10亿元贴息贷款的效果来看，财政贴息对支持名优产品生产，提高工业企业的经济效益，确实发挥了很好的作用，作为一个经济杠杆形式，财政贴息还有更为广阔的发展前途。

由于传统经济管理体制的约束，财政补贴杠杆具有的调节社会经济生活的作用尚未得到应有重视，财政补贴杠杆形式的开发做得也很不够，现有的形式看来也过于单调。我们相信，随着国家管理经济方式的转变，各种经济关系的逐步理顺，更多地具有各种不同作用的财政补贴杠杆形式会出现于社会经济生活中。

第三节　财政补贴杠杆对其他
经济杠杆的配合作用

一般地说，各种经济杠杆都有自己一定的活动领域，发

180

挥一定的调节作用，它们并存于社会经济生活中，相互配合，相互交叉地完成各自使命。我们只要把价格杠杆、税收杠杆、信贷杠杆、工资杠杆等比较一下，就会发现，它们大体上都处于调节社会经济生活的第一线，是国家借以干预经济运行的第一工具。它们对社会经济活动的调节基本上是平行的，很难分清哪种经济杠杆调节在先，哪种经济杠杆调节在后。而财政补贴杠杆则不同，作为对国家掌握利用的各种干预手段的结果的矫正工具，财政补贴杠杆总是处于国家调节社会经济生活的第二线，是在其他经济杠杆调节之后，针对第一次调节结果与国家要求的目标之间的差距，进行再次调节。仔细分析一下财政补贴杠杆的三个特点，都可以比较清楚地看到这一点。为了明了财政补贴杠杆同其他经济杠杆的关系，减少实际运用中的盲目性，应当了解财政补贴杠杆对其他经济杠杆的配合作用。

价格是最为重要的调节手段，也是极其重要的经济杠杆。财政补贴杠杆的最重要形式——价格补贴，就是对价格杠杆的补充和矫正。在国家调节经济的活动中，凡是在同时或单方面地调节供给或需求时，都要首先把价格杠杆推出来。如果国家控制的目标是要求供求的双方反方向变动，则通过价格杠杆逆向调节功能的发挥，即可完全达到国家的调节目的。但若国家利用价格杠杆的目的仅是调节供求的某一方面，不使另一方反方向变动时，则需要利用价格补贴杠杆进行再次调节，矫正价格杠杆对另一方的影响。本章第一节关于财政补贴单方调节性的论述中，我们对此曾进行了文字

181

和图象描述。不难理解，这时的价格补贴杠杆是作为价格杠杆的配套手段出现的，单纯的价格补贴杠杆是没有什么意义的。

税收杠杆的调节有两种情况，一种是在相对自由价格的范围内，税收作为影响价格变动的因素之一，是国家所要利用的第一位的经济杠杆。价格杠杆则是在税收杠杆的调节下，发生被动的变动，它的调节作用也就属于第二个层次了。随着经济管理体制的改革，国家对经济的管理逐步由直接管理向间接管理转化，税收杠杆的这个主动调节功能不断得到强化，我们上面谈到税收杠杆是处于第一线的经济杠杆，主要是就这个意义而言的。另一种在计划价格范围内，尤其是在固定价格范围内，由于价格杠杆的调节只能使国家达到一部分目的（如限制需求），另一部分目的的实现就需要借助于税收杠杆了。与限制消费的需要相适应，需要用高额税收限制供给，为配合降价引起的消费量增加，也需要用减免税来刺激供给。对大部分实行计划价格的商品来说，有税收杠杆就可以了。但是，正如本章第一节论述财政补贴杠杆的收益补偿性指出的那样，对一些政策性亏损的企业，税收杠杆的作用是力所难及的，也就是说，税收杠杆仅能复盖那些可以获得较多收入的企业和产品。因此，尽管在第五章，我们曾指出税收杠杆具有调节的广泛性，但在实际上，它也有自己鞭长莫及的作用死角。这些作用死角——对政策性亏损企业的调节，就是财政补贴杠杆的作用领域。通过本身收益补偿性的发挥，可以使企业获得正常再生产的能力，也可

182

以激发它们生产经营亏损产品的积极性。从这个角度来看，财政补贴杠杆不仅对价格杠杆有配合作用，对税收杠杆也有配合作用。把税收杠杆和财政补贴杠杆综合到一起，一般地说，就可以完成所有的对价格杠杆调节结果的再调节任务，复盖所有需要单向调节的企业或产品。

对信贷利息杠杆起补充调节作用的财政补贴杠杆当然是财政贴息。为刺激企业节约使用资金，合理分配资源，加强经济核算，有必要更广泛，更高水平地利用信贷利息杠杆。可以肯定，在未来有计划的商品经济中，国家控制投资总量的主要经济杠杆将是信贷利息杠杆。但是，由于受信贷利息杠杆主体的局限，单纯依靠它是难以达到国家所有的调节目的的。银行，尤其是四大专业银行，将来还要逐步地过渡到企业化。一般地说，它们每一笔贷款业务都要获得一定的收益，国家不应该通过不恰当的行政干预，使银行按国家的意图行事。因此，信贷利息杠杆的主要作用领域将是调节投资总量. 而对不同贷款对象实行区别对待的灵活性则相对较弱。一些国家需要迅速支持的项目和企业，以及一些由于政策性原因造成亏损的企业，仅仅依靠信贷杠杆，可能难以收效，甚至使它没有发生作用的条件（原因如第一节所述）。这使得信贷利息杠杆出现了调节真空，同时也使它必须取得财政补贴杠杆的帮助，利用财政补贴杠杆，除了可以适当补偿政策性亏损企业的亏损，使它有偿还的可能，从而为信贷杠杆的发生作用创造条件外，另一方面，通过财政贴息，还可以对利息杠杆的调节结果进行再调节，使贷款企业一方面

183

191

能够获得足够的信贷资金，增加名牌优质产品生产。同时，也能促使它加强经营管理，节约使用资金，提高使用效果。

工资杠杆是激发劳动者的积极性，为社会多做贡献的经济杠杆，它的作用领域是个人消费品分配领域。在社会主义社会，生产资料公有制，使对个人消费品实行按劳分配具有了可能性，社会承认不同劳动者的不同的劳动能力为其天赋特权，则使个人消费品的按劳分配具有必要性。工资作为个人消费品分配实现方式之一，当然应该最大限度地根据按劳分配原则行事。按劳分配的历史进步性主要表现在，它能通过在劳动者个人所得与社会所得之间建立有机的联系，刺激劳动者充分发挥自己的劳动能力为自己、为社会创造尽可能多的财富。因此，千方百计地提高效率不能不是人们设计工资分配制度的第一动机。根据这个动机，收入差距必须拉大，人们对生活资料的消费量必须与他付出的劳动量相吻合。但是，种种复杂的社会的、政治的、道德的、历史的原因，使所有人的最基本的生活需求必须得到适当满足。尤其是社会主义社会，在个人消费品分配上，更是以共同富裕为社会追求的最终目标。因此，在工资分配以后，人们还必须以各种或明或暗的方式，使彼此之间的生活水平获得相对的平均（以不破坏应有的效率为前提）。其中一个重要的途径就是财政补贴，政府可以以发放收入补贴（或称现金补贴）的方式进行明补，也可以通过价格补贴的方式进行暗补。由此可以看出，财政补贴是对工资分配的再调节，是对劳动者工资收入的再分配，它很明显地扮演一个工资杠杆的

184

配套者的角色。

如何使财政补贴杠杆与其他经济杠杆较好地协调起来，使它再调节的结果与国家的要求相适应，是一个十分重要的理论和实践问题。在过去，我们在这方面有不少成功的事例，但也有失败的教训。仅拿价格杠杆与财政补贴杠杆不配套的情况来说，其给社会经济造成的损失就十分令人痛心。比如，山西煤炭外运，国家对统配煤矿每吨补贴2元，小窑煤补贴27元。为减轻晋煤外运的压力，国家在山西兴建了一批坑口电站，向华北输电。但由于电厂就地供电每度6分，而外输河北只有4分，电厂无利可图，很难同意晋电外输，由此造成90多万瓩机组停止发电。而河北由于缺电，不得不投资2.7亿元扩建邢台电厂，造成资金的巨大浪费。显然，如果能把价格杠杆同财政补贴杠杆协调起来，给予晋电外输以相当于，甚至高于晋煤外运的补贴，问题就可迎刃而解。再如，我国纯碱供应紧张，不得不大量进口，但我国的碱厂反而关了七家。其原因主要有两条：一是纯碱价格低，每吨价格1956年以前为260元，1976年降为200元，而制碱原料盐、煤的价格不断上涨，吨碱成本增加30——40元，一提一降相差100多元，使大厂微利，小厂亏损；二是进口补贴不合理，进口一吨纯碱要花费290美元，折合人民币800——900元，调给用碱厂才200元，国家补贴其间的差额600——700元，用碱厂和物资部门都不负担，客观上起了刺激进口的作用。可以肯定，如果把这笔补贴或者支持国内纯碱提高价格，或者直接补给碱厂，决不致于七家碱厂关门。事实说明，财政

185

193

补贴杠杆只有同其他经济杠杆很好地协调起来，大家都朝同一个方向——圆满实现国家的经济调节目标方向使劲，它所固有的各种职能才能发挥出应有的积极作用，也才能真正完善国家手中的经济杠杆体系。

第四节　以充分发挥财政补贴杠杆的作用为目标，整顿现有的财政补贴

同世界上任何其他事物一样，经济杠杆对社会经济生活的调节作用也有两重性：一方面它可以诱导人们向国家要求的方向努力，在这一点上它确实比其他调节手段优越得多；而另一方面，由于它作用过程的难把握性和作用结果的较大弹性，给社会经济生活带来一些消极影响也在所难免。人们只能权衡利弊，择优而用，不能苛求十全十美，财政补贴杠杆尤其是这样。尽管我们说，财政补贴杠杆从其本身的特性来看，能够发挥积极的调节作用，并且，这几年也多亏了它，农副产品收购价格才能大幅度提高，副食品价格才能适当调整，农业生产资料才能低价供应，政策性亏损企业才能维持经营，由此促进了生产发展，安定了人民生活，作用确实很大。但是，由于种种主客观原因，财政补贴也给社会经济生活带来了不少的消极影响，甚至在一定程度上，正是它的那些消极影响，引起了人们对它的研究兴趣。

财政补贴的消极影响已经被人们列举了不少，如影响了财政收支的平衡，加重了财政负担，妨碍了改革的顺利进行

186

等。我们仅从它应该是一个经济杠杆的角度，对现行的财政补贴进行一下分析。

一、财政补贴杠杆一定程度上妨碍了企业经济核算。作为以保证经济稳定，安定人民生活为主要调节目标的经济杠杆，财政补贴、尤其是价格补贴在许多时候是以降低微观效率，扭曲经济关系为代价的，这也确实是目前的财政补贴招致人们不满的主要原因。拿对一些生产用原材料的价格补贴来说，由于这种补贴是在价格之外进行的，企业用这种按补贴价格购进的原材料进行生产。尽管所耗物化劳动的价值很大，但货币表现的费用却很小，从而造成成本虚假，收益虚增，客观上助长了补贴原材料的浪费，不利于资源的合理配置和高效率使用，主观上使企业丧失了加强经营管理和经济核算的积极性，更多地求助于利用低价原材料来轻易地获取丰厚利润。再者，补贴人为地使劳动力再生产的费用降低，也使活劳动成本不实，给企业传递了不准确的劳动供给信息，不利于劳动力的合理使用。并且，由于国家对企业干预太多，使企业的政策性亏损和经营性亏损难以划分清楚，往往出现以弥补政策性亏损为名，弥补经营性亏损的情况。由此也就形成了所谓预算软约束，亏损企业不思改进经营管理，尽快扭亏为盈，而是靠吃财政补贴的"大锅饭"过日子。这些现象说明，目前的财政补贴在很大程度上抑制了企业微观经济效益的提高。

二、财政补贴杠杆在一定程度上妨碍了其他经济杠杆作用的发挥。财政补贴杠杆的作用是在配合其他经济杠杆调节社会经济生活时得到发挥的，它本身应当有一个"度"的界限。但在目前，过大的补贴规模，过广的补贴范围，过多的补贴项目，使它在许多地方不是配合其他经济杠杆，而是取代、排挤其他经济杠杆。相当一部分享受补贴的商品，由于供求条件的变化，本来应当及时地调整价格，取消补贴，但人们却一直以不必要的价格补贴代替必要的价格调整，拒绝经济关系的理顺。也有相当一部分个人消费品的补贴，按说应当随着人们收入的不断增长和它们在人们消费中的地位的变化，适时地取消补贴，把它合并到工资中去按劳分配，以扩大工资杠杆的作用范围。但人们却一直坚持按补贴价格出售，习惯于这种平均分配办法，而不惜以效率的过大损失为代价。由于有这么多不合理的补贴项目存在，使相当多的人认为，财政补贴在很大程度上妨碍了经济体制改革的顺利进行。它本身累积起来的过多的旧体制造成的矛盾，使目前正在进行的价格改革和工资改革遇到了很大的麻烦。

三、具体的财政补贴制度和办法存在很多漏洞，更加剧了它的消极作用。前些年，由于规定农副产品的超购加价款由中央财政负担，一些地方从本位主义出发，乘机千方百计地压低征购基数，多捞加价款，造成国家掌握的粮食不多，付出的补贴款却大幅度上升。某些不缺粮的经济作物产区，在从国家获得奖售粮后，转手又以超购价卖给国家，使国家拿出双份钱。由于补贴标准掌握不严，国家付出的猪皮补贴大幅度上升，由1978年的1.59亿元增加到1982年的8.6亿元，而主要原因却是带肉率太高。蔬菜补贴由于没有一个恰当的

188

标准，国家补贴年年增加，经营性亏损日渐严重。天津水产品补贴1982年比1981年增加43%，而人民在平日里依然吃不上鱼，节日还定量供应。补贴标准、补贴办法如此混乱和不健全，财政补贴杠杆很难有充分发挥作用的条件，这样，它受到人们的怀疑和反对也就在所难免了。

以上问题说明，现实的财政补贴与理想的财政补贴杠杆还有相当大的差距。怎么办？只能通过对现有的财政补贴进行果断而有步骤的整顿和改革，才能使它尽可能地向理想的财政补贴杠杆靠拢，才能充分发挥它特有的调节社会经济生活的作用。

全部整改似有这样两个方面：

第一、要对现有财政补贴进行科学分析，分门别类，决定存留与否。现有补贴的主要问题是过多过滥，因此，整改的重点必然是减少补贴项目，缩小补贴规模。总的原则应当是根据现存补贴对象在社会经济生活中的作用性质及程度，决定取舍和先后顺序。首先，对那些目前已无补贴必要的补贴项目要立即取消。比如，对洗衣粉、肥皂、热水瓶、灯泡、铁锅、学生课本、作业本、红领巾等一般日用消费品的补贴当属此列。这类补贴一方面数额不大（据统计，1982年为6000万元），在工资连续提高的条件下，职工群众完全能承受得起。另一方面，作为个人消费品，应当把它们完全纳入工资分配的范围，利用工资杠杆和价格杠杆来调节它们的供求。对一些大型农用生产资料的价格补贴，也可以考虑取消。原因有两个：一是通过近几年农副产品收购价格的持续

189

197

提高，农民已经得到了巨大好处（据统计，农民一年的提价收益近260亿元），客观有可能使这些农用生产资料按正常价格出售（每年的全部农用生产资料的价格补贴才20多亿元，1983年又下降到不到14亿元）；二是大型农机具的价值（成本）一般都很大，不具有大幅度降低价格的能力，因而它对刺激农民的购买热情所起作用有限。有购买能力的乡镇集体单位一般不会由于它的价格稍高而支付能力不足，买不起的单位也不会因为价格稍低一点而购买能力充足。因此，不如按合理价格出售，既有利于经济关系的理顺，也可刺激供给能力的增强。

其次，对一些虽不合理，但由于种种原因，还不能马上取消的财政补贴项目，要积极创造条件，尽早取消。房租补贴就是典型的一例。目前，我国的房租水平太低，每平米月收房租不到两角钱，国家为此每年付出财政补贴100多亿元。高补贴支持着过低的房租，加剧了住宅的供求矛盾，助长了住房分配上的不正之风。因此，应当有计划、有步骤地把房租补贴逐渐转到工资中去，实现住宅的按劳分配。不难设想，利用适当的房租调整，抑止人们过分的住房需求，这要比单纯依靠增加住宅竣工面积，来解决供需矛盾要有效得多。目前，好多城市正在试行的对超过标准的住房面积，按较高的房租计收的办法，确已收到良好的效果。另外，对城市一些公用事业的补贴，诸如煤气、自来水、公共交通等，也应采取措施，逐步减少乃至取消。目前，城市公共交通票价偏低，亏损严重。尤其是月票，一般只相当于成本的

190

30——70%。城市煤气价格也偏低，上海市工业用煤气为99元/千m³，大大低于同热值的柴油、煤油和电力。民用煤气价格更低，北京市民用煤气进销倒挂0.002元/m³。自来水也有同样问题，大连市仅1982年上半年就亏损167.3万元。当然，对这些项目的补贴，我们不能一概斥之为不合理。在过去人们收入水平太低，社会风气较正的情况下，这些补贴对隐定人民生活，维持和促进这些行业的发展，确实发挥了很好的作用。但在目前，由于种种原因，住宅和这些社会服务的供求矛盾十分尖锐。如果继续把它们作为福利事业来办，只会加剧矛盾，影响它们的发展和人民生活的改善。因此，应当审时度势，因势利导，逐步缩小乃至取消对它们的补贴，使这些行业逐步成为真正的商品生产者和经营者。

对一些消费弹性很小的基本生活必需品的补贴，应当在相当长的时期内予以保留。如前所述，财政补贴杠杆的一个重要作用就是保证人民生活水平的稳定（在不给效率造成太大影响的条件下），就一些基本消费资料而言，如粮食、食用油、民用煤等，尽管它们在人们消费开支中的比重越来越低（恩格尔定律的作用），但由于它们一方面总是构成人们生活中最基本的、最没有什么弹性的生活需求，另一方面，在我国目前的消费水平下，基本消费部分依然占到最大比重（据1982年抽样调查，居民消费中的粮食、副食品、燃料的开支占将近一半），一些低收入家庭这个比重更大。很明显，如我们简单地用提高价格，提高工资来对这些消费品实

191

行完全的按劳分配，必然会使相当大一部分居民的生活水平下降，超过他们对正在进行的体制改革的承受能力，不利于改革的顺利发展。因此，在我们的供给能力还难以有保证地满足人们的消费需求的情况下，必须利用财政补贴这个杠杆，弥补市场价格和人们能够接受的价格之间的差距，不给人民生活带来大的影响。

对工商企业的亏损补贴，要在严格区分政策性亏损和经营性亏损的基础上，采取不同措施，妥善予以解决。对属于政策性亏损的部分，只要其亏损条件存在，可在严格核定定额的基础上，继续由财政补贴。经营性亏损原则上不应该作为财政补贴的对象；但鉴于亏损原因的复杂性，以及从根本上改善经营管理尚需一定时间，可由企业主管部门责成企业限期扭亏，在规定限期内，财政部门可适当予以补贴，超过限期的，一律不再补贴。

第二、要有一套行之有效的财政补贴制度和办法。所谓行之有效，就是能以最小的效率损失，最少的资金浪费，获得预定的财政补贴的效果。对于目前存在的补贴标准混乱，补贴渠道五花八门，补贴决定主体多元化的不正常现象，应当通过严格补贴制度，由财政部门统一负责的办法予以解决，任何补贴标准的核定和变动，补贴渠道的开放与关闭，补贴决定因素的更改等，都要事先征得财政部门的同意，使财政部门真正成为财政补贴杠杆的利用者。有一些具体的补贴办法也应修改，如奖售粮补贴，可以考虑对一些不缺粮的经济作物产区，取消奖售粮，改为奖售其他紧俏工业品办

192

法。对需要奖售粮食的地区，也要按其粮食自给程度，重新确定奖售标准，以避免转手倒卖，套取国家加价款的现象。另外，建议把奖售粮食统统提到统购价水平，取消或减少财政补贴。这是因为经济作物也已提价，如再低价奖售粮食，会使这部分农民得到双份好处，一方面会引起农民内部矛盾，另一方面也不利于农业生产内部的结构调整。在财政补贴的具体分配式上，价格补贴一般宜采取定额定率的办法，把补贴数额与经营数量紧密结合起来。粮油价格补贴应根据粮油经营部门经销的粮油数量和规定的标准进行补贴；外贸高亏进口商品补贴（主要是粮食、棉花、砂糖、化肥、农药五种）应按进口数量和核定的价差及费用补贴标准进行补贴；民用煤价格补贴应按销售单位实际售出的煤炭数量和规定的补贴标准进行补贴；煤炭调出价格补贴应根据实际调出省外的煤炭量和核定的标准进行补贴等。这样分配补贴有利于严格区分价格补贴和其他原因造成的亏损之间的界限，避免其他产品吃价格补贴"大锅饭"，使每一笔补贴真正发挥自己的作用。对政策性亏损补贴可实行计划补贴办法，根据核定的亏损定额，超亏不补，减亏分成或留用。补贴数额和减亏分成比例，可一年一定，也可以一定几年不变，以避免政策性亏损企业凭自己的牌子，靠国家补贴过日子，从而对可以减少的亏损不努力争取减少，失去改善经营管理的动力。对目前不得不暂时给予的经营性亏损补贴，更要严格核定定额和补贴年限。在补贴递减的基础上，超亏不补，减亏分成，超过限期的一律不予补贴。总之，这些行之有效的补贴制度和

193

办法，应能形成一种对亏损企业和补贴商品的硬约束，不能因为财政补贴的存在，使亏损企业产生单纯等待国家补贴的依赖思想和不正常的经营行为。也只有采取这些方式，财政补贴杠杆才能充分发挥自己的积极作用。

194

第十章　经济杠杆的综合运用

前面几章我们着重就几种重要的经济杠杆形式分别进行了论述。通过这些论述，可以使我们对这些不同的经济杠杆的不同作用特点有一些粗浅的了解，有助于在利用它们调节社会经济生活时减少盲目性，增强自觉性，更加得心应手。理论分析和以往的实践都表明，人们认识、掌握和利用某些单一的经济杠杆的能力还是比较强的，对一些特定的比较单一的调节过程及其结果的控制也是比较准确的。这一方面是由于我们在讨论某一经济杠杆时，总是建立在"在其它条件不变的情况下"，或者是"各方面都处在比较正常的基础上"。另一方面也由于不同经济杠杆的具体使用部门，对自己掌握的经济杠杆的种种特点比较了解，对需要调节的对象也较清楚。不能否认，对单个经济杠杆的研究和使用，永远是我们对整个经济杠杆体系进行研究、利用的基础。

但是，人们在研究和利用经济杠杆时遇到的最困难、最重要、实践意义最大的问题却是各种经济杠杆的配套运用问题，亦即如何把性质不同的经济杠杆诸形式，连结为一个有

195

机的整体，形成最恰当的作用合力，以实现整个社会经济生活的协调发展。稍微观察和思考一下经济杠杆调节社会经济生活的过程就会发现，任何一种经济杠杆调节作用的发挥，只有在其它经济杠杆的通力配合下才有可能。不同的经济杠杆之间相互制约，互为条件，互相补充，在作用过程中彼此渗透、取长补短，确实形成了一个比较严密的调节系统。在目前正在进行的经济体制改革中，不同经济杠杆之间的这种相互制约的关系表现得尤为明显。本章将在前几章阐明的经济杠杆一般原理和各分杠杆的特性的基础上，对有关经济杠杆配套运用的基础和几种配套运用方式等问题，作一简单的分析。

第一节　各种经济杠杆配套运用的基础

各种不同的经济杠杆形式，为什么要、又为什么能在调节社会经济的过程中相互配合起来呢？对此，我们可以分别从这种配合存在的必要性和可能性两方面进行分析。

一、必要性。指诸种经济杠杆只有有机地配合起来，它们的总体调节作用和个别调节作用才能得到有效的发挥，人们利用经济杠杆的目的才能得到实现。这种必要性又导源于这样两个原因：第一，不同经济杠杆各有自己独有的特征；第二，所有的经济杠杆又要服从于、服务于社会经济生活有计划按比例发展的总体目标。没有彼此之间的差异，即无所谓不同的经济杠杆，当然也无所谓配合；而没有总体目标的约束，

196

各种经济杠杆就没有配合的动机和标准，所谓配合当然也就无从谈起。

本书的第五章至第九章已经对几种重要的经济杠杆形式，即税收杠杆、价格杠杆、信贷杠杆、工资杠杆、财政补贴杠杆，进行了详细的论述，有关不同经济杠杆的不同特征都已得到了详细论证，在此自然没有必要再把它们拿出来重新展示一遍。由于本章主要是要研究各种经济杠杆的配合问题，因此，我们所关心的仅仅是各个杠杆的不同作用领域和具体调节目标。现在，我们还以上述五种经济杠杆为对象来展开讨论研究。

作为能够直接调节市场供求关系的杠杆，价格杠杆的作用领域遍及所有的有市场关系存在的地方（集市贸易市场除外）。现在，我国的经济还是一种有计划的商品经济，绝大多数产品和劳务要以商品形式出现在社会经济生活中，也都要以价格形式相互比较和交换，这就给不同层次，不同强度的价格杠杆提供了发挥作用的天地。人们不论是要控制消费，鼓励生产，也不论是要单方面地调节供给，还是单方面调节需求，都要借助于市场机制，把价格杠杆推到调节手段的第一线。通过价格杠杆把人们调节社会经济生活的意图传达给供求各方，尤其是在调节国家同非全民所有制企业的关系时，价格杠杆的意义尤为重大。随着经济管理体制改革的逐步深入，我国商品经济色彩加重，相当大的一部分产品的生产和经营将在（或主要在）价值规律的作用下进行，企业之间通过商品交换取得的联系愈益加强，价格杠杆的调节领域会越加扩大。特别是那些相对弱化的价格杠杆，如浮动价格杠杆，相对自由价格杠杆，将会成为国家调节市场关系的主要价格杠杆形式。作为在市场关系领域发挥调节作用的价格杠杆，其主要的调节目标就是保证市场供求平衡，促使经济资源的合理配置和有效使用。价格杠杆的平衡趋向性和逆向调节性，为这些目标的实现提供了理想的武器。通过自觉地使价格水平和价格结构发生变动，在短期内可使现有商品的供给量与社会现有的购买力实现平衡，保持市场关系的协调；在长时期内可向供给者和需求者提供准确的信息，使生产结构和消费结构更高效率地协调起来，实现社会满足最大化。过去的实践表明，每当国家需要干预市场供求，调整产销关系时，总要把价格杠杆拿出来，把它作为达到这些目标的必备武器。

税收是最重要的经济杠杆。税收杠杆的这种地位，不仅反映在国家对它的控制程度上，尤其反映在它的作用领域和调节目标上。正如第五章所讲的那样，税收杠杆的调节触角可以深入到社会经济生活的各个方面，获得多种多样的调节目标。首先，在需要单方面调节供给的领域，税收杠杆发挥着最主要的调节作用。只要企业在片面的价格杠杆刺激下，其本身利益和生产规模有盲目扩大的趋势，就必须动用税收杠杆（目前主要是产品税杠杆），从企业手中转移一部分收入给国家，削弱生产经营动力，冷却生产经营热情，控制供给规模。很显然，在这个领域使用税收杠杆，就是为了取得供给和需求同时收缩的目的，实现供给与需求，生产与消费

198

之间量的一致性。其次，在价格不由国家直接确定的领域，税收杠杆是国家利用的第一层次的经济杠杆。道理很简单，在这个领域中，由于价格决定主体是企业，价格形成状况直接取决于市场上对这种商品的供求力量对此，因此，国家就不可能直接把自己的作用点放在价格上，利用固定价格杠杆来调节供求。但是，根据税收是价格构成因素的原理，国家却可以利用税收杠杆，间接引起价格的变动，从而间接控制这种商品的供求。税收杠杆的这个作用领域，随着我国商品经济的发展，企业作为商品生产者经营者地位的逐步确立，必将有一个更大的拓展，最终成为它主要的作用领域。上面我们在讲价格杠杆的作用领域时，曾谈到相对弱化的价格杠杆将会成为主要的价格杠杆形式，其实，在它们与税收杠杆相重叠的部分，税收杠杆是起主动作用的杠杆，价格杠杆则处于相对被动的地位。很明显，在这个领域中发挥作用的税收杠杆，主要目的是控制某些商品的供给与需求，使他们在较小的规模上获得平衡。再次，在调节企业生产经营的外部条件，创造一个相对平等的竞争环境领域，税收杠杆尤其占一定的统治地位。依靠自己子杠杆众多，调节角度各异的优势，税收杠杆能够把自己的作用点放到企业生产经营活动的许多方面,消除由于国家多方面干预给企业造成的苦乐不均，达到使企业在平等的基础上开展竞争的目的。利用产品税杠杆，可以缓解不同企业由于产品价格高低不等所造成的收入差异；利用资源税杠杆可以大体上消除不同企业由于资源使用机会不均等所带来的苦乐不均；利用固定资产占用税杠

199

杆，可以消除由于技术装备水平不同，在企业之间形成的收入差异等等。可以设想，随着税收杠杆调节的精确度不断提高，由于外在因素给企业生产经营带来的影响逐步减少到最低限度，基本上可以给企业创造一个平等的竞争条件。最后，税收杠杆的多方面调节，可以诱使企业多生产市场短缺产品,压缩长线产品的生产,促进产品结构的合理化。利用增值税杠杆,可以避免企业间税负不等的现象,推动企业间专业化分工协作和横向的经济联合；所得税杠杆能够正确处理国家与企业的分配关系，并有助于总供给与总需求的协调；奖金税杠杆的使用有利于国家对工资基金的控制，有助于消费基金的合理形成，保证积累与消费比例关系的正确实现；资源税杠杆和资金占用税杠杆除了能够消除由于资源与资金使用，占有机会不均等的苦乐不均外，也促使企业节约使用资源，加速资金周转，加强经营管理等。其它如烧油特别税、建筑税、土地使用税等，也都可以发挥独特的调节作用。总之，税收杠杆的调节范围之广泛、调节目的之多元，远非其它经济杠杆可比。

　　但是，即使我们说税收杠杆是作用范围最广泛的经济杠杆，它也不能覆盖所有国家需要调节的对象，也就是它也有着自己难于触及的作用死角。即使在单方面调节供给的领域,税收杠杆一般来说,也只能对那些收益偏多的企业或产品发生作用，而对那些由于种种客观原因（主要是价格定得偏低）造成了高亏损的企业，税收杠杆就失去了发挥作用的条件。因而，这个领域就成了财政补贴杠杆的活动舞台。

200

目前，由于社会经济生活的复杂性，以及国家对企业生产经营活动多方面的干预，使相当一部分企业，特别是生产和经营国计民生必需的基本生产资料和消费资料的企业，不得不在亏损状态中经营，数十种产品不得不按照亏损价格出售。这都是财政补贴杠杆一显身手的地方。此外，一些国家需要鼓励生产的产品，也成为财政补贴杠杆的作用对象。至于在鼓励出口、保证消费等领域，财政补贴杠杆的重要地位，则早已为人们所熟悉。近年来，国家利用财政贴息手段，促进一些名牌优质产品的生产，增加市场紧俏商品的供应量，这又给财政补贴杠杆开辟了新的作用领域。同价格杠杆和税收杠杆一样，财政补贴杠杆特殊的作用领域，使它也有自己特殊的调节目标。正如我们在第九章中指出的那样，人们利用财政补贴最重要的目的是在促进供给增加的前提下，保持一定的需求规模，维护人民生活水平的相对稳定，保证社会政治局面的安定团结。在目前正在进行的经济管理体制改革中，为了使改革造成的冲击力不致突破广大群众和后续企业的接受能力、消化能力及心理承受能力，财政补贴杠杆的独特调节功能更有充分发挥作用的必要。

信贷杠杆的主要作用领域是资金分配过程。尤其在目前正在逐步形成的资金市场中，信贷利息的调节作用更具有独占性。同其它经济杠杆相比，信贷杠杆最显著的特点是它不改变资金的所有权，有借有还，加付利息，这是它发挥作用的基本形式。凭借自己的这个特点，信贷杠杆特别适用于不同所有制形式、不同经济实体之间的资金流动过程，在这个

201

领域，它处于无可争议的统治地位。随着经济体制改革，企业商品生产者和经营者的素质逐步完备，国营企业之间横向经济联合的加强，会有越来越多的资金进入资金市场，信贷杠杆的作用领域也就会在更深更广的范围拓展开来。与自己独特的调节领域相适应，信贷杠杆也有独特的调节目标。这些目标起码包括这样两个层次：微观上可以促使企业节约资金占用，加速资金周转，优化资金使用结构；宏观上可以控制基建投资规模，约束社会总购买力的形成状况，保证社会商品总供给与总需求的平衡。对信贷杠杆的微观调节目标，人们并不陌生，信贷杠杆本身特有的以偿还为条件，借款成本与借款期限成正比的特征，足可以令任何一个素质完备的企业谨慎地考虑借款计划，尽量节约资金占用，充分挖掘企业内部的资金潜力，以缩小借款规模。银行通过差别利率的制定，贷款期限的长短，贷款数额的大小等，也足以改变人们对未来不同行业，不同产品的投资收益结构的预期，矫正资金的分配结构，促进名优产品的生产和消费。对信贷杠杆的宏观调节目标，目前在我国也正在引起人们广泛的注意。中央银行存款准备率和再贴现率的高低，各专业银行存贷利率总水平的变化，都直接或间接地调节着社会购买力，尤其是基本建设投资的形成状况，对社会商品总供给与总需求的平衡发生极其重大的影响。特别在将来企业投资的内在约束机制建立之后，银行的信贷约束逐步硬化，国家对投资总量的控制，将越来越依靠信贷杠杆。

在个人消费品的分配领域，工资杠杆是理所当然占主导

202

地位的经济杠杆。关于工资杠杆这种地位的客观必然性，我们在第八章已经详加论证，在此不再赘述。三十多年社会主义建设的实践，已经使我们痛感到，只有在个人消费品分配领域坚决贯彻按劳分配原则，充分发挥工资的经济杠杆作用，社会主义制度的优越性才有发挥的可能。目前这种思想已经成为我们改革工资管理体制的基本动机和思路。尽管由于种种原因，平均主义在个人消费品分配中尚有一定的活动市场，但工资杠杆的统治地位是无可争议的。相当大的一部分个人消费品已经和正在由平均分配转向按劳分配，暂时不具备按劳分配条件的，也要随着社会生产力的发展，供求矛盾的缓和，逐步向按劳分配靠拢。在工资内部，非经济杠杆性质的收入形式也将逐步退出，使劳动者的工资所得最大限度地与其付出的有效劳动量相适应。工资杠杆的特殊作用领域，使我们不难理解它的特殊调节目标，就是充分调节每个劳动者的劳动积极性，使他们能从谋求个人利益最大满足的角度出发，为社会创造尽可能多的财富，实现企业利益和国家利益的最大化。并且利用工资所得与企业经营成果的有机联系，还可以起到充分调动职工的积极性的作用。国家也可以通过正确确定工资总额占国民收入的比例，工资水平增长同劳动生产率增长之间的关系，即合理地确定工资杠杆的"支点"，正确处理积累与消费的比例关系。

上述分析表明，不同经济杠杆都有自己特殊的调节领域和调节目标，其作用自然不能相互代替。但是，每一种经济杠杆在调节领域和调节目标上的独特性，同时也是它的局限性，即使调节触角伸得很远、调节范围十分广大、调节目标灵活多样的税收杠杆，其难于触及的领域和难以达到的目的也不鲜见。但是，现代条件下的社会经济活动是一个彼此制约的、相互联系的、结构紧凑的大系统，部门之间，产品之间以及其他各个方面之间都在客观上要求一个严密的比例关系。各项社会经济活动都在这样一个系统中，按照要求的比例关系进行，社会动用的全部调节工具都在为这个比例关系的实现服务。经济杠杆的调节也不例外。不论各种经济杠杆具体的调节领域，调节目标如何不同，它们的最终的调节结果必须能保证处于这个系统内部的各构成部分之间的协调，也就是说，人们利用经济杠杆的根本动机，就是保证社会经济生活的合理比例，保证社会的各种需求在一个充分长的时间内，得以最大限度的满足。不言而喻，这个根本目标的实现，只有在各个经济杠杆的有机配合下才有可能。我们仅拿生产结构合理化这样一个较小的系统来说，它不仅要求利用价格杠杆，提高短缺商品的价格，降低长线产品的价格，以及通过税收杠杆，调整不同产品的税负，以提高人们增产短缺产品的积极性；还需利用信贷杠杆从贷款数额、利率水平等方面给短线部门以必要的支援，增大资金投入量，扩大生产规模；利用财政补贴杠杆，给它们以必要的收入扶持；利用工资杠杆，调节不同产业部门的劳动者的收入水平，改变劳动者的择业倾向，使劳动力从长线部门向短线部门转移，合理地配置劳动力资源。只有各种经济杠杆采取协调一致的动作，朝着一个方向使劲，预期的产业结构合理化目标才能实

204

现。否则各个杠杆仅仅站在自己的立场上，片面地谋求某一孤立的调节目标实现，很容易在它们之间形成相互抵触，力量彼此抵销，结果一事无成。以往的实践也一再从正反两个方面告诉我们，必须把所有的经济杠杆作为一个有机整体来看待，合理确定不同的调节领域，完成不同的具体目标，同时又浑然一体，时刻把自己作为这个体系中的一员，为社会经济生活的按比例发展这个总体目标的实现，作出自己应有的贡献。

二、可能性。不同经济杠杆的不同特性和总体调节目标的一致性，使他们之间的相互配合具有了必要性。但这种必要性是否具备现实可能性呢？有，我们可以从这样几个方面来论证他们之间相互配合的可能性。

1、最终调节对象的一致性。根据我们对经济杠杆调节作用原理的基本认识，任何经济杠杆只有当它触动被调节者的物质利益时，它们固有的调节作用才能得到发挥，它也才能是一个现实的经济杠杆。物质利益诱导是经济杠杆的灵魂。并且，我们还认为，全部物质利益根据他们满足对象的不同，都可以被划分为国家利益、企业利益（单位利益）和个人利益三个部分。经济杠杆作为人们能够自觉控制的调节工具，它的利用者只能是较高层次的利益主体（如国家和企业），调节对象只能是较低层次的利益（如企业利益和个人利益）。因此，无论哪种经济杠杆，不论它具体的调节领域和作用点如何，他最终的调节对象或作用点，不是企业利益，就是个人利益。以诱导企业行为为己任的经济杠杆，都必须影响到企业利益

205

的最终形成状况；以诱导劳动者和消费者行为为己任的经济杠杆，却必须影响个人利益的最终形成状况。只要我们稍加考虑一下所有经济杠杆的作用过程，这一点是再清楚不过的。因此，尽管各种经济杠杆在作用方式，作用领域，调节目标等方面多有不同，但都可以在最终调节对象——企业利益和个人利益这个共同点上获得统一，这也就为人们在实际工作中，把各种经济杠杆协调起来，致力于某一共同的调节目标的实现，提供了基本的可能性。

2、经济杠杆本身的可控性。在前面几章我们曾讲过，经济杠杆是掌握在人们手中的一个调节工具，它的作用方式是主动的，作用过程是可控制的，作用结果是预期的。不能设想，不能被人们控制的，或者是没有调节主体的经济调节手段会是经济杠杆。根据经济杠杆的这个特点，人们就完全有可能围绕着总体调节目标，合理地配置所有的经济杠杆，自觉控制各个经济杠杆构成要素的组合状况（如调节主体、作用点、作用范围、作用程度等），并因此自觉控制各经济杠杆的作用过程，最终保证总体调节目标的实现。实际工作中人们看到的行政手段和法律手段在运用经济杠杆中的作用，就可以清楚地说明这一点。相当大一部分经济杠杆的构成要素都是由国家通过行政手段和法律手段加以规定，然后通过市场机制或其它内在机制的传导，把最终活动成果间接地控制在预定的调节目标内（当然，这个目标是有一定弹性的目标）。总之，经济杠杆本身的可控性，也是我们有可能把它的不同形式有机结合起来的原因之一。

206

3、人们认识、掌握客观经济规律的水平不断提高，导致人们驾驭经济杠杆的能力越来越强。各种经济杠杆一般都受到某一个或某几个经济规律的制约，它们的作用过程也总是这些经济规律表现自己存在的一种方式。如价格杠杆是价值规律的作用方式之一，工资杠杆是按劳分配规律的作用方式之一等。并且，整个经济杠杆体系的作用根据也是整个社会的经济规律体系。因此人们驾驭经济杠杆的能力，将同人们对经济规律的认识，掌握程度成正比。根据我国的经济性质——公有制基础上的有计划的商品经济，国家确有可能对我国社会的经济规律有一个比较正确的认识和掌握。因而，也很有可能把所有经济杠杆巧妙地配合起来，实现既定的调节社会经济生活的目标。当然，过去由于经济管理体制过分集权化，行政手段受到过分的偏爱，人们在实践中不重视对客观规律，尤其是物质利益规律的研究和应用，使经济杠杆一方面作用范围极其有限，另一方面人们的利用能力也极低，对各种经济杠杆的配套运用能力就更低。但在目前，随着有计划商品经济的逐步确立，国家管理经济方式的转变，经济规律的作用已经引起了人们的普遍重视，从而经济杠杆也受到人们的青睐。在这种情况下，人们认识，掌握经济规律的水平会越来越高，对经济杠杆的运用也就越加得心应手。如再加上经济杠杆利用体制的合理化，对经济杠杆作用过程控制的粗线条化，在有一定弹性的基础上，实现各种经济杠杆的合理配置，更具有现实的可能性。

根据上述对各种经济杠杆配套运用的必要性和可能性的

分析，可以使我们认识到，这种配套运用在目前的确具有客观必然性。现在我们的问题就是集中在如何把这些经济杠杆组合起来，实现我们所要达到的各种目标。

第二节　经济杠杆配套运用的三种方式

经济杠杆对社会经济生活的调节是一种系统调节，作为一个有机的整体，整个经济杠杆调节系统由不同的侧面和若干子系统构成。如上所述，人们要高效率地运用经济杠杆，充分发挥经济杠杆的调节作用，必须在深入研究各个经济杠杆不同特性的基础上，尽可能地设计出一些各种经济杠杆配套运用的模式，以适应不同调节目的的需要。基于这样的考虑，我们将从最终调节对象、宏观调节目标和微观调节目标三个侧面对这种模式进行初步探索。

一、根据最终调节对象的不同，整个经济杠杆调节系统由企业利益调节系统和个人利益调节系统构成，对这个系统的分析，实际上是对经济杠杆调节机制实证性的分析。

前面，我们曾不止一次地谈过，作为以物质利益诱导为核心的经济杠杆，其调节主体是较高层次的利益主体，调节对象是较低层次的利益。根据这样的基本认识，我们以不同的调节对象——企业利益和个人利益为中心来搭配所有的经济杠杆，从方法论上来看，应该是比较可行的。下面我们分别对这两个子系统进行分析。

208

1、企业利益调节系统

如果撇开社会经济制度的性质不谈，所谓物质利益就是能够实际满足人们需要的社会劳动成果。在商品经济条件下，经济利益首先以各种形式的收入表现出来。我们在这里所谈的企业利益就是企业可以实际支配的纯收入。

企业利益的形成链条是很长的，它包括企业生产经营的全部过程。但是，由于经济杠杆是一种间接的调节工具，它不可能直接深入到企业活动的内部去发挥作用，因此，我们所关心的只是那些同外界有联系的环节。这些环节主要有这样几个：

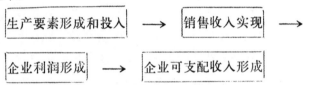

社会主义国家就是在这样几个环节上使用经济杠杆，变动经济参数，影响企业利益的最终实现状况，进而引导企业向国家要求的方向努力。

对生产要素形成和投入环节的调节。生产要素的形成和投入使用是再生产过程和企业利益形成过程的初始环节。在现阶段，如果我们不考虑行政手段在这方面的作用，企业所掌握的那部分物资和资金的投向，将直接决定于预期的投资收益率（与投资相联系的企业利益表现形式），亦即受预期投入成本与其收入的对比关系的制约。在产出水平不变的条件下，企业的投资意向和投入品的种类、数量将随投入成本

209

的变动而变动。根据这样一种关系，国家就可以利用经济杠杆来干预投入成本状况，影响企业对未来利益的预期，进而引导企业向国家要求的方面投资，使用国家鼓励使用的生产资料，促进经济结构的合理化。在这个环节起作用的经济杠杆是信贷杠杆，利率杠杆和价格杠杆。宽松的贷款条件，较低的利率水平和相对低的投入品价格的配合，可以使投入成本降低，预期利益增加，相应导致本行业扩张。反之，紧缩性的贷款条件，较高的利率水平和相对高的投入品价格，必然引起投入成本增高，预期利益减少，从而导致本行业的相应收缩。

对销售收入实现环节的调节。销售是产品价值的实现过程，是企业生产经营上的决定性"飞跃"。企业的劳动者在生产过程中耗费的劳动能否为社会所承认和"承认度"大小，直接决定于销售收入的实现状况，并且，在供给量一定的条件下，又主要决定于价格的高低。价格高的产品，劳动者个别劳动的"承认度"大，销售利润率和企业利益也会相应增加，未来市场上这种产品的供给量一定扩大；反之，价格低的产品，使生产企业的销售利润率和企业利益受到损失，这种产品的未来供应量必然相应萎缩。价格与销售收入、企业利益、供应量之间的这种关系一经为国家所利用，它就取得了价格杠杆的形式。价格杠杆的不同形式，如固定价格，浮动价格、相对自由价格的相互配合，紧密衔接，会形成一个高效率的价格决定网络。国家不仅可以利用固定价格直接决定价格形成，由此直接影响企业利益和供应量，也

210

可以利用浮动价格和相对自由价格，使价格能更为灵活地反映和调节供求，把企业利益与消费者需求密切地联系起来，最终形成一个合理的产品构成。

对利润形成的调节。在商品经济条件下，利润是商品生产者和经营者追求的极其重要的目标（值得指出的是：在社会主义商品经济中利润还不是企业追求的最终目标，这不但是由于社会主义企业主要不是为利润而生产，还由于利润也不是企业利益的最终存在形式）。利润实现是企业利益实现的根本前提，并因此构成了企业行为的基本动机之一。如果其它条件不变，利润高则企业利益多，反之亦然。所以，国家在利用经济杠杆调节企业利益，控制企业行为时，企业利润是人们考虑问题的基本出发点。在这里起作用的经济杠杆主要是折旧和流转课税。折旧是成本的构成要素，它与利润成反向变动。但由于它是未来对固定资产进行更新改造的准备金，在一个相当长的时期内，它是企业可以支配的财力，故此它也是企业利益事实上的组成部分。对某一行业定以较高的折旧率，甚至实行加速折旧的政策，肯定会增大企业利益，促进本行业更快地发展。流转课税是企业收入向国家的转移，它与企业利润、企业利益和供给能力成相反的变动趋势。在我国的经济性质日益向商品经济倾斜的过程中，国家更高水平地运用税收杠杆（主要是流转税杠杆），是诱导企业行为向国家要求的方向逼近的最重要手段。通过税率、税目等税制要素的变动，最终可能使供求结构相对地一致起来。

211

对企业可支配纯收入的调节。正如上所述的那样，利润还不是企业利益最终的存在形式，它与企业最终可以支配的资金并不一致。这中间还有三个变动参数：财政补贴、企业所得税和其它行为税。通过财政补贴的再分配，企业由于价格等原因造成的收入短少会被矫正，企业的最终利益及供给能力不会减少，从而供给和需求会在较低的价格水平和较高的供求量上取得均衡。财政补贴的这种作用在我国许多产品上经营上已被广泛证实。企业所得税也是再分配企业收入的重要手段。通过所得税的课征，会有相当大一部分企业利益向国家利益转化。尽管所得税的建立原则是合理负担，而不是区别对待，但所得税在正确处理企业利益和国家利益关系、实现供求总量平衡和积累与消费比例关系协调等方面必将发挥着愈加重大的作用。企业收入经过上述调节后，其剩余部分在使用方向的选择上还受到国家各种调节手段的制约，发放奖金要受到奖金税的制约，进行建筑性投资需交纳建筑税等等。总之，企业利益的最终存在形式仅是那些可形成企业利益实体的纯收入，企业的行为方式归根到底以这部分收入的多寡为转移，经济杠杆的调节也只有在它能够触及这部分收入时才有效果。

　　企业利益是经济杠杆调节的主要对象，企业利益的调节系统是经济调节体系中最重要的子系统。我们的分析表明，要想达到某种调节目标，所有的经济杠杆必须在不同环节中进行协调一致的调节，否则，我们预期的目的难以圆满地实现。

212

2、个人利益调节系统

仅就经济意义来讲，个人利益是劳动者最终可实现的购买力。从问题的实质看，如何充分调动劳动者的劳动积极性，控制好个人利益的实现状况，是经济杠杆配合问题的根本所在。按照我们对经济杠杆的基本认识，个人利益的调节以国家和企业为主体。

一般地讲，个人利益的形成要经过这样三个环节：

国家和企业就是把这三个环节作为作用点，搭配所有的经济杠杆，从而达到调节个人利益的目的。

对职工货币收入的调节。在商品经济条件下，社会财富——社会利益总体在各方面的分配首先是以货币单位进行的，因此，名义货币收入永远是个人利益形成的基础。现阶段，工资和奖金是构成个人货币收入的主要内容。如果我们撇开工资总量决定这个宏观决策不谈，每一个职工的具体工资和奖金数额将决定于他所在的企业单位，亦即企事业单位应该是工资奖金杠杆的直接利用者。通过合理地确定工资标准、工资级别、调整办法、奖金发放准则等要素，能够促使劳动者多付出有效劳动量（能被社会承认的劳动量），然后，按照必要劳动和剩余劳动之间相对确定的函数关系，在个人所得和企业利益，社会利益之间实现同步增长。根据按劳分配的原则，以充分发挥工资奖金的经济杠杆作用为目标，来建立工资分配制度，应该是我们目前正在进行，但又

213

颇觉棘手的工资管理体制改革的基本思路。

对个人实际可支配收入的调节。正象企业利润还不是企业实际可支配的收入一样，个人货币收入也不是个人最终可以支配的收入。这不但是由于目前的改革不配套，企业、个人之间在收入上的攀比十分严重，个人收入有一种过分膨胀的倾向，而且在将来经济关系理顺之后，工资内容必将大大扩充。只有对原始工资收入进行必要的再分配，才能保证社会均衡地发展。这中间必将有的最主要的扣除就是个人所得税（目前的奖金税就其实质来看也有同样的性质，尽管在表面上由企业交纳）。通过个人所得税的调节，实现既定的收入由个人向国家转移，使最终实现的个人利益更加符合客观比例要求，并能在不过分影响劳动者的劳动积极性的条件下，相对缩小收入之间的差距，维护社会的安定团结。根据其它国家的经验，个人所得税也是调节供求关系，保证积累与消费比例协调的重要手段。

对个人实际拥有购买力的调节。要保证公平与效率获得相对的统一，通过工资、奖金和所得税形式对个人收入的直接调节不能不受到限制。如果这三种杠杆的调节还未使个人利益较好地形成，就必须继续对实际购买力进行调节。所谓实际购买力是人们的可支配收入实际具有的购物能力，它反映货币收入与商品价格之间的相对关系。在可支配收入一定的条件下，实际购买力与物价水平成反比例变动。根据这个原理，国家就可以针对个人收入的现实状况，利用价格杠杆、税收杠杆、财政补贴杠杆来左右市场价格水平，最终

214

决定个人利益的规模和结构。价格总水平的升降可以使个人利益总量发生反方向变动，价格的结构调整可以改变各阶层、各个人之间的相对利益关系。在国家掌握的三种经济杠杆中，固定价格杠杆将使国家能够直接决定一部分产品价格，从而直接影响个人利益的形成状况。对那些国家没有必要直接规定价格的产品，还可以通过税收杠杆间接决定。而国家通过财政补贴杠杆支持的补贴价格，则肯定会使个人利益变相地增大。总之，国家在个人利益最终形成环节上巧妙地运用这三种经济杠杆，足可以弥补前两个环节的调节作用之不足，使个人利益在总量和构成上尽可能地达到合理的程度。

以上是我们关于如何以企业利益和个人利益为中心来搭配所有的经济杠杆的一点设想，也可以说是经济杠杆调节机制的理论分析。当然，这种分析还是初步的，尤其缺少必要的数量描述，所以它还有待于更深入的理论和实践探索。

二、根据宏观调节目标的不同，整个经济杠杆体系又可以分为这样几个子系统：经济结构调节系统、经济增长速度调节系统、分配结构调节系统、供求关系调节系统。

我们知道，经济杠杆是人们（主要是国家）控制社会经济运行的手段，是衔接计划目标与微观行为的媒介，保证一些宏观调节目标的实现，是人们利用经济杠杆的基本动机之一。这样，我们仅仅了解各种经济杠杆如何配合起来调节企业利益和个人利益，亦即仅仅了解经济杠杆的内在调节机制还不行，还必须考虑如何使各种杠杆更好地搭配起来，实现预定的调节目标。如果说以最终的调节对象为核心来配置所

215

有的经济杠杆是对经济杠杆调节体系实证性分析的话，那我们以宏观调节目标为核心来配置所有的经济杠杆则是对经济杠杆调节系统的规范性分析。

1、经济结构调节系统

经济结构（指国民经济结构）是国民经济各部门的构成，即社会劳动和经济资源在不同部门进行配置的结果。所谓国民经济有计划，按比例的发展，其基本要素就是国民经济各部门——尤其是产业结构——的按比例。根据我国在以往经济建设工作中极易出现经济结构失调的事实，经济结构的合理化不能不是人们利用经济杠杆所要达到的基本目标之一。

在商品经济条件下，社会劳动和经济资源在各部门的配置，首先是资金投向结构的结果。现存的经济结构是过去资金分配的结果，未来经济结构的变化也首先依赖于现有资金投向的变化。在过去高度集中的经济体制下，资金分配主要是通过行政手段进行，企业没有什么选择权力，当然也无所谓利用经济杠杆调节。随着经济管理体制改革的深入，企业相对独立的商品生产者和经营者地位将被逐步确立，它所拥有的资金量会急剧膨胀，企业对资金投向的选择能力也会强化，这就使国家利用经济杠杆调节经济结构具有了现实的紧迫性。

企业投资方向的选择取决于不同行业的预期收益率结构（正象我们在第一种配合方式中阐述的那样）。所有会对预期收益结构产生影响的经济参数的变动，都会改变企业的投资

216

结构，从而使未来的经济结构发生变动。作为一种间接控制手段，国家就是通过经济杠杆来使不同行业的经济参数做有差别的变动，来达到调整经济结构的目的。在这个过程中，所有能够触及企业最终利益的经济杠杆都有发挥作用的天地。要大力发展短线部门（即所谓瓶颈产业），必须适当提高本部门的产品价格，降低产品税率、降低贷款利率，放松贷款条件或增加财政补贴等，提高人们对本行业投资收益率的预期，诱导更多的资金和资源于短线部门。这要比依靠行政命令来调动资源的方法好得多。反之，对生产长线产品的部门，则利用种种经济杠杆，降低价格，提高税率，提高利率冷却投资热情，降低预期收益，调出经济资源。另外，对某些行业，还必须考虑需求的特点，有意识地使不同经济杠杆进行逆向调节。如通过低售价、高补贴来保证农产品的消费，增加农产品供给，通过高价格，高税收来限制一些高档消费品的生产和消费等。总之，利用各种经济杠杆的不同搭配方式，对经济结构合理化肯定会有极大的促进作用（当然，这要在企业有完整的商品生产者和经营者素质的前提下才可能）。

2、经济发展速度调节系统

在一定的技术经济结构下，国民经济增长速度是一定的，它尤其受到经济生活中短线部门的制约。历史经验一再证明，过分高的增长速度会使各种经济比例全面紧张，最终在它达到使短线部门难以承受的地步时，迫使人们不得不进行破坏性的结构调整。在我国，由于种种诱发人们盲目积极

217

性的机制存在，过高的增长速度给社会经济生活带来的破坏性影响更不鲜见。为此，国家（主要是中央）不得不以一种增长速度的控制力量存在，经济杠杠作为掌握在国家手中的一种控制手段，其抑制过分增长速度的作用也就应运而生了。

增长速度失控导源于投资规模失控，而投资规模失控又是由于这样两个原因：一是投资的风险约束软化，二是预算外资金膨胀和信贷约束不力。因此，要把投资规模和经济增长速度限制在合理的范围内，一方面必须继续推行经济体制改革，使企业真正成为相对独立的商品生产者和经营者，独立（或相当大程度上）承担投资风险，建立起投资的微观机制；另一方面，必须大规模地利用经济杠杆对投资来源进行釜底抽薪式的调节。在财政方面，除对自身的投资规模严加控制外，还要通过提高所得税率，提高投资税率，开征其它投资行为税，甚至另辟新的集资渠道（如目前的能源交通重点建设资金）等，削弱预算外资金的实力；在信贷方面，则要实行紧缩的信贷政策，严格贷款条件，提高贷款利率，缩短还款期限。投资产品的价格也要适当提高，降低企业实际投资能力。另外，对一些投资"热点"，（如"短平快"项目），各种经济杠杆的调节要更加深化。对现有这类企业也需要利用各种经济杠杆（如结构调节体系所述）减少企业利益，降低人们的投资热情。可以肯定，通过各种经济杠杆恰如其分的调节，投资规模和经济增长速度极有可能被控制在合理的范围内。

218

3、分配结构调节系统

分配结构是指国民收入经过一系列初次分配和再次分配过程所形成的各种基金之间的比例。积累与消费的比例是分配结构的基本内容。经济杠杆作为一种分配杠杆，它的调节对分配结构的正确形成具有更直接的意义。所有的经济杠杆都可能为分配结构的矫正作出自己的贡献。

在传统的高度集中统一的经济模式中，分配结构习惯于向积累方面倾斜。如果这种畸形的分配结构主要是国家宏观决策失误造成的话，那它的矫正也无须利用经济杠杆。但是，在现在和将来，如果由于企业的盲目决策造成分配结构过去偏重于积累，则必须动用经济杠杆进行调节。一方面要通过提高贷款利率（包括银行和财政），紧缩贷款投放，提高投资税率等手段来降低投资规模，缩小积累数额；另一方面也要通过增大工资杠杆、奖金杠杆和财政补贴杠杆等的作用深度，来提高消费基金的比重，这样，通过影响积累的杠杆和影响消费的杠杆的反向调节，可能使积累率回到较为适中的位置上。

如果说传统体制下分配结构习惯于向积累方向倾斜，那么，在目前的体制改革中和未来的经济模式下，消费基金膨胀是更为容易出现的偏向，尤其在国家强化了对投资规模的控制后，这种倾向更加明显。为此，除应采取各种方式使企业和职工在其内部自觉地把目前利益与长远利益结合起来外，还应采用各种经济杠杆如提高所得税率和奖金税率，减少财政补贴，提高储蓄存款利率，提高公债利息率以及必要

219

的消费品提价等，矫正最终实际形成的消费基金规模。当然，在实际工作中，还要区别不同情况，设置具体的经济杠杆搭配方式。

4、供求关系调节系统

供给、需求和价格是市场机制的三个基本构成要素。在有计划的商品经济条件下，如何巧妙地利用市场机制来保证资源配置优化和劳动效率提高，是国家控制经济生活的重点，也是考虑经济杠杆搭配问题的主要线索。

经济杠杆对供求关系的调节有静态和动态两层意义。从静态调整看，一定时间内的社会商品可供量是一定量，即供给弹性极不充足，它不可能与需求相对应地增长和变化，而需求的变化却相对比较活跃，尤其是需求结构更富有弹性。这样，如果我们欲在一定的价格水平上维持供求平衡，起码不使价格水平有过大的波动，就必须致力于控制需求——购买力的形成状况，使之与现有的供给数量和结构相对地一致起来。鉴于我国比较容易出现的购买力大于社会商品可供量，并且生产资料和消费资料全面供不应求的事实，国家控制的重心必然是需求规模和结构的膨胀。因此，一个常用的经济杠杆配合方式，必须是紧缩型方式。

通过适当地提高利率，减少市场压力，提高税率(所得税、投资行为税、资金税等)，缩小补贴规模，严格工资奖金管理等手段，尽量缩小供求缺口，维持市场稳定。此外，考虑到仅在分配领域调节购买力的作用有限，且有不少缺陷，还必须在交换过程中通过价格杠杆实现供求的最终平衡。在购

220

买力依然大于社会商品可供量时（这个可供量只是按照原有价格水平计算的可供量），应当有意识地使价格水平上浮，降低人们的实际购买力水平，价格结构也应根据消费者的消费偏好和生产者的相对成本进行适当调整。应当指出，随着我国商品经济的色彩加重，价格杠杆（尤其是那些相对弱化的价格杠杆，如浮动价格、相对自由价格）对供求最终平衡的作用日益明显。微观上的结构平衡尤其如此。

经济杠杆对供求关系的调节还有动态上的意义。如果企业对市场信息反映比较充分的话，现行市场上较高的价格必然使其调动更多的资源，或更有效率地利用现有资源来扩大这种产品的生产。国家也可以利用其它经济杠杆，如降低利率、发放优惠贷款、降低税收等来增强企业的反应能力，加快反应速度，尽快地满足社会需要。而对那些货不对路的长线产品，则要从相反的方向使用经济杠杆，以促其转产或停产，争取少浪费一点社会资源，多创造些适销对路的产品。总之，通过经济杠杆之间不同性质的搭配方式和作用方式，诱导生产者和消费者按国家的意图转动，最终可使社会产品在更合理的规模和构成上获得新的平衡。

以上是我们对以宏观调节目标为核心组合的经济杠杆调节系统的一些分析。毋庸讳言，这样的设计还是很粗浅和不完善的，距离理想的模式还相差甚远。首先即使是较少的宏观调节目标，也决不限于我们所列出的四种，人们完全可以找出另外一些比较重要的宏观目标，当然也可以设计出另一些经济杠杆的调节系统；其次，我们所述及的经济杠杆搭配方式，都是让所有经济杠杆向同一方向变动，但实际中，各种经济杠杆的变动方式都是多种多样的，一个或几个经济杠杆作用方向的变动，另一个或几个经济杠杆保持不动，甚至是反方向的变动，这样的情况比比皆是。但是，作为一种典型的，也最具普遍性的作用方式，我们的分析还是具有相当大的使用价值的。

三、根据微观调节目标的不同，整个经济杠杆系统起码包括这样几个子系统，加强经营管理系统、均等竞争条件系统、推进横向联合系统、促进技术改造系统。

1、加强经营管理系统

企业是国民经济的细胞，是社会经济活动的直接组织者。社会产品、国民收入、财政收入都要在企业内部创造出来，任何宏观目标的实现，也只有在企业的积极性调动起来之后，才有可能。因此，如何促进企业内部所有的生产要素高效率地组织起来，获得微观效益最大化，历来是人们利用经济杠杆的重要动机之一。尤其在目前，由于种种主客观原因，企业商品生产者和经营者的素质还不完备，在加强经营管理的内在机制尚不健全的情况下，国家通过各种经济杠杆的通力协作，从外界给企业以改善管理的压力和动力，不能不是一个重要的促进手段。

所谓加强经营管理，无非是企业能够以最小的投入，获得最大的产出，取得最大的经济效果。人们利用经济杠杆来促进企业加强经营管理，也就是从投入和产出两方面来达到目的。根据我们在企业利益调节系统中阐明的调节原理，只

222

要我们在企业利益的调节中能够触及企业利益的实现状况，则企业除了努力搞好经营管理外，将别无选择。在这里，几乎所有的经济杠杆都会有自己的用武之地。在投入方面，利用信贷利息杠杆，必然会使企业尽可能地减少资金占用，加速资金周转，以便有一个较少的利息支付；利用资金占用费杠杆，也可促使企业尽量减少占用的国家资金，提高资金的使用效果；基本建设投资拨款改贷款，无疑也会使建设单位尽可能地精打细算，减弱盲目向国家争投资、争项目的冲动；资源税和土地占用税的开征，则肯定会促使企业节约这些稀缺的自然资源，尽可能减少资源的浪费。在产出方面，税额不依利润大小而变动的产品税，营业税等税收杠杆，将使企业的经营管理状况同其利润发生最直接的相关关系，因而，也会使企业加强经营管理具有强大的内在动力；所得税杠杆由于它相对固定了国家与企业利润的分配关系，企业的经营成果与实际可支配利润之间有了明确的联系，企业也就更有了加强经营管理的决心；以补贴定额包干形式出现的财政补贴杠杆，可使亏损企业从改善经营管理，努力减亏或扭亏增盈中得到好处，当然它加强经营管理的动力也就比较充足；与企业经济效果紧密挂钩的工资奖金杠杆，将会使企业和劳动者从实现企业利益和个人利益最大化的角度出发，自觉地在加强经营管理上倾注热情等等。有了这样一套相互之间紧密配合的经济杠杆调节系统，再加上企业利益逐步相对独立化，必将使企业产生以尽可能小的投入，获得最大限度产出的动力和压力，把企业经营管理水平提高到一个新的水平。

223

2、均等竞争条件系统

商品经济的最大优越性在于，它能通过众多的商品生产者，经营者和消费者之间在市场上开展激烈的产销竞争，使社会劳动和经济资源的配置优化，使生产结构和消费结构获得最高效率的一致，从而达到社会满足的最大化。现在，人们从理论上已经肯定，我国的经济还是一种商品经济，各个企业正以一种商品生产者和经营者的身份出现，因此，如何千方百计地推动企业竞争，大力发展商品经济，不能不是人们时刻关注的问题。

但是，同样一个不能回避的现实是，我国的商品经济是建立在公有制（尤其是全民所有制）基础上的有计划的商品经济。这种商品经济的一个明显特点是，**国家作为生产资料所有者，还对企业的生产经营活动采取许多干预措施。**毫无疑问，国家干预的结果，必然使企业之间形成苦乐不均，这当然不利于企业之间平等竞争的展开，不利于商品经济的发展。为了解决这个矛盾——国家干预与平等竞争的矛盾，必须利用经济杠杆这个矫正工具，尽可能地消除掉国家干预给企业生产经营造成的影响。

企业生产经营活动一般都是产、供、销、人、财、物六个要素的组合。国家对企业的干预一般也总是从这六个方面进行。因此，经济杠杆也应当针对国家的干预系统，组成自己的调节系统。要消除国家在**资金供应**上对企业的干预，亦即不同企业资金获取机会的不均等，应当利用固定资金占用税和流动资金占用税杠杆；要消除资源占有机会的不均等，

224

避免不同企业由于使用资源的贫富不等给经营成果造成的影响，应当借助于资源税杠杆；要消除生产不同产品企业由于产品价格高低不等，在经营成果上产生的苦乐不均，应当借助于产品税杠杆；要消除由于国家定价过低及其它方面的不利干预所造成的企业政策性亏损，应当借助于财政补贴杠杆；要消除不同企业由于人才占有机会不均造成的影响，应当考虑开征人才税。当然，经济杠杆是一种间接的工具，它对国家直接向企业生产过程的干预，如生产什么、生产多少等，尚难进行对应的调节。但是，作为一种经济参数的矫正工具，尤其是随着调节精度的不断提高，**经济杠杆对平等竞争的开展，必将发挥越来越大的作用。**

3、推进横向联合系统

《国务院关于进一步推动横向经济联合若干问题的规定》指出："横向经济联合，是经济体制改革的重要内容，是发展社会生产力的要求。它促进了资源开发和资金的合理使用，促进了商品流通和社会主义统一市场的形成，促进了技术进步和人才的合理流动，促进了经济结构和地区布局的合理化。横向的经济联合，是发展社会主义商品经济的客观要求，是社会化大生产的必然趋势，是对条块分割、地区封锁的有力冲击，对于加快整个经济体制改革和社会主义现代化建设，具有深远的意义。"因此，我们把推动横向经济联合作为微观调节目标之一，并以它为核心搭配经济杠杆，是十分必要的。

利用经济杠杆，推动横向经济联合，其根本的作用方式

225

也无非是通过经济杠杆的调节，使参加联合的企业，可以得到更多的企业利益，从而调动人们对组织、参加联合的积极性。根据对各种经济杠杆作用领域特点的分析，组成这个调节系统的将主要是税收杠杆、信贷利息杠杆和财政补贴杠杆。首先，对所有参加横向联合的企业，要普遍地实施增值税，或者给予免税照顾，决不能使企业由于实行联合而增加税收负担；企业之间为增产能源、交通等短线产品，或与"老、少、边、穷"地区搞联合的企业，应当在一定时期内减征或免征所得税；为了促进科学技术尽快转化为现实的生产力，推动生产与科研部门之间的横向联合，对技术转让收入也应给予减免税照顾。银行部门要利用信贷杠杆，优先向参加联合的企业提供贷款，并在利息率和票据贴现方面给予优惠；对参加联合的政策性亏损企业，还要按照包干亏损定额指标，给予财政补贴；对联合生产名优产品的企业，它从银行取得的贷款，可以由财政部门或主管部门补贴一部分利息。总之，要在企业间造成这样一种事实，只要参加组织横向经济联合，则企业不但可以从联合中取得巨大的经济效益，而且可以得到各种经济杠杆的优惠，从而，可以获得更多的企业利益。只有这样，才可以使企业有足够的动力，冲破旧体制的种种束缚，积极参加到横向经济联合的行列中去。

4、促进技术改造系统

大力开展对现在企业的技术改造，充分发挥现有企业的四化建设基础的作用，提高整个国民经济的宏观效果，是我们发展国民经济的战略方针。作为国家诱导企业行为的调节

226

手段，经济杠杆当然应为促进企业开展技术改造作出自己的贡献。对此，《中共中央关于制定国民经济和社会发展第七个五年计划的建议》指出："加快现有企业的技术改造，关键是增强企业进行技术革新和探索新技术的内在动力，并为企业追求技术进步创造良好的外部条件，'七五'期间，要进一步提高技术改造在投资中的比重，有重点地提高一些行业的折旧率。折旧基金基本上交由企业使用。要从税收、价格、信贷等方面给予优惠待遇，鼓励企业试制新产品，加速产品的更新换代。"

为了有效地达到这个调节目标，应当组成一个经济杠杆调节系统。在这个系统中起主要作用是税收杠杆、信贷杠杆和折旧杠杆。在税收方面，应当给进行技术改造的企业以必要的税收优待，对新产品试制成功投产后的企业利润，应给予一定期间的减免税照顾，对用于技术改造的进口样机和关键设备、引进的技术等，减免一定的进口税；在信贷方面，要优先向技术改造项目提供贷款，并适当降低贷款利率，在一定时期内允许企业以技改项目投产后所得的税前利润还贷；在价格方面，应坚决按照优质优价，劣质劣价的原则，对性能优良、使用价值高的新产品，规定较高的价格，或者给企业以自由定价及向上浮动一定比例的权力；在财政补贴方面，对重大的新产品试制费用，应由国家给予一部分财政补贴，对技改项目的贷款可由财政补贴一部或全部利息。对于由于新产品试制而发生的亏损也可以在一定时期内由国家财政予以补贴；在折旧提取上，要适当提高企业折旧率，尤

227

其是一些技术进步比较快的企业和行业，更要实行加速折旧，以提高企业进行技术改造、增强自我发展、自我完善的能力。可以肯定在各种经济杠杆的通力协作下，实行技术改造的企业必将得到更多的企业利益，也会有更多的企业对技术改造产生兴趣。

我们对经济杠杆配套运用的几种方式的分析到此为止。在列举出的并加以粗浅描绘的三种配合方式中，第一种方式偏重于各种经济杠杆在实质上是如何配合起来发挥作用的，因而其理论色彩较浓一些，第二、第三种方式则偏重于各种经济杠杆如何搭配起来，完成特定的调节目标，因而其多少有点实用性。当然，由于实际经济生活的复杂性，我们所举出的这三种配合方式，无论从种类上，还是从方式上，都是非常初步的，因此，还需要人们进行更艰苦、更精细的探索和研究。

228

附录：论物质利益规律

王亘坚

物质利益问题，本来是经济生活中的根本问题。但是，在我国，在很长的一段时间里，由于唯意志论和"左"的思想影响，它竟成了理论研究的禁区。党的十一届三中全会以后，人们逐步解除了顾虑，相继提出了一系列关于贯彻物质利益原则的问题，如按劳分配问题，奖金问题，农业生产责任制问题，扩大企业自主权问题，等等；国家也制定和推行了一系列贯彻物质利益原则的政策和措施，并已收到成效。

但是，所谓物质利益原则是从哪里引出来的？原则是由人们提出或制定的，它应当有客观规律作为依据。正象恩格斯所指出的："原则不是研究的出发点，而是它的最终结果。"（《反杜林论》第32页）这就是说，人们提出的每一原则，都应是对客观事物进行研究并认识了它的规律之后，按照这个规律的要求提出来的。所以，原则的背后应当有客观规律作为依据。例如：客观上有价值规律，人们才提出了等价交换的原则；客观上有财政收支平衡的规律，人们才提出了量入为出的原则；等等。那么，作为物质利益原则的客观依据的规律是什么呢？依我看，就是物质利益规律。

我想从四个方面说明物质利益规律：第一，什么是物质利益规律，或物质利益规律如何表述；第二，物质利益规律和其它经济规律是什么关系；第三，个人物质利益是一切物质利益的基础；第四，社会主义条件下，物质利益规律的作用有什么特点。

（一）

物质利益规律就是人们为生存、为延续发展和为不断提高生活水平而关心和争取物质利益的必然性。

人们要生存，要延续发展，要不断提高物质和文化生活水平，就必然产生对物质资料的需求，为了满足人们这种需求，就必须不断生产和分配物质资料。由于社会分工的产生和发展，又必须交换物质资料，通过交换才能满足人们多种不同的消费需要。社会物质资料不断地生产、分配、交换和消费，就是社会再生产过程。这个社会再生产的整个过程，都是由人们关心和争取物质利益的必然性引起的。这种人们关心和争取物质利益的必然性，就是物质利益规律。

任何规律，任何经济规律，都是看不见，摸不着的，但是，它又确确实实客观地存在着并起着作用。例如，价值规律是人们看不见，摸不着的，但是，它在商品生产和交换领域里，又确确实实的起着作用，它的作用就是要求商品交换按照决定价值的社会必要劳动量来进行。如果价值的货币表

230

现形式价格,过多地、长期地偏离了价值,就会影响或破坏商品的生产和交换。如粮食收购价格长期过低,就会影响商品粮的生产和供应。物质利益规律也是确实存在着,并在一切经济生活领域里起着作用。如果人们不考虑它的要求,不恰当地调节各方面的物质利益,就会受到它的惩罚,而给经济工作带来损失。人们在社会产品的生产、分配、交换和消费过程中,一方面与自然界发生关系,这是生产力问题,而物质利益规律也就要求生产力的不断发展;一方面又发生人们相互之间的关系,这是生产关系问题,而生产关系,从根本上说也就是人们之间的物质利益关系。在阶级社会里,阶级斗争是不可避免的,而阶级斗争实质上就是争夺物质利益的斗争。先进的阶级之所以要革命,就是为了改变旧的生产关系,因为旧的生产关系不符合他们的物质利益;反动阶级之所以反对革命,就是要维护旧的生产关系,因为旧的生产关系符合他们的物质利益。当然,阶级斗争可以表现为不同的形式:经济的,政治的,思想文化的,以至军事的形式,但不管采取什么形式,归根结底,都还是争夺物质利益的斗争。政治是经济的集中表现,"政治权力不过是用来实现经济利益的手段",①而战争则是流血的政治,是政治手段的延长。总之,人们奋斗所争取的一切,都和他们的利益有关。

在阶级社会里,无论哪个阶级或政党的路线、方针和政

---

① 《马克思恩格斯选集》第3卷,第246页人民出版社1972年版。

231

策，都是为了本阶级根本的物质利益而制定的。一个集团或一个阶级，不同的集团或不同阶级，只是有了共同的物质利益，才有共同的要求，才能形成各种形式的联合。共同的物质利益可以把人们联系在一起，无论是哪个阶级、阶层、集团、民族、国家甚至国家集团。亚非会议也好，欧洲共同体也好，石油输出国组织也好，北大西洋公约组织也好，华沙条约组织也好，不结盟运动也好，从根本上说都是基于共同的物质利益而形成的。当然。这并不是说他们之间就没有物质利益冲突。恩格斯说："使广大群众、使整个的民族、以及在每一民族中间又使整个整个的阶级行动起来的动机""引起伟大历史变迁的行动"的"动因"或"动力的动力"不是别的，正是这些人民群众，这些民族以及这些阶级的"经济利益"①。

由此可见，物质利益规律是一条贯穿于整个人类历史的最根本的经济规律，是支配整个经济生活甚至整个社会生活的根本规律。既然如此，我们深入研究这一规律，对于作好一切经济工作，就不是没有重要意义的。

（二）

物质利益规律不但在人类社会始终存在，而且是一条比任何其他经济规律都更为根本的经济规律。依我看来，一切

---

① 《马克思恩格斯选集》第4卷，第245—246页，人民出版社1972年版。

232

其他经济规律,都是根植于物质利益规律并由此派生出来的,都是物质利益规律在各该特殊的经济关系范围内的具体化。

先说生产关系一定要适合生产力发展水平的规律。这个规律虽然也是在一切社会形态里起作用的,但是它也是以物质利益规律为基础的。因为,人类生活的理想就是理想的生活。所以,人们对物质资料的需求是无止境的。而越是符合劳动者物质利益的生产关系,就越能促进生产力的发展。奴隶制生产关系之所以被封建制生产关系所代替,就是因为在奴隶制生产关系中,奴隶只是奴隶主"会说话的工具",奴隶除了勉强维持生命的最低限度的生活资料外,几乎完全没有自己的物质利益,因而对劳动毫无兴趣,甚至以毁坏生产工具的方法来破坏生产。封建制生产关系之所以被资本主义生产关系所代替,也是因为资本主义生产关系能够为劳动者带来较多的物质利益。资产阶级比奴隶主和封建地主阶级先进和聪明得多,资本主义剥削方法不是超经济强制,而是在法律上"自由""平等"的名义下,用计时工资、计件工资等形式来刺激劳动者的兴趣。资产阶级还想出许多新的办法,以缓和阶级矛盾和刺激劳动者的积极性,如建立社会保险制度,发展各种福利事业,甚至吸收工人代表参加企业管理,吸引工人购买少量股票等等,以便使劳动者看到自己的物质利益与资本主义生产发展相联系。这是资本主义生产力发展的重要原因。

社会主义生产关系比资本主义优越得多,因为它不但根除了剥削,而且给国民经济有计划、按比例发展提供了可

233

能，可以促进生产力更快地发展，从而为最大限度地满足劳动群众的物质利益要求，开辟了广阔的前景。但是，必须注意的是，社会主义生产关系的建立和改革，必须为劳动群众带来更多的物质利益，才能体现优越性而为劳动群众所拥护。而要想为劳动群众带来更多的物质利益，就要使新的生产关系适合生产力的发展水平。不考虑生产力发展水平而急于过渡，必然会损害劳动者的物质利益，而挫伤劳动者的积极性，影响生产力的发展。在这一方面，我们的教训是深刻的。

再说各个社会的基本经济规律，各个社会的基本经济规律，对于各该社会的经济生活来说，是一条最重要的规律。因为它决定着各该社会生产发展的一切主要方面和一切主要过程，决定着各该社会生产的本质和发展方向，包括各该社会生产的目的和达到目的的手段。但是，无论哪一个社会的基本经济规律，也都是以物质利益规律为基础的。资本主义生产就是为了追求剩余价值，这是资产阶级的物质利益。资产阶级和无产阶级是两个在物质利益上根本对立的阶级，资产阶级改良技术，发展生产甚至包括给予劳动者一些小恩小惠，说到底都是为了榨取更多的剩余价值——资产阶级的物质利益。所以剩余价值规律这一资本主义的基本经济规律，实际上就是追求资产阶级物质利益的规律。在资本主义条件下，竞争和生产无政府状态的规律与物质利益规律是什么关系？竞争是由追求物质利益引起的，无政府状态是由私有制决定的，所以，社会主义有竞争但不会有无政府状态。资本主义的平均利润率规律也是为追逐利润而自由转移资本形成的。垄断

234

资产阶级用剥削本国人民和别国人民的办法来获取最大限度的利润，这是追求垄断资产阶级的物质利益。社会主义基本经济规律，是用在高度技术基础上使生产不断增长和不断完善的办法，尽量满足整个社会经常增长的物质文化需求，归根到底它是争取劳动群众物质利益的规律。社会主义生产的出发点和归宿，都应当是满足劳动群众的物质利益需求。我们的经济工作，如果背离了这个规律，就肯定要失败。实践也证明，不管我们的目标多么崇高，纲领多么宏伟，口号多么响亮，如果违背了这条规律，就不可能真正调动起劳动群众的社会主义积极性，也就不可能促进生产力的加速发展。

再说国民经济有计划、按比例发展的规律。这是社会主义经济的一条重要规律。这条规律要求国民经济各部门特别是农轻重之间有个适当的比例，也要求积累和消费的比例关系协调。一般说来，消费代表劳动群众当前的物质利益，积累代表劳动群众长远的物质利益。但是，如果过分强调积累而忽视消费，就既不符合劳动群众当前的物质利益，又不可能实现他们长远的物质利益，因为它会大大挫伤劳动群众的积极性，从而延缓生产的发展。农业和轻工业基本上是生产消费资料的，重工业基本上是生产生产资料的，因而，一般说来，前者的发展代表劳动群众的当前利益，后者的发展代表劳动群众的长远利益。但是，如果过分强调发展重工业而忽视农业和轻工业，就既不符合他们当前的物质利益，又不能实现他们长远的物质利益，因为劳动人民的吃、穿、用、住等基本生活需要都不能满足，是不可能鼓足干劲，力争上

235

游，多快好省地建设社会主义的。在社会主义条件下，劳动群众当前的物质利益与长远的物质利益，从根本上说是一致的，因而必须兼顾。因为社会主义生产需要不断扩大，积累要不断增加，总不能把生产物分光吃净，只顾眼前不顾将来。但是，如果过分强调长远利益而忽视当前利益，以致使劳动者长期看不到现实的物质利益，就体会不到社会主义制度的优越性，从而丧失劳动热情。实践证明，只提"当前利益服从长远利益"这个口号，作为确定经济政策和计划的指导思想，是有一定的片面性，因为它指导人们在经济工作中，先考虑长远利益，后考虑当前利益，甚至把当前利益放在可有可无的地位。尤其在我国这样生产力发展水平和人民生活水平都很低的情况下，更应首先考虑劳动群众的吃、穿、用、住等起码的生活需要，而不能抛开这些去追求所谓"长远利益"，否则必然会挫伤劳动群众的积极性。建国以来，我国国民经济发展中几次出现的严重比例失调现象，都是由于过份强调长远利益而忽视当前利益，从而积累安排过多，基本建设战线过长所造成的，我国财政多次出现赤字，除建国初期的个别年份外，也多半是由于这个原因造成的。这应当算是一个严重的教训。

国民经济有计划按比例发展规律，不但涉及到劳动群众当前的物质利益与长远物质利益的关系，而且涉及到工农之间，城乡之间，国民经济各部门，各行业，以及各地区和民族之间的物质利益关系。因此，它也是植根于物质利益规律的。

236

再说价值规律。这个规律是商品生产的基本规律，它要求商品按照决定于社会必要劳动量的价值进行交换。等价交换意味着符合买卖双方的物质利益，不等价交换意味着不符合其中某一方的物质利益，工农业产品的剪刀差意味着不符合农民的物质利益。只有按质论价、优质优价才符合价值规律的要求。我们国家的价格政策，就是要在尊重价值规律要求的基础上，适当地调整各部门、各种产品买卖双方的物质利益，以便调节生产、流通和消费，引导它们向有利于社会主义、有利于国计民生的方向发展。

最后说按劳分配规律。这是社会主义社会所特有的一条经济规律，它是由生产资料公有制和现阶段生产力发展水平决定的。这个规律要求把每个劳动者的物质利益与他对社会的贡献很好地结合起来，与他的劳动数量、劳动质量和劳动成果很好地结合起来。因此，正确地贯彻按劳分配原则，制定充分体现按劳分配原则的分配政策和制度，有利于充分调动群众的积极性，从而推动生产的加速发展。长期以来，由于极"左"路线的影响，我国实际上执行的是"大锅饭""铁饭碗"的分配制度，这是对社会主义的严重歪曲，对社会生产起了不可估量的破坏作用。

由此可见，无论哪一条经济规律，都是与物质利益规律密切相关并以其为基础的。既然如此，社会主义国家的一切经济工作，要想真正收到预期的效果，就应当深入研究和深刻认识物质利益规律，从而恰当地处理各方面的物质利益关系，调动一切积极因素，加速社会主义现代化事业的建设。

237

党的十一届三中全会以来，中央所制定的一系列经济政策，都是从调整各方面的物质利益，以调动各方面的积极性这一点出发的。例如：关于提高农副产品的收购价格和减轻部分地区农村税负的政策，关于恢复自留地和开放集市贸易的政策，关于提高职工工资和发放奖金的政策，关于扩大企业自主权和扩大地方自主权的政策，关于改革工商税收制度的政策，关于实行有偿占用资金和调整银行利率的政策，关于举办多种形式存款的政策，关于建立经济特区的政策，等等。自然，这些政策也需要在实践中不断加以完善和提高。

（三）

一切物质利益，都是以个人物质利益为基础和最终归宿的。固然，除了个人物质利益之外，还有集体的、阶级的、民族的、国家的甚至全人类的共同物质利益，但是，这一切，都是个人物质利益不同程度的集中。所谓阶级觉悟，就是人们认识到个人物质利益对阶级的共同物质利益的依存关系，从而自觉地为阶级利益而奋斗。所谓政治觉悟，除了为阶级共同利益而奋斗的自觉性以外，还有战略水平、策略水平和斗争艺术等等。在社会主义条件下，政治觉悟首先是指人们对集体的、国家的物质利益的态度。

即使在社会主义社会，一切物质利益也都是以个人物质利益为基础和归宿的，因为所谓国家利益和集体利益，最终目的还是要落实到每一个劳动者个人身上，否则是毫无意义的。正如马克思指出的："从一个处于私人地位的生产者身

238

上扣除的一切，又会直接或间接地用来为处于社会成员地位的这个生产者谋福利。"①

　　既然一切物质利益都是以个人物质利益为基础的，那么，社会主义的一切经济政策，都不能完全抹煞个人的物质利益。同时，既然阶级觉悟和政治觉悟都主要是为集体的、阶级的和国家的利益而奋斗的自觉性，那么，衡量一个人的政治质量，首先和主要的，也应该是看他对集体和国家的物质利益所采取的态度。

　　在社会主义条例下，个人物质利益必须服从集体的物质利益，集体的物质利益必须服从国家的物质利益。因为个人物质利益是以集体的物质利益为前提和保证的，集体的物质利益是以国家的物质利益为前提和保证的，所谓大河有水小河满，就是说的这个道理。因此，社会主义提倡为集体利益和国家利益而奋斗。反对把个人利益看得高于一切，那些专门为个人物质利益而奋斗的人是受鄙视的；那些损人利己的人是令人憎恨的。而那些为集体利益而努力并使个人利益服从集体利益的人是受尊敬的；那些为集体利益而忘我劳动、鞠躬尽瘁的人是受人敬仰的；那些为集体、国家乃至全人类的利益作出重大贡献或是牺牲自己的人是伟大的。这就是我们的共产主义道德标准。

　　我们承认并不讳言个人物质利益，是为了制订和执行正确的经济政策，并不是说不要宣传共产主义道德，也不是说

---

　　①《马克思恩格斯选集》第3卷第10页，人民出版社1972年版。

不要政治思想工作。恰恰相反，我们要加强这方面的工作，不断提高 政 治 思 想工作的水平，并把共产主义道德教育和社会主义的经济政策结合起来。讲社会主义和共产主义，就要讲集体的、国家的乃至全人类的利益，使人们自觉地把个人利益放在从属的地位，必要时应当牺牲个人的利益。在社会主义社会，人民的利益高于一切。不允许任何人 损公肥私，不能容忍为少数特权人物的利益而牺牲人民的利益，也不能容忍为维护某一个人的权威或尊严而牺牲人民的利益。

（四）

在社会主义条件下，由于经济基础的变更，物质利益规律的作用，有其不同于其它社会的特点。这些特点是：

第一，每个人的物质利益，是以其付出的劳 动 为 前 提的，个人物质利益的量，是以其劳动数量和质量以及对社会贡献大小为条件的。因为这里生产资料是公有制，哪一个人都不能凭借生产资料的占有权取得物质利益；除了没有劳动能力的人之外，谁都不能不劳 而 获。所 以，社会主义贯彻"各尽所能，按劳分配"的原则。实践证明，如果违背了这一规律的要求，就会不利于生产的发展。"大锅饭"和"铁饭碗"的制度就是根本违背这一规律的，它实际上是变相的剥削。由于是变相的剥削，它就不能不严重挫伤劳动者的积极性。

第二，在社会主义条件下，个人物质利益与集体的、国家的物质利益，从根本上说是一致的。因为，首先，社会主义的生产资料是公有制，公有制就只能为大家谋利益，而不

240

能为少数人谋利益；其次，社会主义国家是代表全体劳动人民利益的，所以，国家、集体和个人之间，没有根本的利害冲突。当然，这三者之间也有矛盾。为了正确处理这种在根本上一致的物质利益矛盾，就要求国家实行一种使三者利益紧密结合，紧紧挂钩的政策，以使每个劳动者在关心个人利益的同时，关心国家和集体的利益，自觉自愿地为集体和国家的利益而奋斗。建国以后的长时期里，正是由于我们没有按照这样的原则办事，使劳动者的报酬与企业的盈亏状况毫不相干，使企业的财权和财力与它的经营成果毫不相干，因而造成人们很少关心国家的盛衰和企业经营管理的好坏，从而导致各部门经济效益很低，各方面损失浪费惊人的现象。这种三者利益的脱钩，也不能不严重影响了广大职工对企业和国家的主人翁责任感。党的十一届三中全会以来，从农业到工业、商业以及其它部门，相继实行了多种形式的经济责任制，它打破了过去"大锅饭"、"铁饭碗"的不合理旧规，使劳动者的物质利益与企业及国家的物质利益建立了联系，因而收到了一定的效果。可以看出，经济责任制将会带来生产关系的深刻变革，意义深远，其方向是完全正确的。但是，由于我们在这方面还缺乏经验，以致在经济责任制推行过程中，也暴露出一些问题，需要逐步加以解决。首先是企业的权力、利益与责任的关系问题，企业要完成国家交付的任务，必须拥有相当的人、财、物、产、供、销等权力；但是，企业也必须是在完成国家交付的任务的前提下，才能分取相当的利益。例如，企业不仅要完成利润计划指标，而且

241

249

要完成产品产量、质量，品种、成本、安全等指标及供货合同，为此还必须有各项平均先进定额。如果光是考核利润一种指标，又无平均先进定额，势必造成企业单纯追逐利润，并形成有利于企业及其职工而有损于国家的局面。前几年的实践证明，如果企业利润留成和职工奖金的提取，不是根据各项平均先进定额和各项有关指标的完成，而是单纯取决于利润的数量，这就使企业及其职工的利益与他们的责任脱了钩，这显然是与推行经济责任制的根本目标——改善经营管理，提高经济效益相违背的。其次是国家、企业、职工三者利益的关系问题。为了正确处理这三者利益的关系，不但要使三者紧紧挂钩，而且要建立一种合理的分配比例。当然，在税制和价格尚未改革和完善之前，企业利润增减的因素是很复杂的，由于诸种客观原因（如地形、地质、水利、资源、原料来源、市场远近、交通条件、国家投资大小、技术装备、产品价格和税率水平等）所造成的企业之间，部门之间的苦乐不均现象，也是严重的。因此，为了正确地评价企业经营成果和正确处理三者利益关系，应当抓紧进行价格和税制的改革，在此基础上，应当制定出一套相对稳定的，比较合理的利润分配比例。

第三，在社会主义条件下，由于公有制决定了以公为主，以私为辅，所以，国家的物质利益占主导地位，集体和个人物质利益占从属地位。因此，要求个人物质利益服从集体物质利益，集体物质利益服从国家物质利益，局部物质利益服从全局的物质利益，不允许把个人物质利益看得高于一

242

切，也不允许为了局部物质利益而牺牲全局的物质利益。

在这里，似乎有必要着重说一说利用经济杠杆的问题，经济杠杆就是物质利益引导杠杆。我国现阶段的国民经济，是公有制占绝对优势，多种经济成份并存的商品经济。这就要求在组织和领导国民经济中，必须以计划为主，并且发挥各种经济杠杆的调节作用，促进各种经济活动符合国民经济总的计划要求，促使国民经济协调发展。而长期以来，我们过份强调了计划、特别是指令性的直接计划的作用，忽视经济杠杆的调节作用，不懂得各种经济单位，即使是社会主义经济单位，都有独立的或相对独立的物质利益。这是压抑各经济单位的积极性，造成经济发展迟缓，并加据国民经济比例失调的重要原因。

党的十一届三中全会以来，我们执行国民经济调整、改革，整顿，提高的方针。调整是为了解决比例失调的问题，使部门结构、产业结构、产品结构都趋于合理化。而为此，除了利用指令性的直接计划和指导性的间接计划之外，还必须有效地利用各种经济杠杆加以配合，否则就达不到预期的调整目的。经济体制改革是为了调动地方和企业的积极性，把微观经济搞活。但是与此同时，也必须善于利用经济杠杆，来调节经济发展方向，把它引导到国家计划要求的轨道上来。当然，还要辅之以国家的监督和检查，以防止地方和企业产生违反国家利益的行为。

实际上，经济杠杆就是物质利益引导杠杆，而我们在任何时候也都必须把利用经济杠杆和行政手段、法律手段很好地

243

结合起来，把计划指导与物质利益引导很好地结合起来。计划指导是国家的宏观要求和外部压力，物质利益引导则是企业和个人的微观要求和重要的内部动力。光有外部压力而无内部动力，就不能调动企业和个人的积极性，从而也达不到宏观要求，这是我们过去多年的经验充分证明了的；但是，光有内部动力而无计划指导，则会造成经济上的混乱和无政府状态，其结果也必然延缓整个国民经济的发展和损害全局的物质利益，这也被近几年来一些事实所证明。但是，无论如何，社会主义国家的经济政策和计划，必须充分自觉地按照物质利益规律的要求，充分有效地利用物质利益引导的杠杆，因势利导，使每个经济单位和劳动者个人，都从本身利益的关心上积极完成国家的计划任务。

深入研究物质利益规律的性质，研究它和其它经济规律的关系，研究它在社会主义条件下发挥作用的特点，研究它和政治，和思想，和计划，和行政、法律手段的关系，有利于把人们对经济规律的认识提到一个新的高度，把经济科学水平提到一个新的高度，把经济工作提到一个新的高度，从而充分调动各方面的社会主义积极性，加速社会主义现代化的进程。

此文是将《初论物质利益规律》（载《财政研究》1981年第1期）和《再论物质利益规律》（载《天津财经学院学报》1982年第2期）摘编而成的。

244

论经济杠杆[①]

党的第十二次代表大会，提出了全面开创社会主义现代化建设新局面的宏伟纲领，确定了我国经济建设的战略目标、战略重点、战略步骤和一系列正确方针。为了把社会主义现代化经济建设推向前进，当前必须以提高经济效益为中心，继续贯彻调整、改革、整顿、提高的方针。为此，必须作出多方面的努力，其中，充分而有效地利用经济杠杆，具有特别重要的意义。

一

在人类社会生活中，客观上存在着一条物质利益规律。这个规律不但在人类社会始终存在，而且是一条比任何其他经济规律都更为根本的经济规律，一切其他经济规律都是植根于物质利益规律的，都是物质利益规律在各该特殊的经济关系范围内的具体化。

人们从事物质生产，直接是为了实现自己的物质利益。因此，人们对物质利益的关心和争取，就成为生产发展的内在动力。在社会主义条件下，虽然由于经济基础的变更，物质利益关系发生

---

① 本文原载《财政研究》1983 年第 3 期，后收入《王亘坚文集》（中国财政经济出版社，2003 年）。本次编为附录，为保留文章原貌，除修改个别文字讹误外，一律遵从原作，不予更动。

了根本的变化，物质利益规律的作用产生了新的特点，如按劳动分配物质利益；国家、集体、个人物质利益在根本上的一致性；三者利益中国家、集体的利益占主导地位等等。但是，无论如何，物质利益，其中包括个人物质利益，仍然是推动生产发展的内在动力。

所谓经济杠杆，实际上就是人们运用物质利益规律的作用，以物质利益去引导或调节经济生活和社会生活的一系列手段，就是通过给予有利或不利的条件来鼓励或限制生产、分配、流通、消费及其他社会生活的一系列经济方法。所以，简言之，经济杠杆就是物质利益引导杠杆。在社会主义条件下，经济杠杆是掌握在国家手中的用物质利益去诱导社会再生产过程和社会活动过程，使之符合于国家要求的发展方向的一系列工具。

有人说，经济杠杆是社会主义社会所特有的经济现象，这是不对的。实际上，不但社会主义社会有经济杠杆，资本主义社会也有经济杠杆，甚至从封建社会和奴隶制社会就有了经济杠杆，这是可以找到许多历史事实来加以证明的。远在奴隶社会，国家就曾利用财政这种经济杠杆，来加强奴隶主阶级的专政和促进奴隶制经济的发展。如我国殷商初期制定的"因地势而有献"和使贡物"必易得而不贵"的政策；周朝制定的"彻"的方法，即使土地一井共耕，收获则按公私比例分成制；西周制定的"量入为出"和多留后备的政策等等。我国封建社会早期，秦时实行"强本抑末"（即重农轻商）的财政政策，规定"市利，之征必重"；汉武帝时期又制定了一系列重商主义的财政政策，以增加财政收入和促进商品经济的发展。到了资本主义社会，国家更广泛地利用经济杠杆来发展资本主义经济。恩格斯指出："国家就是通过保护关税、贸易自由、好的或坏的财政制度发生作用的。"（《马克思恩格斯书信选集》人民出版社 1962 年版，第 517 页）战后几十年

254

来，一些资本主义国家更广泛地使用财政投资、财政补贴、出口退税、进口附加税、公债、赤字预算、通货膨胀等经济杠杆，来维护垄断资产阶级的利益，力图挽救危机四伏的资本主义制度。这一切都证明，经济杠杆并非社会主义社会所特有的。

有人说，只有社会主义社会可以自觉地利用经济杠杆，这也是不对的。实际上，社会主义以前的社会，尤其是资本主义社会，也能够自觉地，而且是相当广泛和相当成功地利用了经济杠杆，这也是可以找到许多事例来加以证明的。如我国汉朝初期，为了恢复和发展农业生产，减轻田赋为"什五而税一"。以后又把田赋减为"三十而税一"，甚至停征十年。这些措施，对农民休养生息，发展农业生产，扶助小地主经济，都起了积极作用。至于资本主义国家，在初期利用税收制度，特别是保护关税制度、国债制度等杠杆，为资本原始积累和资本主义经济的发展，确实起了重要的积极作用。在现代资本主义各国，则更为广泛地利用税收、公债、信贷、利息、贴现率、财政补贴、罚款等多种形式的经济杠杆，来缓和资本主义社会的阶级矛盾，延缓资本主义经济危机。虽然它们不曾也不可能根本解决生产的社会化和生产资料私有制这一根本矛盾。但是，大量的财政投资和财政补贴，对于发展公共工程，发展科学、文教和卫生事业，推进技术进步和劳动生产率的提高，确实起了很大的积极作用。例如，西德战后多年来，对农业实行有计划地、大规模地、持续地调节措施，国家提供的信贷是农业投资的最重要资金来源。国家预算用于支农的支出，大大超过来自农业的收入，60年代中期，西德预算来自农业的收入只占0.7%，而支出于农业的资金却占了7%，相当于前者的十倍。这个比例至今基本未变，因而促进农业现代化达到了高潮。这恐怕不能不说是资本主义国家自觉地、成功地利用了经济杠杆。再如新加坡这个小小的城市国家，它的物质文明和精神文明建设的成就令人赞叹，这和它广泛地利用经济杠杆（如规定对破坏社会秩序和公共卫生等的多种形式的罚款）也有密切关系。这难道不是自觉地利用经济杠杆吗？

有人说，经济杠杆是一个价值范畴，这是不确切的。实际上，在自然经济条件下，有许多史实是通过实物形式的物质利益作为引导，起着经济杠杆的作用。就是在商品经济条件下，也还有不利用价值范畴，而通过使用价值的分配起着经济杠杆的作用。前者如封建社会的实物地租、实物借贷和利息、实物税捐等等；后者如解放区实行的减租减息制；解放后实行的对农民的奖售物资制，对军属的工分补贴，对生活必需品的定量供应，等等，都是。

有人把经济杠杆的作用同物理上的杠杆的作用相提并论，把杠杆与动力分开，这也是不对的。实际上，经济杠杆不同于物理上的杠杆，物理上的杠杆本身不是动力，必须有外加的动力，它才能发挥作用。机器上的传送装置和联结杆，如果没有来自机器之外的各种能源，是不能发挥作用的，而经济杠杆的动力就在它本身之内，因为它本身就是用物质利益调节经济和社会活动的强大动力。

有人把经济杠杆的作用局限于调节社会再生产过程，这也是不够的。因为，古今中外，特别是现代社会，有许多利用经济杠杆广泛地调节社会生活的事例。苏联的未婚、独身、少子女税，中国的独生子女补助，就是调节人口生育的经济杠杆；日本对戒烟职工的物质奖励和戒后重吸者的物质制裁，新加坡对乱丢纸屑和随地吐痰的罚款，我国开始实行的对违反交通法规和攀摘公园花木的罚款等等，就都是调节社会生活的经济杠杆。

把经济杠杆这一概念的外延划得太窄，把它的作用范围估计过小，不利于我们深刻认识和充分发挥它的作用，不利于我们从古代和外域吸取利用经济杠杆的经验，也不利于我们广泛利用经济杠杆促进社会主义物质文明和精神文明的建设。

当然，有人把经济杠杆等同于经济机制，这也是不对的，经济机制比经济杠杆的范围大得多，它是人们自觉建立的对经济发生作用的一系列体系，也可以说是经济管理的系统，包括对微观经济和宏观经济的一整套管理系统。它除了经济杠杆以外，还包括经济的方针政策和经济管理机构与组织。

二

我国现阶段的国民经济是公有制占绝对优势，国营经济占主导地位、有个体经济作为补充的多种形式的经济。社会主义经济是计划经济，同时也要发挥市场调节的辅助作用。至于个体经济之需要市场调节，更不必说了，既然如此，我国管理国民经济的方法，就不能只靠指令性计划。为了实现国民经济有计划按比例发展，除了用指令性计划去"指挥"外。还必须用指导性计划去"劝导"，还必须用经济杠杆去"利诱"。现在，可以用一句不十分恰当的说法，就是"威逼""劝说"和"利诱"相结合。对于国营经济中关系国计民生的重要产品的生产的分配，尤其是关系全局的骨干企业，主要靠指令性计划去指挥；对于集体经济生产的人民生活最必需的农副产品，也要通过征购派购形式，下达一些指令性指标。对于那些一般的生产资料和生活资料，由于它们是由多种经济形式生产和流通的，国家对它们的复杂需求和生产能力无法精确计算，所以只能制定指导性计划，在这里，经济杠杆的调节作用就应当更大些；对于那些由集体和个体经济生产的次要而零星的众多小商品，国家更无法用计划去管理，而只能主要靠经济杠杆来"利诱"，以促使其符合整个国民经济计划的要求。此外，国家在社会生活的许多方面，如人口生育、社会秩序甚至生活习惯等等，也可以利用经济杠杆起辅助性的调节作用。

由此可见，经济杠杆有发挥作用的广阔场所。它不但对经济生活，而且对整个社会生活，不但对微观经济，而且对宏观经济，能够发挥调节作用，因而必须充分而有效地加以利用。多年以来，由于"左"倾路线的影响，尤其是林彪、江青两个反革命集团的破坏，使我国国民经济的管理一度陷入十分混乱的状态，唯意志论盛行，阶级斗争成了管理国民经济和一切工作的"纲"，这样，应当利用的经济杠杆全被排斥了，有效地利用经济杠杆成了"走资本主义道路的罪行"！这个流毒至深，影响极广，至今尚未完全消除，许多人对利用经济杠杆怀有戒心，余悸犹存，许多人甚至不知经济杠杆为何物，更谈不上有效地利用了。因此，科学地解释和广泛地宣传经济杠杆的性质、内容和作用，以及如何有效地加以利用，就成了我们一项重要的任务。

三

作为物质利益引导手段的经济杠杆，存在着众多的形式。全面地认识这些形式，有利于我们更加广泛而有效地加以利用，使其为社会主义现代化事业服务，为我国的物质文明和精神文明的建设服务。

在现实生活中，可以利用的经济杠杆很多，它们各自发挥不同的作用，各自联结着特定方面的物质利益，但它们又是相互制约相互影响的。从大的方面看，有价格、信贷、利息、汇价、折旧、工资、奖金、企业基金、公用事业收费、租金、罚款、税收、公债、财政补贴、资金占用费、利润分成、规费等等。在税收中，又包括对商品和非商品流转的课税、对收益的课税、对资源和资金占用的课税、对财产的课税、对消费行为的课税、对多生育行为的课税，以及各种税收的加成、加倍征收或减免退税等形式。

由于各种经济杠杆都联系着特定方面的物质利益，而"人们奋斗所争取的一切，都同他们的利益有关"（《马克思恩格斯全集》第三卷第 82 页）。因此，巧妙而成功地利用各种经济杠杆，并使其恰当地结合起来，就是自觉地利用物质利益规律的作用，就能调动各方的积极性，从而收到管理国民经济的预期效果。例如：价格杠杆联系生产者与消费者、生产者与销售者、批发者与零售者、销售者与消费者、职工与农民之间的物质利益关系。因此，每一种商品和劳务的涨价和降价，都要慎重而全面地考虑到它必然影响到的多方面的物质利益。例如，党的十一届三中全会以来，对农村实行了一系列正确的政策，其中包括提高农副产品收购价格的政策，这是使农民，特别是商品率高的农民增加收入，调动农业生产积极性的重要措施。但是，对这些农副产品的销售价格，就没有随之提高，而是采取了稳定的政策，并实行财政补贴的办法。因为，农副产品的销售价格，关系到多方面特别是广大职工的物质利益。国家不能用减少职工实际收入的办法去增加农民的收入，这又是关系到工农联盟和人民民主专政的大问题，1962 年，赫鲁晓夫由于大大提高了肉类和牛奶的销售价格，引起了苏联人民的强烈不满，几乎引起暴动；勃列日涅夫吸取了这个教训，1965 年虽然提高了农产品收购价格，并实行了粮食超购奖励 50%的办法，但销售价格不变，靠财政补贴来解决。这项办法既使农民增加了收入，又没有增加职工的负担和引起他们的不满。70 年代中期，苏联一些食品的实际成本都大大超过零售价格。与此相反，波兰近年来的社会动乱，其导火线正是食品价格的上涨。由此可见，对价格这一经济杠杆的利用，并不是一个简单的问题。上面所谈的例子也只是从一个侧面来分析的，实际上，价格所涉及的物质利益关系是极其复杂的。

又例如，工资杠杆联系着国家、企业和职工之间，职工与职工之间，脑力和体力劳动者之间的物质利益关系。在社会主义国家里，职工工资应当在生产不断发展的基础上不断提高，以满足他们日益增长的需求。但是，在正常情况下，工资提高的速度不应高于，而且应当低于生产发展的速度。因为我们不但要消费，而且要积累；不但要吃饭，而且要建设；不但要满足职工个人的消费需要，而且要满足注定属于社会共同消费的需要。要实现社会主义现代化，关键是科学技术的现代化，这就必须加速发展科学文化和教育事业，还必须大力加强国防；为了达到二十年内的战略目标，又必须抓住农业、能源、交通等其他战略重点，集中大量投资。这样，在处理工资问题上，就必须兼顾国家、生产单位和职工之间的物质利益；为了全面调动各方面的积极性，又必须兼顾不同部门、行业、工种、地区、文化水平等职工的物质利益，等等。

财政杠杆，特别是税收杠杆，在社会再生产和社会生活中，具有最广泛的调节作用，并与其他经济杠杆有着最密切的相互制约关系。例如对商品和非商品流转的课税，与价格有着最密切的关系，它们相互影响和相互制约；对收益的课税与利润则有直接的关联并相互制约；对资源和资金占用的课税，则与成本和利润都有密切的关系；对消费行为的课税则会对社会生活产生广泛的影响等等。

既然各种经济杠杆之间有着相互影响和相互制约的作用，那么就不能企图孤立地用一种或两种经济杠杆，而达到预期的目的。例如，要达到促使企业减少资金占用、加速资金周转、降低成本、提高投资效果的目的，可以利用信贷和利息杠杆，变财政无偿供应方式为信贷有偿供应并收取利息的方式。但是，如果只是孤立地作如此变革，企业财务的整个体制仍然如旧，尽管企业的贷款要偿还，利息要支付，成本要提高，利润要减少，但是对企业来说，仍然是无关痛痒的。因为，反正企业的盈亏状况与其本身的财权大小无关。与职工福利和奖金多少无关。因此，这种资金供应方式的变更，还是不能收到预期的效果。因为这种变革，仍然没有充分体现物质利益规律的要求，没有把国家、企业和职工三者的利益紧紧挂起钩来。1958年实行流动资金全额信贷制之所以无效，除其他原因外，主要是这个原因。现在，工交商等各部门相继推行了经济责任制，力图使企业的责、权、利三者紧密结合。这个方向是完全正确的，但是，由于现行价格制度和税收制度还很不完善。造成企业盈亏的客观因素很多，现在的经济责任制仍然不会收到太大的成效。因此，必须有步骤、有条件地实行价格改革，并对税制改革作出总体设计，全面而有针对性地确定税种。总之，要对经济管理中的弊端实行辩证诊疗、综合治理，而不能头痛医头，脚痛医脚。

深入研究不同经济杠杆的特殊作用及其相互关系，有助于我们充分而有效地利用，使之恰当地互相结合，发挥广泛而积极的作用。建国以来，由于对经济规律特别是物质利益规律的认识不够，尤其是由于"左"的路线的影响，我们对经济杠杆的研究甚少，从而使我们的经济发展受到了很大影响，使我们吃了很大的亏。

四

为了顺利发展我国的国民经济，推进社会主义现代化事业，必须充分而有效地利用经济杠杆，这是毫无疑义的历史经验。30多年来，我们在经济生活中，往往有许多违反国家政策和计划要求的事情发生，有的还相当严重。尽管党和政府一再发布指示。

三令五申，反复宣传教育，却往往收效甚微。甚至愈演愈烈，这除了其他原因外，违反经济规律的要求，不善于利用经济杠杆去有效地调节，确是一个重要的原因。

这里举几个十分平常而又很能说明问题的例子。众所周知，我国能源不足，但又浪费严重。浪费之所以严重，主要是我们没有利用经济杠杆的"利诱"作用。许多公共用灯是长明灯，公共用水是长流水，多少人看了熟视无睹，尽管墙上贴着"节约用水""节约用电"的标语，不少人还是视而不见，无动于衷。过去，许多农村生产队实行吃"大锅饭"的用电办法，按年平均收费或免费，这样，各户农民争相使用大灯泡，并昼夜长明。所有这些对能源的浪费是十分严重的。但是，一旦按户分装了电表、水表并计量收费，就可以收到立竿见影的效果。四川省各机关、学校、部队和厂矿企业的职工生活用水、用电、用气，过去一直实行"包费制"，或是多家合用一个表然后分摊费用。于是，造成了水、电和天然气的大量浪费。去年11月以来，上述各单位几乎普遍采用了分户按表、计量收费的办法，这个办法一抓就灵，截至今年6月底，水、电、气用量大幅度下降。据统计，今年上半年共节电3200万度，节气3150万立方米，节水700多万吨，共值1100多万元。这个例子也充分证明，物质利益规律是一个不以人们意志为转移的客观必然，是不能不承认的。

又例如，我国自建国以来，普遍实行了职工干部的公费医疗制度，这对保证广大职工干部的健康，起了很大的作用。但是不能否认的事实是，由于这种带有按需分配因素的医疗制度，与现阶段我国生产力发展水平和人们普遍的思想觉悟水平不相适应，造成严重的浪费是不可避免的。为此，在继续实行公费医疗制的同时，不能不附加一些补充办法，现在有的地方也正在试验。但无论如何，还必须把国家的公费医疗支出与职工个人的利害挂起钩来，使其从关心个人利益出发来关心国家医疗费用的节约。所有这些都说明经济杠杆的作用是广泛的。

当然，也不能把经济杠杆的作用估计过大，把它看成万能工具。尤其不能忘记的是，我们是社会主义国家，社会主义经济是计划经济，我们一切事业的发展都主要是靠符合客观规律的计划去安排的，完成国家计划是国家经济组织和其他组织必须履行的义务。我们不像资本主义国家那样的无政府状态，一切经济生活靠价值规律去自发地调节，所以，我国发展国民经济虽然需要利用经济杠杆，但仍必须以计划指挥为主，同时，为了保证坚持社会主义道路，还少不了政治思想教育，少不了必要的行政和法律的手段，加强政治思想工作从来是也永远是完成经济任务的重要保证之一。对那些国家政策法令所不允许的经济活动和其他社会活动，可以采取强制的手段加以取缔和处罚，可以给予应有的法律制裁。对于那些在经济领域和其他领域严重破坏社会主义的犯罪活动，必须依法给予严厉的惩处。这就是说，我们必须把思想政治工作、计划工作、经济立法和司法工作以及行政管理措施，同利用经济杠杆巧妙地结合起来。

有关经济杠杆的若干理论问题^①

  党的十二届三中全会《关于经济体制改革的决定》（以下简称《决定》）指出："越是搞活经济，越要重视宏观调节，越要善于在及时掌握经济动态的基础上综合运用价格、税收、信贷等经济杠杆……。我们过去习惯于用行政手段推动经济运行，而长期忽视用经济杠杆进行调节。学会掌握经济杠杆，并且把领导经济工作的重点放到这一方面来，应该成为各级经济部门、特别是综合经济部门的重要任务。"

  近年来，随着经济体制改革的进展，经济杠杆问题已引起了广泛的注意。但在已经发表的论述中，对经济杠杆的认识，如：经济杠杆的实质和范围，经济杠杆与经济规律的关系，运用经济杠杆的主体，经济杠杆的作用和发挥作用的条件，经济杠杆与计划调节和市场调节的关系，诸种经济杠杆之间的关系及其综合运用，经济杠杆与行政手段、法律手段、教育手段的关系等等，还有许多分歧。深入研究和透彻地阐述这些理论问题，对于人们清楚地认识和自觉地运用经济杠杆，无疑会有重要的意义。

---

  ① 本文原载《天津社会科学》1985 年第 1 期，《新华文摘》1985 年第 4 期全文转载。本次编为附录，为保留文章原貌，除修改个别文字讹误外，一律遵从原作，不予更动。

一

所谓经济杠杆，实质上就是人们以物质利益规律为依据，用物质利益去诱导经济生活和社会生活的一系列手段，是通过给予有利或不利的条件，去鼓励或限制生产、分配、流通、消费及其他社会生活的一系列经济方法。应当强调，物质利益诱导是经济杠杆的核心和灵魂，没有这个核心和灵魂，就说不清经济杠杆的实质、范围和作用。所以，简言之，经济杠杆就是物质利益诱导杠杆或利诱杠杆，在社会主义条件下，经济杠杆主要是掌握在国家手中的，用物质利益去诱导社会再生产和社会活动过程，使之符合于国家预期的发展方向的一系列工具。

关于经济杠杆的实质，不少人认为是影响、调节和推动社会再生产过程的工具或手段。但是，究竟用什么去影响、调节和推动，是什么原因使它能够影响、调节和推动社会再生产过程呢？这个关键性问题并未得到回答。有更多的人认为，经济杠杆是与价值形式有关的因素，是一系列价值范畴，是国家自觉利用价值规律的具体表现。有人说，凡是有商品生产的地方和时代，一般说来都有经济杠杆存在。由于社会主义社会有商品生产，价值规律还起作用，经济杠杆也就必然存在，经济杠杆是价值规律调节社会主义经济的杠杆，经济杠杆的"魔力"来自国家对价值规律的自觉运用。总而言之，他们都认为，商品生产和价值规律同经济杠杆的联系是一种本质的、必然的联系。

诚然，在大多数情况下，经济杠杆是以价值形式出现的，大多属于价值范畴。但是，经济杠杆与价值形式、价值范畴、价值规律之间的联系，并非本质的、必然的联系，运用经济杠杆也并非都是或仅仅是自觉利用价值规律的作用。

首先，经济杠杆并非都采取价值形式。在自然经济条件下，许多史实证明，实物形式而非价值形式作为诱导，也起着经济杠杆的作用；就是在商品经济条件下，也还有不利用价值范畴，而通过使用价值的分配起着经济杠杆的作用。前者如奴隶社会或封建社会的实物税捐、实物借贷和利息；后者如解放前国统区的田赋征实，解放区乃至全国解放后实物形式的农业税，对农民的奖售物资制等，这些实际上都是经济杠杆，但都不是价值形式。既然经济杠杆不限于价值形式，就不应把经济杠杆简单地归结为价值范畴。

其次，人们利用经济杠杆，也并非都是或仅仅是自觉利用价值规律的作用。在我国现今条件下，许多经济杠杆确实是利用价值规律的作用，如价格、成本、折旧、税收、利息等等。但是，也有许多经济杠杆不是如此，如工资、奖金这些经济杠杆，它直接是自觉地利用按劳分配规律的作用；还有许多经济杠杆，它们既不是以价值规律为依据，也不是以按劳分配规律为依据，如利润留成、企业基金、罚款等等。进一步说，就是税收杠杆，也不都是以价值规律为依据的。如对财产（车、船、房、地）的课税，对收益的课税（农业税、所得税）等。这些经济杠杆既不以价值规律为依据，又不以按劳分配规律为依据，它们究竟是以什么经济规律为依据呢？我认为，就是物质利益规律。

关于物质利益规律，虽然它是人类社会始终存在的最根本的经济规律，却至今未能获得人们的公认，甚至未能引起人们的注意。但是，它确实是不以人们的意志为转移的客观经济规律。上述许多经济杠杆，正是人们自觉或半自觉地以物质利益规律为依据的。因为，所有这些经济杠杆，都是通过给予有利或不利条件来鼓励或限制人们的经济活动和社会活动的。比如，许多地方的公共用灯是长明灯，许多公共用水是长流水，尽管墙上贴着节约用电、用水的标语，不少人还是视而不见，无动于衷，因为这些水电的浪费与他们个人的利益无关。过去许多农村的用电实行按年平均收费或免费，于是，各户争相使用大灯泡，昼夜长明。但是，一旦按户分装了电表并计量收费，立即收到了节约用电的效果。这不是价值规律，也不是按劳分配规律或其他具体的经济规律，而只能是物质利益规律在起作用。生活中这样的例子很多。

还必须进一步分析，那些直接以价值规律为依据的经济杠杆，难道仅仅是自觉利用价值规律的作用吗？也不是。像价格、成本、税收、利息等经济杠杆，除了考虑价值规律的要求外，还必须同时考虑国民经济有计划按比例发展规律和社会主义基本经济规律的要求。就是工资、奖金杠杆的运用，也不是仅仅考虑按劳分配规律的要求，同时还要考虑上述其他经济规律的要求。否则就不能正确而有效地运用经济杠杆，达到有计划管理国民经济的预期目的。《决定》指出：要善于利用各种经济杠杆，"以利于调节社会供应总量和需求总量、积累和消费等重大比例关系，调节财力、物力和人力的流向，调节产业结构和生产力的布局，调节市场供求，调节对外经济往来等等。"所有这些都说明，国家动用经济杠杆，在考虑价值规律和按劳分配规律等要求的同时，不能不考虑国民经济有计划按比例发展规律和社会主义基本经济规律的要求。显然，计划价格的升降，税率的调整，贷款额度与范围的确定，利率的变动，工资奖金的改变，都必须从社会主义条件下诸经济规律的要求出发作全盘考虑，综合平衡。否则就不能保证社会主义的方向，就不能把微观经济的积极性引向宏观经济计划性的要求，而经济杠杆正是这二者的结合点。

经济杠杆是以诸经济规律为依据的，但是，归根结底是以物质利益规律为依据的。这不但因为许多经济杠杆直接就是以物质利益规律为根据，而且因为所有其他经济规律都是植根于物质利益规律的，都是物质利益规律在各该特殊的经济过程中的具体化。

许多人由于前人，特别是马克思主义经典作家未曾提到物质利益规律，就不敢或不愿承认物质利益规律的存在。这种态度不符合马克思主义的实事求是原则。客观经济生活到处显示了物质利益规律的作用，人们却仍然拘守于原有的、现成的理论条文之中而不敢越雷池一步。然而，"理论是暗淡的，只有生活之树是长青的。"歌德的这句名言深受列宁的赞赏，它将永远闪耀着真理的光辉。何况马克思事实上也承认这一规律的存在，他说："人们奋斗所争取的一切，都与他们的利益有关。"（《马克思恩格斯全集》第 1 卷 82 页）对于这句至理名言，难道不应当认真思考和深刻领会吗？

讨论经济杠杆与经济规律的关系，否定经济杠杆与价值规律的本质联系，这是具有重要理论意义和实际意义的，它有助于人们更深刻地认识经济杠杆的实质，也有利于我们国家更广泛、更充分地利用经济杠杆，为社会主义现代化事业服务。

二

经济杠杆这一概念的内涵决定了它的外延。这就是说，凡是人们用物质利益去诱导社会再生产和社会生活，使之向预期的方向发展的手段，就都是经济杠杆，不符合这个内涵的范畴，就不是经济杠杆。同时，同一个经济范畴，在某种形式下可以成为经济杠杆，在另一种形式下可以不属于经济杠杆，关键是看它是否具有物质利益诱导的性质。如果把经济杠杆与价值规律的联系说成是本质的联系，那么，就会不适当地排除那些不以价值规律为依据，而以其他经济规律为依据的许多重要经济杠杆。这样，对于我们广泛而充分地利用经济杠杆以为社会主义现代化事业服务，显然是不利的。不以价值规律为依据的经济杠杆，不但包括上述的工资、奖金、利润留成、企业基金、对财产和收益的课税等等，还包括很多其他形式，如各种罚款、没收、补贴等。实际上，经济杠杆也不仅仅是管理国民经济的重要手段，它还是管理其他事业的重要手段。只有把物质利益诱导作为经济杠杆的核心，把物质利益规律作为运用经济杠杆的根本依据，才有利于更广泛，更充分地利用经济杠杆。

有些经济范畴，在某种形式下属于经济杠杆；在另一种形式下，就不成其为经济杠杆。如财政补贴，一般说来是经济杠杆，但是，各种不同的补贴形式，又具有不同的性质。到目前为止，我国农副产品的价格补贴，是一种有效的经济杠杆，因为它在提高农副产品收购价格又不提高销售价格的条件下，给予经营单位应有的利益，以保持它们经营的积极性。当前，为了更好地体现按劳分配规律和价值规律的要求，随着工资制度和价格体系的改革，这种价格补贴将被逐步取消。但是，国家发给职工个人的副食品补贴，特别是房租补贴，就不属于经济杠杆的性质。副食品补贴只是使职工在副食品涨价的情况下，生活水平不受或少受影响的一种权宜之计，它既不带有调动积极性的作用，又不具有诱导消费方向的作用；房租补贴的作用则恰恰是与经济杠杆的目的背道而驰的，它带有供给制的残迹，只能鼓励人们多占住房而不利于住宅的合理分配。对企业亏损的财政补贴，一般说来，政策性亏损补贴是经济杠杆，而经营性亏损补贴就绝不是经济杠杆。由此可见，对各种经济范畴要作具体分析，凡是能够通过物质利益诱导，使之向国家预期的方向发展的经济手段，就应视为经济杠杆；与此相反的，就不应视为经济杠杆。可以设想，如果取消某些不合理的财政补贴，其中包括副食品补贴和房租补贴，同时根据价值规律改革房租制度，根据按劳分配规律改革工资制度，就会使房租和工资更好地发挥经济杠杆的作用。

这里应当提到，人们往往谈论所谓财政杠杆，并认为整个财政都是经济杠杆，这是缺乏具体分析的，因而是不科学的。从财政收入说，税收是十分重要的经济杠杆，而利润上缴（尤其是全额上缴）就不是经济杠杆，这正是我国实行"利改税"的根本原因；资金占用费是经济杠杆，而公债（除利息外）就不是经济杠杆。从财政支出说，某些财政补贴属于经济杠杆，而无偿的基建投资和流动资金拨款就不是经济杠杆，这也正是我国实行"拨改贷"的根本原因；此外，财政支出中的国防和行政支出，科教文卫支出，抚恤和救济支出，援外支出等，显然也不是经济杠杆。当然，不是经济杠杆不等于都是不合理的，这些支出在现今历史条件下，都是完全必要的。这些不属于经济杠杆的财政支出，如果在拨款管理方法上加以改革，也可能使其带有某种程度的经济杠杆性质。例如对行政事业单位的拨款，已经试行的经费包干制和科研基金制，就收到了较好的效果。

科学地表述经济杠杆这一概念的内涵，还关系到运用经济杠杆的主体。一般说来，运用经济杠杆的主体主要是国家。在社会主义条件下，经济杠杆主要是掌握在国家手中的用物质利益诱导社会再生产和社会生活的经济手段。但是，综观古今中外，特别是现代社会，有许多经济单位和其他事业单位，也广泛而成功地利用经济杠杆。在资本主义条件下，除国家掌握的税收、财政补贴等经济杠杆外，价格、信贷、利息等经济杠杆并不全是或主要不是由国家掌握的，而作为资本主义经济单位的工商企业和银行，也曾经和正在广泛地使用这些经济杠杆。虽然他们运用经济杠杆的目的和社会主义国家根本不同，但作为诱导社会再生产的手段，他们的经验并不是不可以借鉴的。正如成本、折旧等经济杠杆既可以为资本主义经济服务，又可以为社会主义经济服务一样。有些事业单位，如科研、文教、卫生等事业单位，也可以成为运用经济杠杆的主体。当前我国正在试行的科技成果有偿转让制，学生助学金改为奖学金制等，都是为了使之发挥经济杠杆的作用。

三

经济杠杆对社会再生产和社会生活可以发挥广泛的作用。有人说是调节作用，有人说是影响、推动、调动或促进作用。所有这些说法，都没有准确地概括经济杠杆的作用，含义都很不精确，解释起来都有很大的伸缩性。因为，经济手段固然可以调节、影响、推动、调动或促进，行政手段同样可以起到这些作用，甚至法律手段也可以起到这些作用。只有"利诱"二字，才能恰如其分、准确无误地说明经济杠杆的特殊作用。社会主义国家管理国民经济的方法，是行政手段、法律手段、经济手段和教育手段相结合。如果说行政和法律手段是强制作用，教育手段是劝说作用，那么，经济杠杆则是利诱作用。所谓用经济办法管理经济，并不是说不要行政手段、法律手段和宣传教育，而主要是突出强调经济杠杆的作用。

各种经济杠杆都有其特定的作用，又都是在一定条件下发挥作用的。没有一定的条件，即使它本身具有经济杠杆的性质，也不能使其作用真正发挥出来。

要使经济杠杆发挥积极的作用，首先需要人们对它有正确的认识。所有经济杠杆都有发挥积极作用的可能性，但是，如果人们不能透彻地认识它的性质和作用，也不可能把这种可能性变为现实。比如，工资是一种重要的经济杠杆，但实行平均主义的、"大锅饭"式的工资制，就不可能使工资真正发挥经济杠杆的作用；价格也是一种重要的经济杠杆，如果人们不尊重、不懂得价值规律的要求，不按照它的要求制定价格，就不可能使价格真正发挥经济杠杆的作用；租金也是一种经济杠杆，但如果实行我国目前这样过低的房租制，也就不可能使它发挥经济杠杆的作用。由此可见，深入研究有关经济杠杆的理论，从而使人们透彻认识经济杠杆的实质和作用，具有极其重要的意义。

这里应当指出，认识不认识经济杠杆，只能影响经济杠杆作用的发挥，并不能改变经济杠杆的性质。有人说，价格、利润、税收、信贷、利息、工资等经济范畴，既可能成为经济杠杆，又可能不成为经济杠杆，关键在于人们是否能正确认识和自觉运用。这是把会不会运用经济杠杆同是不是经济杠杆混淆起来了，不能因为认识不清、运用不好而未起经济杠杆作用就否定其经济杠杆的性质，正如不能因为不懂机器的性能而不会开动机器，就否定它是机器一样。

要使经济杠杆发挥积极作用，还要建立一套科学的经济管理体制。在社会主义条件下，所谓科学的经济管理体制，必须是使国家、企业和劳动者三者的利益紧密结合起来，使生产单位和生产者个人的责任、权力和利益结合起来。如果只强调国家利益而使企业和个人没有独立的利益，如果只强调国家集权而不给生产单位应有的权力，如果各经济单位不成为独立的经济实体，也就不可能使经济杠杆发挥作用。要想使经济杠杆真正发挥作用，就必须抓紧经济体制的改革，使企业不再是行政机关的附属物，而成为具有相应的责、权、利，自主经营、自负盈亏、相对独立的经济实体。要使经济杠杆发挥积极作用，还必须建立经济杠杆体系。各种经济杠杆之间是相互制约相互影响的，它们都是从不同的侧面影响某一单位或个人的物质利益。各经济杠杆之间必须形成有机的联系，建立一整套经济杠杆体系，使之相互配套，相辅相成，形成合力。否则，就会相互脱节，甚至相互抵销。因此，不但要研究所有经济杠杆的共性——物质利益诱导，而且要研究它们各自的特性——每种经济杠杆从哪一方面、以何种方式发挥利诱的作用。不但要研究每种经济杠杆特殊的作用范围和形式，而且要研究它们之间在量上的配合关系。如此才能正确地运用它们的合力，找到最佳的结合点，确定如何调整各种经济杠杆的使用和使用程度。因此，应当有一个全国性的、有权威的经济杠杆综合管理机构，以便统筹和协调各种经济杠杆的运用，防止各地方、各部门滥用经济杠杆，影响国民经济管理的战略全局和宏观效益。

要使经济杠杆充分发挥其积极作用，还必须建立一套完善的信息反馈系统。全面而有效地利用经济杠杆，必须有全面的、充分可靠的经济信息作为依据，以便使国家有关部门及时掌握生产、分配、流通和消费情况，了解国内外市场动态，以为掌握和调整经济杠杆的依据。由于经济生活和市场供求状况千变万化，经济杠杆也必须灵活运用，及时调整，否则就不能适应瞬息万变的经济生活的现实。

运用经济杠杆还需要了解别国运用经济杠杆的情况。例如：为了吸引外资，规定了所得税的减征办法。这种减征是否能收到实效，就牵涉到外国有关税收的规定，如果资金输出国对资金输入国的企业所得税规定有"税收抵免"制，那么，外商在我国少付的所得税，就要被资金输出国征走，因而起不到吸引外资的作用。同时，为了建立一套完善的信息反馈系统，就必须尽快采用先进的技术手段，如电子计算机的应用，以利于迅速而准确地传递经济技术信息，增强信息的完整性和可靠性，为利用经济杠杆提供科学依据。

四

　　我国现阶段的国民经济是公有制占绝对优势、国营经济占主导地位、有个体经济和各种合营经济作为补充的多种形式的经济。同时，考虑到我国幅员广大、人口众多、交通不便、信息不灵、经济文化发展不平衡等实际情况，必须建立统一性和灵活性相结合的计划体制。也就是说，对关系国计民生的重要产品中需要由国家调拨分配的部分，对关系全局的重大经济活动，实行指令性计划；对其他大量产品和经济活动，根据不同情况，分别实行指导性计划或完全由市场调节。

　　那么，经济杠杆与计划调节和市场调节是什么关系呢？有人认为，运用经济杠杆属于计划经济或计划调节；有人认为，运用经济杠杆，具有运用市场调节的性质；还有人认为，运用经济杠杆既体现计划调节，又体现市场调节。其实，运用经济杠杆，既不属于计划调节，又不属于市场调节，也不是二者兼而有之。这是因为，指令性计划带有强制性命令的性质，指导性计划带有劝导的性质，而市场调节又带有完全的自发性质。运用经济杠杆则是利诱性质，这种利诱为执行指令性计划的企业增添完成计划的积极性，使指导性计划的对象（企业）愿意听从国家的劝导，因为有利可图，至于市场调节的部分，则由于盲目追求自身利益而受经济杠杆的调遣。计划（无论是指令性计划或指导性计划）都属于国家自觉采取的行政手段，经济杠杆则属于国家自觉采取的经济手段，市场调节则不属于国家采取的任何手段，它只是让价值规律自发地起作用。所以，经济杠杆既不属于计划调节，又不属于市场调节，而是用物质利益诱导的方法为实现国民经济计划服务，诱导一切经济活动朝向国家计划的目标。所以，只有有效地利用经济杠杆，才能使国民经济管而不死，活而不乱；既能调动微观经济的积极性，又能实现宏观经济的综合平衡。

附：

经济杠杆应以物质利益规律为依据

王亘坚在《天津社会科学》1985年第1期撰文指出，经济杠杆应以物质利益规律为依据。首先，物质利益规律是人类社会始终存在的最根本的经济规律。在社会主义商品经济条件下，虽然许多经济杠杆分别以价值规律、按劳分配规律为依据，也反映了有计划按比例发展规律等规律的要求，但所有这些规律都植根于物质利益规律，都是物质利益规律在各该特殊的经济过程中的具体化。其次，把经济杠杆与价值规律的联系看成是本质的联系，就会排除以其他经济规律为依据的许多重要的经济杠杆，这对广泛而充分地利用经济杠杆为社会主义现代化事业服务显然是不利的。第三，一个经济范畴是不是经济杠杆，关键在于是否具有物质利益诱导的性质。比如，在价格体系理顺之前对农副产品的价格补贴、政策性亏损补贴，给予经营单位应有的利益，保持它们经营的积极性，是经济杠杆。第四，经济杠杆对社会再生产和社会生活起调节、影响、推动、调动或促进等作用的说法，都没有准确地概括经济杠杆的作用，因为行政手段、教育手段和法律手段同样可以起到这些作用，只有"利诱"二字才能恰如其分、准确无误地说明经济杠杆的特殊作用。

（原载《学术文摘》1985年第6期）

一个永远挺直腰杆的人

——追忆王亘坚先生

刘运峰

今天上午，我正在办公室值班，刘植才教授打来电话，说王先生昨晚故去了。尽管王先生住院很长时间了，但听到这个消息还是感到有些突然。我愣了好一会儿，不知说些什么。

"王先生"是大家对王亘坚教授的尊称，先生也很喜欢这个称谓。先生也是真正能够担得起这个称谓的。

在我的印象中，王先生最大的特点是他的腰板——总是那样挺直。他走路一向直视前方，昂首挺胸，遇到熟人或是点点头，或是简单寒暄，从来没有世俗的客套和虚假的热情。这也正如他的为人，一身正气，刚直不阿，从不向任何人任何势力低头。这给他带来了厄运，也赢得了人们的尊重。

最初见到王先生，是在1984年新年前夕的一个晚上，我所在的财政8310班组织了一个迎新年茶话会，我们请系主任王先生来到我们教室讲几句话，先生没有例行地向大家祝贺新年，而是说："今天你们搞的茶话会，我看重点应该是'话'，希望同学们多谈谈明年的设想，如何做一名又红又专的大学生。"先生的话和茶话会的热闹气氛多少有些不合拍，大家面面相觑，谁也不发言。先生见大家有些紧张，说："你们先谈吧，我再到别的班看看。"先生走出教室的时候，他挺直的腰板和不怒自威的神态给同学们留下了深刻印象。

回想起来，先生那时已经六十一岁了，但丝毫没有老态。平时，他的教学、科研和社会活动安排得很满，见到他的机会并不是很多。只是听高年级的同学说，先生文章写得好，数量虽然不多，但很有影响。他的课讲得也很好，整堂课没有废话，记下来就是一篇逻辑性很强的文章。在以后与先生的交往中，我也发现，就思维缜密、理论深度而言，如先生者确不多见。他的谈话、文章往往不大像出自一位财政学家，而更像一位哲学家。先生对于哲学也的确有着浓厚的兴趣，一度他还想以哲学研究为职业。因此，他的文章总有一种哲学的高度，有一种思辨的色彩，不仅高屋建瓴，而且无懈可击。

遗憾的是，我还没有赶上听先生的课，就在大学二年级转到了南开大学政治学系。在转学之前，我在小海地的书店买到了一本先生主编的《财会知识手册·财政分册》，先生见到后有些惊喜，说："你在哪里买到的？我还没有见到。"当时也不懂得请他签名，也没有把书给他留下。

毕业前夕，我回到天津财经学院（今天津财经大学）实习，和先生的长子晓凡大哥住在同一宿舍。有一天，晓凡大哥说"走，跟我一起回家，改善一下伙食！"那天中午，师母做了红烧肉，非常可口，是在学校里无法享受到的美味。先生因要外出开会，也在家里吃饭。饭后，先生问我学些什么课程，有什么兴趣和打算。我那时正热衷于政治学，在先生面前显摆了几句，先生说，财政学和政治学关系很密切，有不少共通的地方，以后可以结合起来研究。过了些日子，先生托人带话，希望我毕业后回财政系工作。

1987年，我从南开大学毕业后，回到天津财经学院财政系任团总支书记，先生仍担任系主任，和他见面的机会也就多了起来。他依然不苟言笑，但对我很关心。希望我在做好本职工作的同时，学习一些财政学方面的课程。他听说我对历史有兴趣，就鼓励我钻研财政史，将来可以开这方面的课。我也找了不少书看，做了不少笔记，但最终没有实现，此是后话。

在团总支工作期间，为了让同学们开阔视野，我组织了一个多学科的系列讲座，请校内外的专家担任主讲。其间，先生用了一个下午的时间讲了"经济杠杆和宏观调控"，大家非常受益，这也是我第一次正式听先生讲课，果然名不虚传。他讲课从来不靠有意穿插噱头包袱或是奇闻轶事片面追求讲座效果，而是靠内在的逻辑力量去征服受众，使人不得不佩服先生深厚的理论功底。事后，我去给先生送讲课费（只有二十元），他坚决不收，说："我是系里的教师，给学生上课是应该的，怎么能收钱呢？"我说："这是您额外劳动的报酬，而且别的老师也都收了。"先生说："别人我不管，反正我不收，快拿回去！"我只好从命，把 20 元讲课费退了回去。

先生认为不该拿的钱坚决不拿，认为该付的钱则一定要付。1988 年春天，他听说《梁漱溟问答录》出版了，便对我说，见到这本书，替他买一本。他说，梁漱溟老先生在政治高压面前，敢于面折庭争，坚持自己的观点，很不容易，值得佩服。我跑了好几家书店，终于在天津市政协文史资料委员会办的一家小书店买到了这本书。我给先生送去，他很高兴，马上掏出钱来给我，我说，不用了，一共才两块多钱。先生说："你必须收钱。这又不是你写的书，要是你写的书，我就不给你钱了。"我就只好把钱收下。

尽管先生不允许我为他垫钱买书，但他为我买书却不收钱。1989 年的春夏之交，贵州人民出版社出版了何博传的《山坳上的中国——问题·困境·痛苦的选择》。先生在住院期间读到了这本书，认为很有价值，便请他的大女婿陈先生买了好几本送人，其中就有我一本。这本书当时算是很贵的，我要付钱，先生说："这是我主动送给你的，不能收钱。"这本书，我依然珍藏着。

我虽然没有系统听过先生的课，但在感情上，我一直把先生当作自己的"亲老师"，在先生的心目中，我也是他比较亲近和信任的学生。他对我寄予很高的期望。他一直鼓励我研究财政史，我也的确有这方面的兴趣，还就《管子》中所蕴含的朴素宏观调控思想写成了一篇论文，先生很仔细地看了，为我做了修改。但是，随着先生的离任，我从事财政史教学和研究的愿望也就成了一场梦幻。1991 年底，经过多方权衡，我离开天津财经学院调到市财政局，先生有些不以为然，他认为我不适合在机关工作，一度对我很失望。

但他依然以不同的方式关心着我。我参与编辑的《天津财税》举行改版座谈会，先生应邀前来为我站脚助威，对刊物、对我本人都给予了很高评价，并说不要有那么多挂名的主编和副主编，应该实事求是地让年轻人来当主编，至少应该是副主编。这让在场的有些人很不舒服。

过了几年，当听说我在南开大学读完研究生获得硕士学位后，先生很高兴，建议我继续深造，报考财政部财政科学研究所的博士生，并立即给叶振鹏教授和于心一主任写信推荐。但由于我的患得患失，犹豫不决，终于也没有前去报考，先生的这两封亲笔信，也便成了一个纪念。

2003 年 8 月，《王亘坚文集》由中国财政经济出版社出版，先生特意在上册题写了"欲穷千里目，更上一层楼"，在下册题写了"会当凌绝顶，一览众山小"，很郑重地送给我。他希望我目标远大一些，在更广阔的环境中施展抱负。

2006 年，在获得博士学位后，我到南开大学文学院任教，先

279

生很高兴，说这才是你应该从事的职业。虽然我已经远离了财政、税收，但先生依然坚持让我担任天津市经济杠杆学会的常务理事，使我在心存感激的同时又有些诚惶诚恐。

2012 年 9 月 28 日，是先生的九十大寿，天津财经大学举办了隆重的庆祝活动。我用红色描金笺写了一副对联："情系苍生，年开九秩权称寿；心忧国计，岁定期颐再飞觞。"我和众多师友说，我们和先生有一个约定，那就是，十年之后，也就是先生的百年华诞，我们再和先生举杯相庆。

先生的身体也很令人羡慕，虽说平时有一些病痛，但很快就得到恢复，常常坐轮椅去附近的水上公园看看。面对湖光柳色，先生写下了这样的诗作："九旬青春水上游，免费氧吧久逗留。吐故纳新代谢好，无忧无虑写春秋。"

但是，自然规律谁也无法抗拒，先生毕竟年事已高，身体渐渐衰弱了。今年春节我去看望先生，已经是在总医院的病房了。病床上的先生，非常瘦弱，如果不是晓谦大姐的引领，我自己是无法辨认出病床上的先生的。先生很虚弱，但神智还清醒，冲我摆摆手，我过去握着先生的手，感到有些硬，先生的整双手基本只剩下了骨头。先生对我说："你忙，早点儿回去吧！"我很难过，陪着先生坐了一会儿。

今年的 5 月 6 日，突然接到瞿君实老师的电话，说王先生很想你。当天下午，我来到先生的病房，比起上一次，先生的精神好了许多，能够坐起来，说话也有了力气。我向先生获得中国财政理论研究终身成就奖表示祝贺，先生说，我要创造一个奇迹，一个生命的奇迹，我要继续活下去，争取再做些事。我很高兴地说："没问题，您一定能创造这个奇迹！"我和先生提到了几位长寿的学者：周有光先生活了一百一十二岁，杨绛先生活了一百零五岁，先生的老朋友、南开大学杨敬年教授活了一百零八岁。我对先生说："您一定要超过他们！"先生笑了笑说："希望是这样。"我也相信，凭着先生的身体素质和坚强意志以及良好的医疗条件，先生的这个愿望一定能够实现。大约过了半个小时，先生说："你事情多，快忙去吧！"我说："等忙过这段时间，我再来看您。"先生挥挥手，说："好！再见！"万万没有想到，这竟是和先生的永别。

今天中午，在和晓谦大姐通话之后，泪水不自觉地流了出来。从此，我失去了一个慈父般的长者，失去了一位关心我、扶持我、提携我、想方设法为我创造条件的前辈，失去了一位令我景仰、令我敬畏的精神导师。我不知道如何表达自己的痛苦，匆促之间，撰成了这样两句话："坚忍不拔，百折不挠，学界称楷范；诲人不倦，矢志不渝，教坛树丰碑。"我以此来敬献在先生的灵前，作为对先生的追悼。

2018 年 8 月 8 日晚急就于南开大学主楼，8 月 11 日修改

（原载《天津财经大学报》2018 年 12 月 1 日）